PATRICK ITTRICH
mit Mats Nickelsen

DIE RICHTIGE ENTSCHEIDUNG

Warum ich es liebe, Schiedsrichter zu sein

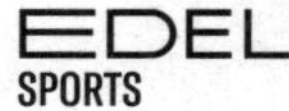

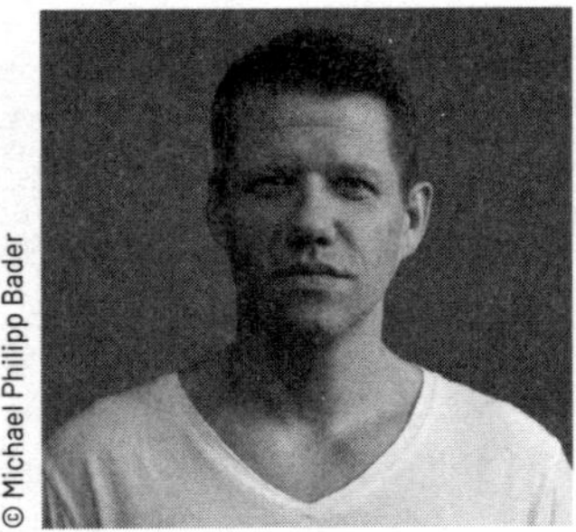
© Michael Philipp Bader

ZUM AUTOR

Patrick Ittrich, geboren 1979 in Hamburg, ist Schiedsrichter für den DFB. Er pfeift in der Bundesliga und der 2. Bundesliga sowie im DFB-Pokal und ist international für die UEFA im Einsatz. Seine sportliche Karriere startete er bei seinem Heimatverein Mümmelmannsberger SV Hamburg, dem er bis heute treu ist.

IMPRESSUM

Projektkoordination und Lektorat:
Dr. Marten Brandt
Layout und Satz:
Datagrafix GSP GmbH, Berlin | www.datagrafix.com
Umschlaggestaltung:
Rothfos & Gabler, Hamburg
Lithografie: *Frische Grafik, Hamburg*
Druck und Bindung: *GGP Media GmbH, Pößneck*

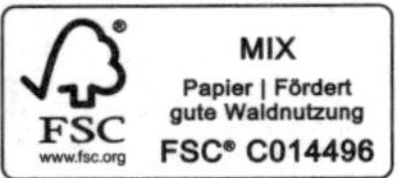

3. Auflage 2024

Neumühlen 17
D-22763 Hamburg
ISBN: 978-3-98588-114-7

LIEBE LESERINNEN, LIEBE LESER

wie schön, dass Sie ein Buch von EDEL SPORTS lesen! Wir lieben große Geschichten, herausragende Persönlichkeiten und starke Meinungen aus der faszinierenden Welt des Sports und freuen uns sehr, dass Sie diese Leidenschaft mit uns teilen. Sport ist Emotion, Entertainment und Business zugleich. Geben Sie uns gern Ihr Feedback auf Instagram (@edel.sports) oder schreiben uns an: *info@edelsports.com*

UNSER VERLAGSHAUS

Mit Standorten in Hamburg und München zählt die Edel Verlagsgruppe zu den größten unabhängigen Buchanbietern Deutschlands. Zur Gruppe gehören die Verlage Dr. Oetker Verlag, Edel Sports, KARIBU und ZS.

EDEL Sports – Ein Verlag der Edel Verlagsgruppe
www.edelsports.com
www.instagram.com/edel.sports

INHALT

VORWORT

Eine Podiumsdiskussion in den Hamburger Messehallen. Hockeyolympiasieger Moritz Fürste hatte verschiedene Sportler eingeladen, aus ihren Disziplinen zu berichten. Ich sollte Fragen zum Thema Schiedsrichter beantworten. Das mache ich gern, meinen Schiri-Job erklären, der Öffentlichkeit vermitteln, was wir Schiris so tun.

Wie bist du Schiedsrichter geworden? Warum tust du dir das an, merkst du nichts mehr? (Moritz halt, wir kennen uns schon lange, solche Fragen stellt er eben.) Wann reist du zu den Spielen an? Wie lange kann man das machen? Wie trainierst du? Wie gehst du mit Druck und Fehlern um, vor einem Millionenpublikum? Wie ist das so mit den Profis? Wie vereinbarst du Beruf und Sport? Wie ist das mit dem Video-Assistenten? Und so weiter und so weiter, unendlich viele Fragen, die ich immer wieder beantworte. Immer gern.

Ich bin Schiedsrichter geworden, weil ich hineingeworfen wurde. Jetzt bin ich in der Bundesliga angekommen. Ein Privileg. Schon kurz nach meinem ersten Spiel als Schiri habe ich gemerkt, welche Freude mir der Umgang mit Menschen macht, mit ihnen zu kommunizieren, sie zu führen. Das Entscheiden!

Nachdem Moritz mich genug gelöchert hatte, nahm ich im Publikum Platz, um dem Manager der Basketballmannschaft der Hamburg Towers zuzuhören.

Nach der Veranstaltung näherte sich mir eine mir unbekannte Person: „Hallo, ich bin Stefan Weikert von Edel."

Ich dachte zunächst an eine Boutique, bis er mir erklärte, dass Edel ein Buchverlag sei. Moritz Fürste hätte ihm gesagt, ich hätte was zu erzählen, über die Schiedsrichterei. Ob ich, Patrick Ittrich, mir vorstellen könne, ein Buch zu schreiben … Ja, ne, is' klar!

Stefan meinte, ich könnte ja mal in den Verlag kommen und mit ihm darüber sprechen. Die Perspektive des Schiedsrichters interessiere die Menschen und sei noch nicht wirklich bekannt. Er gab mir seine Visitenkarte. Ich fühlte mich geehrt und hörte dem nächsten Gast von Moritz zu.

Ein paar Wochen später saß ich bei Edel Books im Büro und erzählte, warum ich Schiedsrichter geworden bin. Nachdem wir drei Stunden lang geredet hatten, war eigentlich klar, ich würde das Buch schreiben.

Natürlich holte ich die Meinung von Schiedsrichterkollegen, Freunden und Bekannten ein: Kann ich das machen? Kann ich als aktiver Schiedsrichter in der Bundesliga über meinen Beruf schreiben? Fast alle sagten, auf jeden Fall, du musst es sogar machen. Einige hatten Bedenken. Am Ende ist es meine Entscheidung.

Ich nutze die Möglichkeit gern, euch meine große Leidenschaft näherzubringen. Die Möglichkeit besteht, dass durch das Buch viele Menschen Schiedsrichter werden und am besten alle Schiedsrichter bleiben. Egal in welcher Sportart.

Den Schiedsrichtern wird vielfach vorgeworfen, sich nicht zu öffnen. Von einem Geheimbund ist mitunter die Rede. Die Schiedsrichter seien komische Gesellen: Wir werden mit dem Ufo ins Stadion gebracht, dann steigen die Aliens aus und werden am Ende wieder zu ihrem Heimatplaneten zurückgeflogen. Den vielen Vorurteilen uns und unserem Job gegenüber möchte ich entgegentreten. Jeder Schiedsrichter, egal in welcher Klasse, ist auf seine Art einzigartig. Mit verschiedenen Charaktereigenschaften und individuellen Persönlichkeitsmerkmalen, die sich im Laufe des Schiedsrichterlebens entwickeln und ausprägen, ausgestattet. Das macht den Schiedsrichter aus.

Ich beschreibe mich im Folgenden in meiner Art als Mensch und Schiedsrichter. Ich möchte euch teilhaben lassen an meinem Weg von der F-Jugend bis zur Bundesliga, an dem Druck, dem wir Schiedsrichter ausgesetzt sind, dem Ehrgeiz, der uns antreibt, der Freude, die wir an unserem Job haben, dem Spaß, den die Sache macht, dem Reiz, entscheiden zu können, und der Befriedigung, die richtige Entscheidung zu treffen. An den Höhen und Tiefen im Leben eines Schiedsrichterlebens, das ich liebe, wie es ist.

Eines kann ich wirklich sagen: Eine der wichtigsten und am Ende für mein Leben richtige Entscheidung habe ich vor 26 Jahren getroffen – Schiedsrichter zu werden.

Übrigens: Nach jedem Kapitel folgt eine Fußballregelfrage. Die Antworten gibt es ganz hinten im Buch. Viel Spaß!

PROLOG

„HALLO? HAALLOOOO?"

Wie klingt eigentlich ein riesiges, leeres Fußballstadion? Kommt da ein Echo von den Tribünen?

Fragen, über die ich mir natürlich nie Gedanken gemacht hatte. Im Mai 2020 stand ich ganz allein auf dem Rasen des menschenleeren Hamburger Volksparkstadions und schrie die Tribünen an. Der Termin für den Neustart der Bundesliga stand fest, die Vorfreude stieg. Endlich wieder raus auf den Platz. Gleichzeitig war da dieses mulmige Gefühl. Wie wird das bloß laufen mit diesen „Geisterspielen"? Im Volksparkstadion versuchte ich ein Gefühl dafür zu bekommen.

Als ich einige Wochen später samstags im Auto nach Kiel saß, hatte ich fast drei Monate lang kein Fußballspiel gepfiffen. Meine beiden Coronatests in den Tagen zuvor waren negativ ausgefallen, nun stand meinem Comeback nichts mehr im Wege. Der sonst so belebte Vorplatz des Kieler Holsteinstadions war menschenleer. Ein Ordner mit Maske blickte auf das Kennzeichen meines Autos, glich es mit der Info auf seinem Zettel ab und ließ mich passieren. Ich fühlte mich wie in einem Sciencefictionfilm. Aber das hier war kein Film, sondern ein Punktspiel der zweiten Liga, Holstein Kiel gegen Arminia Bielefeld. Ein wichtiges Spiel für beide Teams.

Bloß nicht in der Stille des Stadions in Lethargie verfallen! Habe ich alle Regeln des gemeinsamen Hygienekonzepts des DFB und der DFL beachtet?, fragte ich mich, als ich mit Maske den Rasen zur ersten Platzbegehung betrat. Normalerweise würde sich das Stadion zu diesem Zeitpunkt langsam füllen, die Spannung steigen. Abklatschen zur Begrüßung und Smalltalk mit Trainern und Spielern – all das fiel nun aus. Der Blick auf die leeren Tribünen, wissend, dass es genau so bleibt und niemand mehr kommt, abgesehen von ein paar Journalisten. Ein seltsames Gefühl. Die Emotionen im Stadion fehlten, die bei mir einen positiven Druck auslösen. Aber ich gebe zu, dass die Situation auch Vorteile mit sich brachte. In der Schiedsrichterkabine gehen an einem normalen Bundesligaspieltag viele Menschen ein und aus (dazu später mehr), jetzt kamen nur die beiden Zeugwarte, um die Trikots ihrer Mannschaften zu präsentieren. Meine Assistenten und ich hatten die Kabine praktisch für uns. Eine ganz ungewohnte Ruhe. Ich ließ ein altes Ritual wiederaufleben. Früher hatte ich kurz vor dem Verlassen der Kabine immer den Spielball aufgenommen und ihn sechs, sieben Mal auf den Boden prallen lassen. Das war wie ein Startschuss und hatte mir Sicherheit gegeben. Irgendwann wurde jedoch das Protokoll geändert. Der Spielball lag nun nicht mehr in der Schiedsrichterkabine, sondern auf einer Stehle draußen auf dem Platz. Von dort nahm ihn eines der Einlaufkinder herunter, um ihn zum Mittelkreis zu tragen, was zusammen mit dem Einlauf des Teams schöne Kamerabilder gab. Bei Geisterspielen gibt es aber keine Einlaufkinder und ich pushte mich mit dem alten Tick. Konzentration. Raus aufs Feld, Anpfiff!

Während des Spiels verschwendete ich keine Gedanken an die ungewohnte Atmosphäre, sondern war auf die Partie konzentriert. Alles lief gut, generell hatte ich den Eindruck, dass weniger Emotionen nach normalen, kleineren Fouls hochkochten. Fouls gibt es in jeder Partie, die Spieler merken aber, wann ein Foul aus der Situation heraus geschieht oder ob es „dreckig“, also hinterlistig ist. Diskussionen nach den normalen Fouls blieben weitgehend aus (ich bin gespannt, ob die Spieler dieses Verhalten beibehalten, wenn wieder Zuschauer im Stadion sind). Die Gefahr ist, dass man als Schiedsrichter in Spielen ohne Fans zu großzügig ist. Ein gelbwürdiges Foul bleibt ein gelbwürdiges Foul, ob nun tausende Menschen die Karte fordern oder nicht. Mein erstes Bundesligaspiel vor leeren Rängen leitete ich in Bremen, Eintracht Frankfurt war der Gegner, es war eine hart umkämpfte Partie mit vielen Fouls, vor allem in der ersten Halbzeit. Hinterher habe ich mich gefragt, ob ich in zwei, drei Szenen eine Karte im voll besetzten Stadion möglicherweise gezeigt hätte. Die Fouls lagen im so genannten Ermessensbereich, die Karten wären gerechtfertigt gewesen. Ich habe den Ermessensbereich an diesem Tag maximal ausgereizt – lag das an den fehlenden Fans im Stadion?

Eine Frage, auf die es keine Antwort gibt. Ich werde nie wissen, ob ich in denselben Szenen vor vollen Rängen anders entschieden hätte.

Während auf den Tribünen Stille herrschte, ging es auf den Trainerbänken natürlich trotzdem emotional zur Sache, zum Beispiel im Spiel zwischen Kiel und Bielefeld in der letzten Minute. Ich versuchte den Druck mit einem Spruch ein bisschen rauszunehmen, als ich die Nachspielzeit ankündigte: „Wir spielen noch drei Minuten, damit wir uns alle noch ein bisschen aufregen können" – meine Ansage landete im Spielbericht des Kicker. Im Normalfall ist es völlig unmöglich für Reporter, auf der Pressetribüne eines vollbesetzten Stadions Unterhaltungen auf dem Platz mitzuhören. Meine Art der Kommunikation habe ich nicht verändert. Sie gehört nun mal zu meiner Spielleitung.

Nach dem Abpfiff in Kiel war ich glücklich – trotz der besonderen Umstände fühlt es sich einfach gut an, wieder auf dem Platz zu stehen.

Zumal mein Neustart sich zusätzlich verzögert hatte. Im Hamburger Volksparkstadion hatte ich mich verletzt – immerhin nicht beim Versuch, das Echo des leeren Stadions zu testen. Zu diesem Zeitpunkt hatte ich fast zwei Monate lang keine Fußballschuhe mehr getragen, keinen Platz betreten, mich vor allem mit Laufeinheiten im Freien und Krafttraining fit gehalten. Allein im Volksparkstadion simulierte ich für mich nun die Belastung eines

Fußballspiels, absolvierte Dauerläufe, Sprints, Richtungswechsel nach Ballverlusten der imaginären Mannschaften um mich herum. Dabei verhärtete meine Wade, ich erlitt einen Faszienriss im Unterschenkel – nochmal drei Wochen Pause. Was für eine Saison … Letztendlich bin ich einfach froh und dankbar, dass sie im Mai überhaupt fortgesetzt werden konnte. Das war schließlich alles andere als selbstverständlich.

Die Coronakrise hat viele Sportler hart getroffen. Deswegen werde ich die Hälfte meiner Einnahmen für dieses Buchprojekt der „Sepp-Herberger-Stiftung“ des DFB zukommen lassen. Die älteste deutsche Fußballstiftung kümmert sich unter anderem um Sportler, die durch die Coronakrise unverschuldet in Not geraten sind.

KAPITEL 1

EIN SAISONSTART ZUM VERGESSEN

Ich war total enttäuscht, und zwar von mir selbst. Ich saß in der Wolfsburger Schiedsrichterkabine, starrte vor mich hin und fragte mich: Wie hatte mir das nur passieren können?

Das Spiel war gerade wenige Minuten vorbei, ich war völlig platt, körperlich und mental. In der Kabine herrschte gespenstische Stille, während auf meinem Handy eine Nachricht nach der anderen aufploppte. Uwe Kemmling, der Schiedsrichterbeobachter, schaute kurz herein. „Wir reden später", sagt er nur. Er erkannte, dass ich kurz Ruhe brauchte. Ihm, meinen Assistenten, den Millionen Fußballfans da draußen, mir selbst – allen war klar: Ich hatte es verbockt, und zwar gründlich. Mein 27. Bundesligaspiel, am ersten Spieltag der Saison 2018/2019, war voll in die Hose gegangen.

Irgendwann steckte der Aufnahmeleiter den Kopf durch die Tür: „Patrick, die Journalisten warten auf dich."

Spätestens, wenn das der Fall ist, dann weißt du, dass du als Schiedsrichter wirklich ein Problem hast.

Aber natürlich hatten sie Fragen. Aus einer gelben Karte hatte ich eine rote gemacht, später aus einer roten eine gelbe; dann hatte ich mich mit einem Trainer angelegt und am Ende auch noch Gelb und Rot vertauscht – zum ersten Mal in meiner Karriere! Kurz: ich hatte für ein heilloses Durcheinander auf dem Platz gesorgt.

Diese Partie zwischen dem VfL Wolfsburg und Schalke 04 war das schwerste Spiel meiner Karriere.

Aber, und das ist mir an dieser Stelle wichtig zu betonen: Die Entscheidungen auf dem Platz habe ich getroffen, niemand sonst! Ich suche keine Entschuldigungen und will mich nicht herausreden. Als Schiedsrichter ist es meine Aufgabe, Ruhe zu bewahren und alles im Griff zu haben, egal, wie hektisch es wird.

Der Arbeitstag hatte schon nicht gut begonnen. Es gab technische Probleme mit den Headsets. Ein Techniker sollte meine neuen Ohrstücke, vor der Saison individuell angepasst, vor dem Spiel einsetzen. Klappte aber nicht. Sascha Thielert, mein Assistent, meinte cool: „Zur Not pfeifen wir halt ohne. Haben wir früher ja auch hinbekommen." Recht hatte er. Aber ich war trotzdem genervt. Wochenlang hatten TV-Trailer die Vorfreude auf die neue Saison geschürt: *„Die Bundesliga ist zurück!"* Als einer von neun Schiedsrichtern, die ein Spiel zum Bundesliga-Auftakt pfeifen durften, fühlte ich mich topfit und war hoch motiviert. Und dann stellte mir ein technisches Problem gleich ein Bein.

Endlich waren die Headsets zusammengebaut, aber wir gingen mit Verspätung raus auf den Platz zum Warmmachen. Das mag wie eine Lappalie klingen. Aber wenn man bedenkt, unter welch enormem Druck wir ohnehin schon standen … Das Spiel lief lange relativ ruhig, keine besonderen Vorkommnisse. Und dann kam die 55. Minute. Der Schalker Nastasic ging mit gestrecktem Bein in den Zweikampf gegen Weghorst. Norbert hob die Fahne und rief „Gelb!" ins Headset. Gelb war auch mein erster Gedanke, aber ich hatte keine optimale Position gehabt. Daher bat ich, während ich die Karte zog, den Video-Assistenten, die Szene zu überprüfen. Ich wollte mich absichern – und das war Quatsch! Denn ich hatte auf dem Platz auf Gelb entschieden, fertig, weiter. Komplett falsch war die Karte in keinem Fall.

Aber so schickte mich der Video-Assistent raus an den Spielfeldrand. Für ihn ging die Tendenz eher zu Rot. Ich fühlte die Blicke der 26 621 Fans im Stadion und der Spieler beider Teams auf mir lasten.

Mit jeder Zeitlupe, die ich mir auf dem Monitor wieder und wieder anschaute, wurde die Karte auch für mich roter: Nastasic war mit offener Sohle in den Zweikampf gegangen, das war nicht zu übersehen. Und so änderte ich meine Entscheidung und zeigte Rot.

Natürlich beschwerten sich die Schalker vehement. Ab jetzt war ordentlich Dampf im Spiel. In der 70. Minute gerieten Weghorst und Burgstaller aneinander. Der Schalker provozierte, der Wolfsburger verpasste ihm einen Kopfstoß vor die Brust – so sah es zumindest für mich aus. Meine spontane Reaktion: Gelbe Karte für beide. Das rief ich auch in mein Headset. Meine Assistenten indes plädierten für einen Platzverweis für Weghorst. Ich hörte auf sie – es gab keinen Grund, dies nicht zu tun – und zog Rot. Wieder war es eine klassische 50:50-Situation, falsch war die Entscheidung erneut nicht. Also kein Fall für den Video-Assistenten.

Weghorst war nach den üblichen Diskussionen schon auf dem Weg in die Kabine, da meldete sich der Video-Assistent. Er hatte anscheinend bemerkt, dass ich zweifelte, und riet mir erneut, zum Monitor zu gehen. Nach meiner nächsten Videosession fand ich meinen ersten Eindruck bestätigt: So schlimm war die Aktion eigentlich nicht … Also nahm ich die Karte zurück, Weghorst durfte weiterspielen.

An dieser Stelle vielleicht ein Wort zum Vorwurf „Konzessionsentscheidung“, die gegen uns Schiedsrichtern gern mal erhoben wird. Spieltaktisch wäre es natürlich besser gewesen, bei Rot zu bleiben. Auf jeder Seite wäre einer runtergeflogen, ausgleichende Gerechtigkeit und weiter geht's mit weniger Emotionen. Aber so läuft das nicht als Schiedsrichter. Jede einzelne Situation muss für sich bewertet werden.

Nach dieser zweiten Korrektur war das Spiel für mich gelaufen. Ich war nicht mehr der Spielleiter, der leitet, sondern der sich leiten ließ. Egal, was in den letzten 20 Minuten noch passieren würde, ich war nicht gut an diesem Tag. Jeder konnte das sehen.

Dann kam die 85. Minute. Die Mehrheit der Fans und selbst der betroffene Spieler hatten das Foul gar nicht wahrgenommen, ich schon. Wolfsburgs Brooks traf seinen Gegenspieler im Strafraum mit dem Fuß am Kopf, kurz vor der Torlinie. Die Sache war klar, in jedem Fall Strafstoß für Schalke. Während ich auf den Punkt zeigte, ratterte es in meinem Kopf: „Der Schalker kann einköpfen und der Wolfsburger tritt dem fast die Rübe ab, das ist dann Rot …"

Und dann tat ich etwas, das nicht dem 58-seitigen Protokoll des Video-Assistenten-Handbuchs entsprach. Ich entschied nicht selbst, sondern fragte in Köln nach: „Ist das Gelb oder Rot?" Ich wollte keinen Fehler mehr machen und auf gar keinen Fall noch einmal raus zum Monitor.

Die Antwort aus Köln war Gelb. Und dann kam der Tiefpunkt. Noch nie zuvor hatte ich die Karten vertauscht. Aber jetzt, in Wolfsburg. Das Vertauschen der Karten ist natürlich eine Schmach für den Schiedsrichter. Jetzt musste dem Letzten klar sein, wie durcheinander ich war. Anstatt Brooks die Gelbe Karte zu zeigen, griff ich zu Rot. Zwar korrigierte ich mich sofort, nahm die falsche Karte weg und hielt ihm die richtige unter die Nase. Aber alle hatten den Fauxpas mitbekommen. Das war der ultimative Nackenschlag. Ich wollte nur noch, dass es vorbei ist.

Es war aber noch nicht vorbei. An der Seitenlinie regte sich Schalkes Trainer Domenico Tedesco mächtig auf. Normalerweise kriege ich das nicht mit, der Vierte Offizielle kümmert sich draußen um so etwas. Er hat einen „Push-to-talk-Button“ am Headset. Nur wenn er den Knopf drückt, höre ich etwas. Womit wir wieder bei der Technik wären. Der Knopf funktionierte nicht, ich bekam das Gezeter am Spielfeldrand in voller Länge mit, und irgendwann platzte mir der Kragen. Ich ging raus zur Trainerbank und sagte Tedesco, dass ich sein Verhalten inakzeptabel fände. Ein Wort gab das andere, wir schrien uns an, gestikulierten wild durch die Gegend. Schließlich legte ich Tedesco meine Hände auf die Oberarme, um ihn zu beruhigen. Das war keine gute Idee. In jedem Kommunikationsseminar lernt man, dass man sein Gegenüber im Streit auf keinen Fall anfassen soll. Tedesco zog seine Arme weg, und jeder im Stadion und am TV konnte sehen, welchen Stress wir miteinander hatten.

Und noch immer war es nicht vorbei. Es stand 1:1, und in der Nachspielzeit erzielte Wolfsburg noch den Siegtreffer. Das Tor war unstrittig, das schon. Aber es sorgte für erneute Unruhe und brachte zusätzliche mediale Aufmerksamkeit. Nach dem Abpfiff stürmten die Schalker, Spieler wie Verantwortliche, auf mich zu. Das Spiel war vorbei, aber jetzt ging die Reise erst richtig los. „Lasst uns das drinnen klären“, versuchte ich sie zu beruhigen. „Ich weiß doch, was hier heute los war.“ Auch mit Trainer Tedesco sprach ich, nicht mehr ganz so emotional wie noch wenige Minuten zuvor, aber klar: Die große Versöhnung auf dem Platz blieb aus.

Da saß ich nun in der Kabine. Keiner sagte ein Wort. Stille. Innere Leere. Tiefe Enttäuschung. Und dazu die Nachrichten auf meinem Handy, zum Teil von Leuten, zu denen ich ewig keinen Kontakt gehabt hatte:

„Geiles Spiel!“

„Hast ja ordentlich Theater gehabt!“

„Da hast du ja mal richtig aufgeräumt …“

Mir war klar, ich musste mit den Reportern sprechen. Nicht, um mich zu rechtfertigen, erst recht nicht, um mich zu entschuldigen. Sondern um aufzuklären. Ich hatte mitbekommen, dass Domenico Tedesco auf der Pressekonferenz gesagt hatte, er sei von mir „durchbeleidigt" worden. Ich musste klarstellen, dass ich ihn nicht beleidigt hatte. (Das sage ich auch heute noch. Ich war emotional und deutlich in meiner Wortwahl – beleidigt habe ich den damaligen Schalke-Trainer aber nicht.) Außerdem wollte ich die beiden Situationen, in denen der Video-Assistent eingegriffen hatte, erläutern. Von den technischen Defekten, dem ganzen Druck zu Saisonbeginn erzählte ich nichts. Ich sprach „von einem der schwersten Spiele meiner Schiedsrichterkarriere" und ließ so einen kleinen Einblick in mein Seelenleben zu.

REGELFRAGEN

1

Nach einem Tor für sein Team jubelt der Torwart ausgiebig mit seinen Mitspielern auf Höhe des eigenen Strafraums. Ein Gegenspieler, der den Anstoß ausführt, erkennt dies und schießt den Ball nach Freigabe durch den Schiedsrichter direkt und ohne weitere Berührung ins gegnerische Tor. Zählt der Treffer? (Gerne mit Begründung!)

KAPITEL 2

„DAS WÄRE DOCH WAS FÜR DICH!“ – ANFÄNGE IN MÜMMELMANNSBERG

Als kleiner Junge wollte ich unbedingt Schiedsrichter werden. Bereits im Kindergarten griff ich beim Kampf ums Spielzeug schlichtend ein. Mein größter Traum: im schwarzen Trikot und mit einer Pfeife im Mund für Gerechtigkeit auf dem Fußballplatz zu sorgen … Schöne Geschichte, oder? Leider zu schön, um wahr zu sein.

Ich wollte einfach nur Fußball spielen. Die Schiedsrichter waren mir total egal.

Mein Vater hatte früher in Polen selbst gespielt, sein Lieblingsverein war Lechia Danzig. Fußball war bei uns zu Hause immer ein Thema, also tat ich das, was Hunderttausende Kinder tun, ich ging zum Fußballtraining. Ich war fünf Jahre alt, der Verein hieß Mümmelmannsberger SV. Mitglied bin ich bis heute, der MSV ist mein Verein. Ein TV-Kommentator brachte meinen Club mal groß raus, als ich kurz vor Ostern ein Spiel in Frankfurt pfiff: „Bald ist Ostern, und woher kommt der Schiedsrichter? Vom Mümmelmannsberger Sportverein!“

Die Hasen sind das Markenzeichen meiner Heimat, die bei den Hamburgern viele Spitznamen hat, einer davon lautet „Bunny Hill“. Als das Viertel errichtet wurde, gab es dort wohl viele Hasen, also wurde eine Straße Mümmelmannsberg getauft, später hieß die ganze Siedlung so.

Die Hasen sind das eine, der Ruf der Gegend das andere. Mümmelmannsberg im Stadtteil Billstedt gilt als geradezu klassischer sozialer Brennpunkt, wie ihn jede richtige Großstadt aufzuweisen hat, ein Hochhausghetto auf drei Quadratkilometern. In „Mümmel“ – ein anderer Spitzname – leben knapp 18 000 Menschen aus aller Welt. Die Großwohnsiedlung entstand in den 1970er-Jahren für Spätaussiedler – meine Eltern waren aus Polen nach Hamburg gekommen – und Arbeiter.

Wer jetzt die große Aufsteigerstory erwartet, den muss ich enttäuschen. Ich hatte eine super Kindheit und bekam alles, was ich brauchte. Vor allem hatte ich großartige Eltern. Mein Vater und meine Mutter haben mich geprägt, als Einzelkind hatte ich eine sehr enge Bindung zu ihnen. Meine Mutter war eine lebensfrohe Frau, die viel lachte und immer offen auf andere Menschen zuging. Bis ich zehn Jahre alt war, blieb sie zu Hause, später arbeitete sie in der Küche eines Pflegeheims. Mein Vater arbeitete als Schlosser auf dem Bau. Von ihm habe ich den Ehrgeiz mit auf den Weg bekommen. Was man anfängt, bringt man auch zu Ende. Nicht aufgeben, auch wenn es Rückschläge gibt. Meine Eltern sind beide leider verstorben, ich denke oft an sie, zum Beispiel, wenn ich kurz vor dem Anpfiff das Spielfeld betrete.

Aber es stimmt schon, Mümmelmannsberg war in meiner Kindheit ein sozial schwacher, auch gefährlicher Stadtteil mit hoher Kriminalitätsrate. Wir wohnten in der Nähe der Bundesstraße fünf, der Fußballplatz lag am Ende der Kandinskyallee. Ich musste mich also jedes Mal quer durch die gesamte Siedlung kämpfen, um dorthin zu gelangen. Es bestand die reelle Gefahr, auf dem Weg durch den Häuserdschungel Prügel zu kassieren oder abgezogen zu werden. Zumindest musste man abschätzen können, wann es angebracht war, seine Beine in die Hand zu nehmen. Ich kannte jeden Schleichweg.

Auf Dauer konnte es so nicht weitergehen, ein Plan musste her. Mich einer der Straßengangs anschließen? Das erschien mir keine sinnvolle Option. Beim Fußball Verbündete zu finden dagegen schon. Wir spielten nicht nur im Verein beim MSV, sondern auch in jeder freien Minute in den Hinterhöfen unserer Wohnblöcke. Da waren ein paar richtig gute Kicker dabei, klassische Straßenfußballer. Über Ecken kannte jeder jeden und bald hieß es: „Das ist Patrick vom Fußball, lass den mal in Ruhe."

Fußball wurde mein Ein und Alles. Lag ich mal krank im Bett, war das eine doppelte Strafe. Ich wollte immer raus auf den Platz. Als Rechtsaußen war ich laufstark, technisch ganz ordentlich und vor allem hoch motiviert. Irgendwann fiel ich den Talentspähern des Hamburger SV auf, ich bekam das Angebot, dreimal in der Woche beim HSV in Ochsenzoll zu trainieren – inklusive Abholung und Fahrservice ab Mümmelmannsberg!

Um eines aber vorwegzunehmen: Aus mir wäre niemals ein Profi geworden. Schon mit zwanzig hatte ich zwei Kreuzbandrisse, aber selbst ohne Verletzungen und mit voller Konzentration auf den Fußball hätte es maximal für die Regionalliga gereicht. Außerdem hatte ich damals gar nicht den Kopf, um alles dem Fußball unterzuordnen. Meine Haare waren rot gefärbt – Spitzname Pumuckl – als 15-Jähriger hielt ich das für eine gute Idee. Inmitten meiner jugendlichen Selbstfindungsphase wollte ich gar nicht weg aus Mümmelmannsberg. Hier war ich zu Hause.

Mein Verein, der MSV, hatte dasselbe Problem wie alle Amateurclubs. Er brauchte dringend Schiedsrichter. Das ist nämlich vorgeschrieben, bis heute. Wer beispielsweise drei Mannschaften für den Spielbetrieb meldet, muss auch drei Schiedsrichter auf die Sportplätze der Region schicken. Irgendwie muss der Spielbetrieb schließlich am Laufen gehalten werden. Fand man keine Freiwilligen, wurde ein Strafgeld an den Landesverband fällig. Darauf hatten die Vereinsverantwortlichen verständlicherweise wenig Lust, also bearbeiteten sie uns Spieler. Sie versuchten, die Schiedsrichttätigkeit erst gar nicht als große Chance oder persönlichkeitsfördernde Lebensschule zu verkaufen, sondern waren ehrlich: „Wir brauchen Leute für den Lehrgang, bitte tut uns den Gefallen!" Wie Eltern, die ihre Kinder zum Schneeschippen oder anderen notwendigen Aufgaben verdonnern wollen – lästig, aber komm, wird schon nicht so schlimm. Es musste ja auch niemand aufhören, selbst Fußball zu spielen, es ging lediglich darum, ab und zu mal ein Spiel zu pfeifen.

Die vielversprechendere Taktik der Vereinsverantwortlichen war, die aktiven Nachwuchsschiedsrichter für die Akquise zu gewinnen. Meine Vereinskumpels Khaled Baghban und Kevin Oje hatten den Schirischein bereits gemacht und – welch Überraschung – das Schneeschippen machte den beiden sogar Spaß! Und sie erzählten es weiter: „Patrick, das wäre auch was für dich!"

Ich aber hatte keinen Bock. Ich wollte Fußball spielen, nicht die Seite wechseln. Ich gebe zu: ich war ein unangenehmer Zeitgenosse für die Schiedsrichter. Ich diskutierte und wusste alles besser. Einmal flog ich mit Gelb-Rot vom Platz – beide Gelbe Karten gab es wegen Meckerns. Heute treffe ich auf dem Platz gelegentlich auf Profis, bei denen ich feststelle: Ich war früher genauso emotional drauf.

Im August 1994 – ich war 15 – hatten sie mich dann so weit: Ich meldete mich zum Lehrgang an. Freitag und Samstag Regelschulung im Clubhaus, Sonntag der Test. Herzlichen Glückwunsch, du bist Schiedsrichter!

So läuft es auch heute noch. Einzige Voraussetzungen: Mindestalter 14 Jahre (in manchen Landesverbänden auch zwölf Jahre) und Mitgliedschaft in einem Fußballverein. Der Konditionstest kommt erst später, beim Aufstieg in höhere Ligen.

Der Anwärterkurs liefert die absolute Grundlage. Nicht mehr und nicht weniger. Was es wirklich bedeutet, Schiedsrichter zu sein, muss jeder selbst herausfinden. Zunächst mal leitete ich einige Jugendspiele und zog als Assistent – oder Linienrichter, wie man damals noch sagte – mit den erfahrenen Haudegen durch Hamburgs Kreis- und Bezirksligen. Was soll ich sagen: Es war großartig! Der Bezirksschiedsrichterausschuss Ost wurde meine neue sportliche Heimat. Ich fühlte mich als Mannschaftssportler immer am wohlsten, wenn ich Menschen um mich herum hatte. Die alten Haudegen beeindruckten mich. Sie verfolgten keine sportlichen Ziele, es ging ihnen nicht um die paar Mark fünfzig, sie waren Schiedsrichter, weil es ihnen Spaß machte. Eine Herzensangelegenheit eben. Manche Einsätze, die sonntags um 15.00 Uhr begannen, endeten in einer der Hamburger Fußballkneipen.

„Na Patrick, gestern ein Spiel gehabt?“, fragte mich der Meister, wenn ich montags morgens in der Lehrwerkstatt noch nicht so richtig fit wirkte – ich machte damals eine Ausbildung zum Industriemechaniker und baute Fahrtreppen.

Ein netter Nebeneffekt meiner Anfangszeit waren die paar Mark als kleiner Nebenverdienst und die Freikarten für Spiele des FC St. Pauli und des Hamburger SV. Vor den Stadien gab es Kassenhäuschen mit der Aufschrift „Schiedsrichterkarten“, dort zeigten wir unsere Ausweise und bekamen gratis Tickets – ein Dankeschön für die jungen Unparteiischen und ganz nebenbei auch ein nicht zu unterschätzender Köder für Unentschlossene, die noch haderten, ob sie den Schiedsrichterschein wirklich machen sollten. Für lau zum HSV und zu St. Pauli, das war schon ganz cool als junger Fußballfan. Man musste allerdings auch mindestens vierzehn Spiele pro Saison pfeifen, um den Schein zu verlängern – inzwischen reichen zehn. In meinen Augen handelte es sich um eine klassische Win-win-Situation. Ich bekam Freikarten, der Verein hatte einen Schiedsrichter. Die Nachwuchsakquise war das eine, den Nachwuchs bei der Stange zu halten, das andere. Die meisten hören nämlich irgendwann wieder auf, weil sie keine Lust mehr haben, weil es zeitaufwändig ist …

Mit unseren Freikarten durften wir nicht auf die Haupttribüne, und unsere Herausforderung bestand darin, es trotzdem zu schaffen. Vor der Bundesligapartie gab es immer ein Jugendspiel im Stadion. Mein Kumpel Khaled und ich erzählten den Ordnern, dass wir die Schiedsrichter für dieses Nachwuchsspiel wären und sie uns jetzt dringend durchlassen müssten. Das stimmte in den seltensten Fällen, ab und zu klappte der Trick aber. Manchmal jedoch durften wir tatsächlich so ein Spiel im Bundesligastadion leiten, das war dann natürlich das Allergrößte.

Mein erstes Herrenspiel pfiff ich am Sonntag, den 3. März 1996. Fatihspor II gegen Kosova II. Kreisklasse. Schlackeplatz – der mit der roten Asche, auf dem nur die ganz Harten zur Grätsche ansetzen.

Bei meiner Ankunft am Sportplatz im Hamburger Stadtteil Hamm erblickte ich zwei Streifenwagen. Im Hinspiel hatten sich Spieler und Zuschauer heftige Auseinandersetzungen geliefert, soweit wollte man es diesmal nicht kommen lassen. Da stand ich nun mit meinen 17 Jahren. Dann sind da halt Polizisten, wird schon. Ich war jung und naiv. Das war vielleicht auch ganz gut so. Ich machte mir jedenfalls keine übertriebenen Gedanken. Es war ja auch nicht so, dass ich als Mümmelmannsberger Junge noch nie einen Streifenwagen gesehen hätte.

Das Spiel begann um 10.45 Uhr, ohne Assistenten. 22 Spieler und ich. Honorar: 15 Mark. Mein Vater erschien kurz vor Schluss auf dem Sportplatz, um mich abzuholen. Ich hatte am

Nachmittag mit der zweiten Mannschaft des MSV nämlich selbst noch ein Spiel.

Am Spielfeldrand stand ein Mann, der für den weiteren Verlauf meiner Karriere entscheidend werden sollte. An diesem Sonntagmorgen im März 1996 schaute er ganz genau, wie ich mich verhielt. Sein Name: Uwe Albert. Uwe war Obmann und Schiedsrichterbeobachter im Bezirksschiedsrichterausschuss Ost. Was genau so ein Beobachter tat, lernte ich schnell. Es ging nicht darum, mir vor dem Spiel Tipps zu geben oder „das Händchen zu halten". Nein, Schiedsrichterbeobachter stehen am Rand, machen sich Notizen und schreiben eine Bewertung. Ein richtiges kleines Zeugnis. Ein paar Tage nach dem Spiel bekam ich das Werk.

Uwe attestierte mir ein *„unglaublich ruhiges, abgeklärtes Auftreten"* mit dem *„stets richtigen Umgangston"* und kam zu dem Schluss: *„Ittrich hatte das Spiel jederzeit voll unter Kontrolle, auch gelangen ihm mehrere gute Vorteilssituationen, die aber durch das Unvermögen der Spieler nicht von Erfolg gekrönt waren."*

Zur Erinnerung, wir reden hier von der Kreisklasse. Die Spieler wollten lieber den Freistoß als den Vorteil. Erstmal durchatmen und dann den Ball nach vorn schlagen, anstatt schnell weiterzuspielen.

Meine Bewertungen habe ich über all die Jahre fein säuberlich in Ordnern abgeheftet – Zeugnisse wirft man ja schließlich auch nicht weg. Die Feinheiten des Regelwerks hatte ich nach meinem dreitägigen Anwärterkurs allerdings noch nicht ganz verinnerlicht:

„ … lag regeltechnisch einmal voll daneben. Unterbrechung des laufenden Spiels wegen Meckerns eines Spielers, zu Recht Verwarnung. Die richtige Spielfortsetzung ist jedoch ein indirekter Freistoß und nicht – wie entschieden – Schiedsrichterball!!!"

Ja, Uwe notierte tatsächlich drei Ausrufezeichen. Vor Regeltests war ich übrigens in meiner gesamten Laufbahn immer angespannter als vor Fitnesstests. Niemand kennt sofort alle Regeln. Das erwartet aber auch keiner von einem Neuling.

„Insgesamt eine sehr ansprechende Leistung mit durchaus guten bis sehr guten Perspektiven für eine Schiedsrichterlaufbahn."

Uwe Albert hatte es als Assistent bis in die Bundesliga geschafft, er kannte sich aus und merkte, dass mir die Rolle des Spielleiters lag. Ich fühlte mich wohl auf dem Platz. Zudem war ich als junger Fußballer fit und konnte viel laufen, damit verschaffte ich mir Akzeptanz. Ich war schnell da, wo es brannte. Die Spieler akzeptieren eine Entscheidung dann eher, als wenn der Pfiff aus 30 Metern Entfernung kommt. (Zu dicht sollte man allerdings auch nicht dran sein, dazu später mehr.)

Uwe wurde mein Mentor und Ratgeber. Seine Zeit als hochklassiger Schiedsrichter war vorbei, nun kümmerte er sich im Bezirksschiedsrichterausschuss Ost um den Nachwuchs und schrieb Beobachtungen. Ab und an pfiff er selbst auch noch mal ein Spiel. Wir waren oft zusammen im Gespann unterwegs. Von ihm lernte ich, wie das so funktioniert als Schiedsrichter. Und was ich besser lassen sollte. Ich war durch und durch Fußballer und konnte meine Füße nicht stillhalten. Während Spielunterbrechungen dribbelte ich gerne mal mit dem Ball, hielt ihn zwei, drei Mal hoch – Uwe würde sagen, eher drei, vier Mal – und köpfte ihn dann zum Spieler, der zum Einwurf oder Freistoß bereitstand. Nachdem ich bei einer Partie mal wieder mit so einer Showeinlage geglänzt hatte, gab Uwe mir bei einem Hefeweizen den freundlichen Rat, auf so etwas lieber zu verzichten.

In der Bundesliga ist es unbedingt notwendig, dem Reiz des Balles zu widerstehen. In einem Bundesligastadion gibt es allzu viele Kameras. Beim Rauskommen zur zweiten Halbzeit habe ich den Ball in der Hand, trage ihn ganz in Ruhe zur Mitte, versuche beim Betreten des Rasens keinen 25-Meter-Pass in den Anstoßkreis. Na klar, wenn der Ball bei einem solchen Passversuch an der Eckfahne landet, hat das ganze Stadion etwas zu lachen und die Szene schafft es garantiert in jede Spielzusammenfassung. Aber das würde das alte Vorurteil befeuern: Schiedsrichter sind Schiedsrichter geworden, weil sie als Kicker nicht gut genug waren.

Neben der Schiedsrichterei spielte ich weiterhin beim Mümmelmannsberger SV in der Mannschaft. Samstags kicken, sonntags pfeifen oder andersrum, das ging eine Zeit lang gut. Irgendwann kam es aber unausweichlich zu Terminkollisionen, ich musste mich entscheiden. Am Sonntag standen zwei wichtige Bezirksligaspiele an, morgens Erster gegen Dritter, nachmittags Zweiter gegen Vierter. Ich sollte morgens pfeifen, Uwe sollte einer meiner Assistenten sein. Am Nachmittag umgekehrt: Uwe sollte das Spiel leiten und ich assistieren. Am Donnerstag rief mich der Trainer der ersten Herren des MSV an, sie hatten Personalprobleme, ich sollte am Sonntagnachmittag einspringen. Mein Fußballerherz schlug höher. Was für eine Frage: Klar, ich bin dabei!

Nun musste ich nur noch Uwe Bescheid sagen.

Der wusste, wie leidenschaftlich gern ich Fußball spielte. Aber er machte mir klar, dass ich es als Schiedsrichter weit bringen könnte. Er war sich sicher. Wäre ich ohne seinen Rat von damals heute Bundesligaschiedsrichter? Schwer zu sagen, eine hypothetische Frage. Er hat an meinem Weg jedenfalls einen entscheidenden Anteil. Damals bat er mich, nachzudenken. Fünfzehn Minuten nach unserem Gespräch rief ich ihn an und sagte zu. Ich war am Sonntag dabei. Morgens als Schiedsrichter, nachmittags als Assistent. Kurze Zeit später hörte ich komplett auf, selbst zu spielen. Mit meinen beiden kreuzbandgeschädigten Knien hätte ich im Zweikampfsport Fußball auf Dauer ohnehin Probleme bekommen.

Nun war ich also „richtiger" Schiedsrichter. Ich sehe mich aber heute noch als Fußballer. Nicht als einen, der gegen den Ball tritt, sondern als einen, der Teil des Spiels ist. Schiedsrichter gehören zum Fußball dazu. Also sind sie Fußballer.

Und Fußballer sind ehrgeizig. Ich hatte Spaß an der neuen Aufgabe, wurde gefördert und brachte von Haus aus extremen Ehrgeiz mit. Manchmal zu extrem. Wenn ich beim Joggen im Wald jemanden vor mir sah, wollte ich schneller sein. Ich versuchte, die Läuferin oder den Läufer vor mir zu überholen. Herausforderungen trieben mich an. Auf dem Feld konnte ich es nie jedem recht machen. Aber ich konnte es versuchen. Genau das war der Reiz.

Wer Talent und Motivation hat, kann schnell aufsteigen. Ich übersprang eine Leistungsklasse und schaffte es von der Bezirksliga direkt in die Verbandsliga. Und im August 2000 durfte ich zum ersten Mal als Spielleiter außerhalb Hamburgs ran, auf der Ebene des Norddeutschen Fußballverbandes. Knapp viereinhalb Jahre nach meiner Premiere in der Kreisklasse debütierte ich in der Oberliga, Heider SV gegen TuS Dassendorf. Ich hatte nie Angst vor Spielen, sondern war positiv aufgeregt. Das ist bis heute so geblieben.

Ich fand eine Aufgabe, die perfekt zu mir passte. Ich liebte den Fußball, durfte viel laufen und viel reden. Ideal. Wahrscheinlich ist das schon die Antwort auf den Untertitel dieses Buches – warum ich es liebe, Schiedsrichter zu sein. Es passt einfach zu mir.

Okay, ein bisschen komplexer als laufen und reden ist es dann schon. Manchmal redete ich zu viel. Nach der Verbandsligapartie zwischen Henstedt-Rhen und dem SV Ellerbek notierte der Beobachter:

„Er sollte bei Kritik von den Zuschauern sich nicht selbst mit denen anlegen, sondern hier den Mannschaftsführer einschalten."

Ich erinnere mich nicht mehr genau an die Situation, aber ich weiß, was er meinte. Wenn mir jemand etwas vom Spielfeldrand zu rief oder mich anpöbelte, wehrte ich mich. Mir fehlte die Souveränität. Ich pöbelte nicht zurück – das nun doch nicht, dann wäre ich nicht gelandet, wo ich bin –, aber ich fing an, mit den Zuschauern zu diskutieren. Im Laufe der Jahre wurde ich ruhiger, aber ich gebe zu: Bis heute fällt es mir schwer, Pöbler zu ignorieren, die mir Dinge direkt ins Gesicht sagen. Aber auch dazu später mehr.

Ende der 1990er-Jahre hieß Hamburgs ranghöchster Schiedsrichter Carsten Byernetzki. Er pfiff sogar Zweitligaspiele, ihn als Assistent zu begleiten, war für mich etwas ganz Besonderes. Mit Carsten hatte ich im März 1998 meinen ersten großen Einsatz, Regionalliga Nord, Kickers Emden gegen Eintracht Braunschweig vor 2500 Zuschauern, mit einer Wahnsinnsstimmung auf den Rängen. Das fühlte sich nach richtig großem Fußball an! Eigentlich hätte ich niemals mitfahren dürfen, denn ich hatte mir drei Monate zuvor zum ersten Mal das Kreuzband gerissen. Eine Operation war nicht nötig, ich absolvierte ein Rehaprogramm –, und als ich wieder anfing, auf dem Platz zu trainieren, verdrehte ich mir direkt wieder das Knie. Ich wollte den Einsatz in Emden aber auf gar keinen Fall absagen. Aufgeregt wie ein kleines Kind an Heiligabend, fuhr ich nach Ostfriesland und rannte mit meinem kaputten Knie die Seitenlinie rauf und runter. Aus heutiger Sicht ziemlich unverantwortlich, aber ich war halt jung und naiv.

Mit Carsten Byernetzki hatte ich zuvor schon ein Highlight in der Verbandsliga in Billstedt erlebt. Der Tag begann mit einem Anpfiff. Allerdings nicht auf dem Spielfeld, sondern den Anpfiff kassierte ich, und zwar zu Recht. Ich war nämlich zu spät zum vereinbarten Treffpunkt gekommen – das passiert mir wirklich selten! Carsten überprüfte zunächst einmal die Tore. Ein Fußballtor ist 7,32 Meter breit und 2,44 Meter hoch, im Idealfall auf jedem Sportplatz dieser Welt. An diesem Tag stimmte aber irgendwas nicht. Er stellte sich auf die Linie, streckte seinen Arm nach oben und da war deutlich mehr Luft bis zur Querlatte, als er es gewohnt war. Wir hatten kein Maßband, aber ganz klar: Dieses Tor war viel zu hoch. Locker 20 Zentimeter. Die Billstedter versuchten die Pfosten tiefer in die Fassung zu drücken, aber das Aluminium saß bombenfest. Nichts regte sich. Carsten machte eine unmissverständliche Ansage: „Absägen!"

Der Handwerksauftrag ging zum Glück nicht an mich, sondern an die Verantwortlichen des gastgebenden Vereins. Zwei Stunden lang sägten sie an den Torpfosten rum, bis es endlich losgehen konnte. Ich stand als kleiner Assistent staunend daneben. Wochenende für Wochenende neue Spiele und Erlebnisse, ich liebte es.

Im Herbst 1997 schickte mich der Hamburger Verbandsschiedsrichterausschuss zum ersten Mal in die Sportschule Wedau nach Duisburg. Dort wurde der Länderpokal ausgetragen, die DFB-Landesverbände spielten mit ihren Toptalenten gegeneinander. Wenn Deutschlands beste Nachwuchskicker aufeinandertrafen, bot sich die Gelegenheit, auch die Schiedsrichtertalente zu testen. Für mich war das eine richtig große Nummer. Organisiert wurde der Lehrgang von Hans-Jürgen Weber, damals Bundesligaschiedsrichter. Der DFB schickte erfahrene Ex-Referees, um uns zu beobachten. Wir mussten einen knallharten Regeltest überstehen, dazu einen Konditionstest – von den Ergebnissen war abhängig wie viele Partien wir pfeifen durften.

In der Umkleidekabine der Sportschule saß ich neben einem sehr großen Jungen mit schwarzen Haaren. Er bemalte seine graue Spielnotizkarte – auf der werden die Verwarnungen notiert – mit Buntstiften. „Was ist denn mit dir los?", fragte ich meinen Sitznachbarn staunend. „Na, da spielt doch gleich blau gegen grün. Also male ich die eine Hälfte der Notizkarte blau an, die andere grün. So komme ich nicht mit den Teams durcheinander."

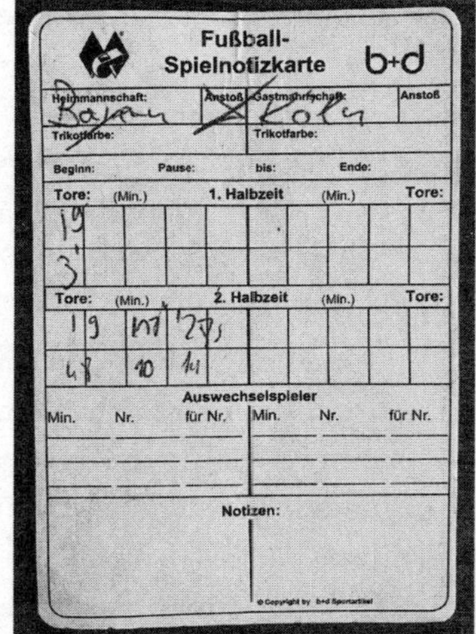
Fußball-
Spielnotizkarte
b+d
Heimmannschaft: Anstoß | Gastmannschaft: Anstoß
Trikotfarbe: | Trikotfarbe:
Beginn: Pause: bis: Ende:
Tore: (Min.) 1. Halbzeit (Min.) Tore:
Tore: (Min.) 2. Halbzeit (Min.) Tore:
Auswechselspieler
Min. Nr. für Nr. | Min. Nr. für Nr.
Notizen:

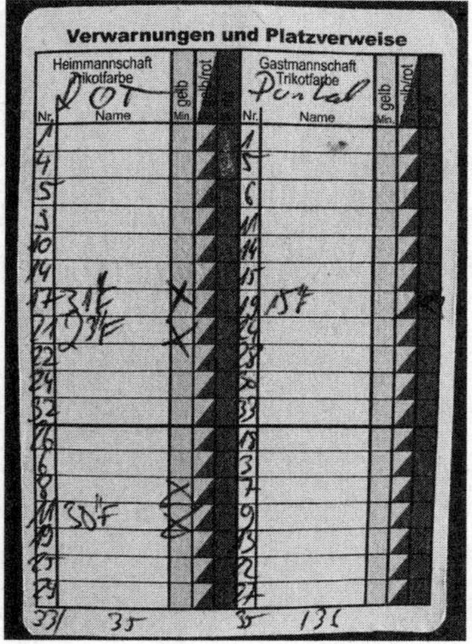
Verwarnungen und Platzverweise
Heimmannschaft Trikotfarbe | gelb | gelb/rot | Gastmannschaft Trikotfarbe | gelb | gelb/rot
Nr. Name Min. | Nr. Name Min.

Grundsätzlich keine schlechte Idee, eine Verwechslung kann einem Neuling nämlich leicht mal passieren. Gelb-Rot für Nummer sechs – leider von der falschen Mannschaft, Nummer sechs des anderen Teams hatte die erste Gelbe Karte gesehen. Ich wäre trotzdem nie auf die Idee gekommen, meine Notizkarte anzumalen. Auf der Vorderseite sind schließlich vorgedruckte Kästchen für jedes Team. Da machte ich meine Kreuze, wie alle anderen auch.

Der Buntstiftfreund kam aus dem Landesverband Bayern und stellte sich mir als Deniz vor, Nachname Aytekin. Heute leitet er als FIFA-Schiedsrichter die ganz großen Spiele und reist immer noch mit Buntstiften durch die Fußballwelt. Ein Jahr nach unserem gemeinsamen Lehrgang in Duisburg rief Deniz mich an: „Hey, ich bin gerade in Hamburg. Wollen wir uns treffen?“ Das passte mir gut. Meine damalige Freundin – und heutige Frau – hatte nämlich gerade ein paar Möbel bei IKEA gekauft. Ich bestellte ihn also zu uns in die Wohnung. „Kannst du den Stuhl da mal aufbauen?“ Deniz konnte, und obwohl er sich unser Wiedersehen höchstwahrscheinlich ein bisschen anders vorgestellt hatte, sind wir gute Freunde geworden.

Insgesamt siebenmal war ich bei den Lehrgängen der Nachwuchsschiedsrichter dabei, 2003 durfte ich das Finale des Länderpokals leiten, kurz danach schaffte ich es auf die „DFB-Liste", ich durfte Spiele in der dritten Liga pfeifen und wurde Assistent in der zweiten Liga. Der erste Schritt in den Profifußball.

Körperlich angegriffen wurde ich in meinen Anfangsjahren zum Glück nie. Auch in Celle nicht, trotzdem traute ich mich nach der Oberligapartie gegen Göttingen nicht aus der Kabine. Von draußen donnerten die Fäuste gegen die Tür. Ich hatte den Platz unter dem Schutz von Ordnern und Polizisten verlassen, die heimischen Fans bepöbelten mich heftig, einige waren in den Innenraum gelangt. Sie hatten ein heißes Niedersachsenduell mit einer Heimniederlage ihrer Mannschaft gesehen. Es ging ordentlich zur Sache. 3:5, ein Platzverweis auf jeder Seite, mehrere Gelbe Karten, dazu schickte ich noch den Trainer der Gastgeber auf die Tribüne. Manchmal kann man nichts dafür, wenn ein Spiel ausufert, die Spieler treten einfach drauflos. Und manchmal ist man selbst nicht ganz unschuldig. Es war in diesem Fall wohl eine Mischung aus beidem. Der Beobachter notierte in seiner Beurteilung:

„Die ersten Verwarnungen in der 30. und 32. Minute waren höchste Zeit!!"

Ich hatte seiner Meinung nach zu viel durchgehen lassen. Außerdem kritisierte er meine *„übertriebene Armgestik"*, mit der ich meine Entscheidungen verdeutlichen wollte. Es funktionierte an diesem Tag nicht. Spieler merken genau, wenn der Schiedsrichter unsicher wird. Ich wurde nonstop bearbeitet. Bei jeder Entscheidung gab es Theater, meine Akzeptanz sank. Und am Ende saß ich in meiner Kabine und hörte das Donnern der Fäuste.

Nie zuvor hatte ich so etwas erlebt und traute mich nicht aus meiner Kabine heraus. Zum ersten Mal stellte ich mir selbst die Frage, die ich bis heute so oft gehört habe: Warum tust du dir das an?

Die Frage blitzte auf und genauso schnell war sie auch schon wieder weg. Dies war ein Ausnahmespiel. Wie gesagt: So etwas hatte ich noch nie zuvor erlebt. Nicht jeden Sonntag musste ich mich in einer Kabine einschließen. Abhaken.

Am Tag nach dem Spiel besorgte ich mir die Regionalzeitung und las die Schlagzeile: „Die Niederlage hat einen Namen – Pattrick Ittrich“ – ob mein Vorname absichtlich falsch geschrieben worden war, weiß ich nicht. Ich schnitt den Artikel jedenfalls aus und klebte ihn in meinen Ordner – in die Schlagzeile eines Spielberichtes hatte ich es bis dahin schließlich noch nie geschafft.

Übrigens: Meistens steht hinter meinem Namen nur „Hamburg“. Der Mümmelmannsberger SV wird eher selten erwähnt. Schade eigentlich.

Ich denke gern an meine Anfänge zurück. Ich wohne zwar schon lange nicht mehr in „Mümmel“. Aber der Mümmelmannsberger SV wird definitiv immer mein Verein bleiben. Nicht nur um TV-Reportern kurz vor Ostern eine Freude zu machen, sondern weil es meine Heimat ist.

REGELFRAGEN

2

Direkter Freistoß für die verteidigende Mannschaft rund 20 Meter vor dem eigenen Tor. Der Abwehrspieler spielt den Ball zu seinem Torwart zurück. Dieser wird völlig überrascht, der Ball kullert unberührt ins Tor. Wie geht es weiter?

KAPITEL 3

ERFOLGSERLEBNISSE – MEINE HOCHGEFÜHLE

Ich sehe nur einen begrenzten Ausschnitt des Spielfelds, dazu das Rauschen des vollbesetzten Stadions, das in den Spielertunnel dringt, ein Mix aus Jubel, Musikfetzen und den Ansagen des Stadionsprechers. Ich stehe inmitten der Spieler, die meisten von ihnen blicken angespannt geradeaus. Auch die Einlaufkinder sind aufgeregt, ihre Augen leuchten wie die Lichter der TV-Kameras. Endlich geht's raus. Hochgefühl.

Eine Welle der Begeisterung schwappt uns entgegen. Heim- wie Auswärtsfans, alle freuen sich auf das Spiel. Es ist der ultimativ positive Moment. Druck spüre ich keinen, da ist einfach nur Vorfreude. Ich habe denselben Ehrgeiz wie die Spieler: Ich will zeigen, was ich kann, und dies auf der ganz großen Bühne.

Schiedsrichter in der Fußball-Bundesliga zu sein, ist ein Privileg. Im Moment des Einlaufens wird mir dies jedes Mal besonders bewusst. Ich versuche die Atmosphäre in mich aufzusaugen. Für einen kurzen Augenblick gelingt es mir, bei mir zu sein. Ich denke an meine Eltern, die mich von oben beobachten, da bin ich mir sicher. Ich denke an meine Familie, sehe mich als jungen Schiedsrichter auf dem Fußballplatz in Hamburg-Billstedt.

Das anfängliche Hochgefühl versuche ich mit in die ersten Minuten des Spiels zu nehmen. Das ist gar nicht so einfach. Mit dem Anpfiff verändert sich die Atmosphäre schlagartig. Die Musik geht aus. Der Stadionsprecher schweigt. Die meisten Zuschauer im Stadion setzen sich erst mal. Nun zählt nur noch das Spiel. Ich muss sofort voll da sein – keine Zeit mehr, an meine Anfänge auf Hamburger Fußballplätzen zu denken.

Im November 2016 in Mainz habe ich nach acht Sekunden gelb gezeigt. Der damalige Freiburger Florian Niederlechner war mit gestrecktem Arm in einen Luftzweikampf gegangen – bis heute die schnellste Gelbe Karte seit Beginn der Datenerfassung. Die beiden schnellsten Tore der Bundesligageschichte fielen nach je neun Sekunden. Ab dem Anpfiff kann alles passieren. Sofort.

Das Hochgefühl beim Einlaufen zeigt mir, dass alles in Ordnung ist. Wenn es irgendwann nicht mehr da sein sollte, müsste ich mir Gedanken machen.

Übrigens: In der zweiten Halbzeit ist die Stimmung, wenn wir den Tunnel verlassen und den Rasen betreten, ganz anders. Es gibt kein gemeinsames Auflaufen. Die ersten 45 Minuten sind gespielt, und je nach Blickwinkel pfeifen manche Fans, wenn der Schiedsrichter das Feld betritt. Wer sich das ersparen will, verlässt den Tunnel gemeinsam mit der Heimmannschaft – die wird nämlich fast nie ausgepfiffen im eigenen Stadion.

Auch Schiedsrichter haben Erfolgserlebnisse. Und das sogar regelmäßig, denn die meisten Spiele laufen gut, sowohl im Amateurbereich wie im Profifußball. Chaosspiele mit krassen Fehlentscheidungen bleiben zwar im Gedächtnis, aber sie sind die Ausnahme. Zum Glück, denn sonst wäre es ein grausames Hobby.

Eine richtige Entscheidung kann dagegen ein Hochgefühl auslösen. Gut, es muss schon ein bisschen mehr sein als ein korrekt angezeigter Einwurf im Mittelfeld. Eine richtig antizipierte Vorteilssituation zum Beispiel. Im April 2015 in Kaiserslautern bot sich mir einmal sogar die Möglichkeit, mein Erfolgserlebnis zu bejubeln. Ich hatte die Arme nämlich eh schon oben. Ein FCK-Spieler lief im Zweitligaspiel gegen Heidenheim auf das Tor zu und wurde im Strafraum gefoult. Klare Sache: Strafstoß, Rote Karte (damals gab es die „Doppelbestrafung" noch). Ich führte die Pfeife schon zum Mund, als ich sah, dass der Ball frei lag und ein Mitspieler des Gefoulten heransprintete. Eine klassische Vorteilsituation, in der es darum geht, dem ersten Reflex zu widerstehen. Der erste Reflex bei einem klar erkannten Foul ist nun mal der Pfiff. Die Ideallösung aber ist kurz zu warten, zu antizipieren, laufen zu lassen. Diese Situationen sind nicht leicht zu erkennen, denn ich muss abschätzen, ob sich tatsächlich ein Vorteil ergeben wird, oder ich das Foul besser pfeife. In Kaiserslautern pfiff ich nicht, hob stattdessen beide Arme und streckte sie leicht nach vorn – das Zeichen für den Vorteil. Der Spieler nutzte die Chance und schob den Ball ins Tor. Perfekt gelaufen. Nach der Szene nimmt man die Arme normalerweise wieder runter, ich ließ sie aber oben und rannte durch den Strafraum zurück in Richtung Mittelkreis. Fast so, als hätte ich das Tor selbst geschossen. Hochgefühl. Was ist denn mit dem los, werden sich einige Fans wohl gedacht haben. Ich musste keinen Strafstoß geben, konnte das Spiel laufen lassen und der größtmögliche Vorteil entstand: ein Tor. Eine Szene aus dem Regelbilderbuch. Was für den Stürmer der Schuss in den Winkel ist, ist für mich eine solche Entscheidung – ein echtes Erfolgserlebnis eben. Mit einem kleinen Unterschied: mich bejubeln nicht 40.000 Menschen, deswegen muss ich das halt selbst übernehmen. Obwohl, drei potenzielle Jubler gibt es schon im Stadion. Die beiden Assistenten und der Vierte Offizielle wissen natürlich, wie sich diese Entscheidung für mich anfühlt und freuen sich über den Funk mit: „Weltklasse! Sensationell!"

Am besten fühlen sich die klaren Entscheidungen an. Die, die wichtig sind und von niemandem auch nur ansatzweise infrage gestellt werden. Das kommt in dieser Konstellation tatsächlich relativ selten vor. Ich hatte im Bundesligaspiel zwischen Paderborn und Mainz 05 zwei solcher Szenen. Ich gab zwei Strafstöße, einen nach einem Handspiel, den anderen nach einem Foul. Beide Szenen waren sonnenklar. Klingt also nicht nach einer großen Leistung, aber trotzdem kam das Hochgefühl. Der Stürmer freut sich ja auch, wenn er den Ball aus kurzer Distanz ins leere Tor schiebt. Man muss schließlich auch erst mal richtig stehen, um die Chance zu nutzen.

In Paderborn wollte kein einziger Spieler diskutieren – ein sehr sicheres Zeichen, dass die Entscheidung richtig war. Ich hatte sofort gepfiffen, bewegte mich entschlossen Richtung Elfmeterpunkt. Es gibt nichts Besseres, als eine wichtige Entscheidung zu treffen, die akzeptiert wird.

Das nächste meiner Hochgefühle beinhaltet eine Gefahr. Wenn ein Spiel gut für mich läuft, schleicht sich irgendwann das Gefühl ein: „Mir kann hier heute nichts mehr passieren!" Ein Hochgefühl, das aus einer vermeintlichen Sicherheit heraus entsteht, aber eigentlich gegen jede Vernunft ist. Denn jeder, der sich ein bisschen mit Fußball auskennt, weiß: Es kann ständig alles passieren. Erwarte das Unerwartete – ein Leitspruch für Schiedsrichter. Eine Fehlentscheidung in der Nachspielzeit kann einen ganzen Arbeitstag zerstören.

„Mir kann hier heute nichts passieren" – ich gebe zu, das klingt beim ersten Hören nach Eigenlob, womöglich sogar überheblich. Eigenlob stinkt, besagt das alte Sprichwort. Ich lebe auf dem Platz aber davon, dass ich mich gut und sicher fühle. Dafür brauche ich unbedingt Erfolgserlebnisse. Die gefühlte Sicherheit entsteht niemals in der ersten Halbzeit, sondern im Verlauf der zweiten. Wenn die Klarheit der Entscheidungen stimmt, ich mich körperlich fit fühle, die Akzeptanz der Spieler habe und völlig frei im Kopf bin. Überheblichkeit darf auf gar keinen Fall entstehen. Die Körperspannung muss aufrechterhalten bleiben, ich muss weiterlaufen, darf keinen Schritt weniger machen. „Leute, jetzt noch mal zehn Minuten die Spannung halten", rufe ich ins Headset in Richtung meiner Assistenten, in erster Linie meine ich damit aber mich selbst. Im Amateurbereich gab es früher auch gerne mal kurz vor Schluss die drei erhobenen Finger als Zeichen an die Assistenten. Das bedeutete nicht etwa drei Minuten Nachspielzeit, sondern: Wir können schon mal drei Bier bestellen, hier brennt nichts mehr an! Wird man in der Bundesliga nicht sehen.

Nach dem Abpfiff kann wirklich nichts mehr passieren. Durchatmen. Für Schiedsrichter gibt es keinen Applaus, den erwartet auch niemand. Die Fans kommen ins Stadion, um das Spiel und die Fußballer zu sehen, nicht die Schiedsrichter. Obwohl meine Assistenten und ich einmal doch unter Beifall den Platz verließen – und die Fans meinten es nicht ironisch! In Cottbus – es war der letzte Spieltag der Saison 2009/2010 – erlitt Assistent Stefan Trautmann einen Muskelfaserriss, der Vierte Offizielle musste einspringen. Als wir nach dem Abpfiff mit unserem angeschlagenen Kollegen langsam vom Feld gingen, erhoben sich die Zuschauer von ihren Sitzen und applaudierten. Das fanden wir richtig stark, eine sehr faire Geste der Cottbusser. Wir grüßten zurück. Ein kurioser, völlig ungewohnter, aber sehr schöner Moment. Für Fußballer mag das Alltag sein, für uns eben nicht. Deswegen zähle ich dieses Erlebnis auch nicht zu den klassischen Hochgefühlen – kommt einfach zu selten vor.

Das letzte meiner Hochgefühle steigert sich schrittweise, je näher ich der Kabine komme. Nach dem Abpfiff klatschen wir Schiedsrichter uns in der Regel dezent ab. Fast immer kommen die Spieler und Trainer beider Mannschaften zu uns und wir geben uns die Hand. Das muss ich an dieser Stelle mal erwähnen: Grundsätzlich ist der Umgang im Profifußball wirklich gut und von gegenseitigem Respekt getragen. Während des Spiels ist jeder auf seine Aufgabe fokussiert, nimmt jeder die ihm bestimmte Rolle ein, davor und danach reden wir wieder ganz normal miteinander.

Nach dem Spiel geht es zurück in den Spielertunnel, raus aus dem Rauschen des Stadions, rein in die Stille der Katakomben, wo das Klacken der Stollenschuhe auf dem Boden dominiert. Auf dem Weg in die Kabine passieren wir die Interviewzone, wo die Reporter auf Spieler, Trainer und Manager warten. „Heute gebe ich keine Interviews!“, rufe ich euphorisch in die Runde. Alle lachen. Ich weiß ja, heute will eh niemand was von mir, das Spiel lief schließlich gut für mich. Die Leistung des Schiedsrichters ist kein Thema. Das Hochgefühl entlädt sich in der Kabine. Tür zu, wir fallen uns in die Arme. Es ist wunderbar, mit meinen Assistenten jubeln zu können. Eine gute Spielleitung funktioniert nur im Teamwork. Die Kabine ist unser geschützter Raum, keine Kamera filmt uns, wir sind den Blicken der Öffentlichkeit entzogen. Auf dem Feld können wir uns nach dem Abpfiff nicht umarmen, die Jubelfaust machen oder vor Freude das Trikot vom Leib reißen. Das ist den Spielern vorbehalten. Die schönste Aussicht: die Rückreise wird entspannt, die kommenden Tage ebenfalls. Es geht nicht darum, mit der Spielleitung des Jahrhunderts zur Mittelpunktfigur auf dem Platz zu werden – sie muss einfach nur möglichst geräuschlos laufen. Die Belohnung: Hochgefühle.

REGELFRAGEN

3

Es gibt einen Strafstoß. Der Schütze führt diesen indirekt aus, indem er den Ball schräg nach hinten spielt. Ein Mitspieler läuft in den Strafraum und schiebt den Ball ins Tor. Zählt der Treffer?

KAPITEL 4

ZWEI WELTEN ZWISCHEN JOB UND PROFIFUSSBALL

Das gemeinsame Frühstück mit meinen Assistenten musste an diesem Dezembermorgen ausfallen. Um kurz nach fünf Uhr verließ ich das Hotel, während die anderen noch schliefen. Wenige Stunden zuvor hatten wir die Zweitligapartie zwischen Darmstadt 98 und dem VfB Stuttgart geleitet. Ein intensives Montagabendspiel, umkämpft, vor knapp 15.000 Zuschauern. 1 : 1 Endstand, Abpfiff 22.20 Uhr. Analyse, duschen, umziehen. Um Mitternacht im Bett.

In aller Frühe machte ich mich nun auf den Weg in eine ganz andere Welt, ins Berufsleben. In Hamburg warteten 150 Kinder auf mich. Genauer gesagt: zweimal 150 Kinder. Um 9.30 und 11.30 Uhr hatte ich in Hamburg-Harburg zwei Aufführungen auf unserer Handpuppenbühne. Der Rückflug war zu kurz, um Schlaf nachzuholen. Ich nickte nur kurz weg. Vom Flughafen ging es direkt nach Harburg, wo die Kollegen die Bühne schon aufgebaut hatten. Netterweise hatten sie auch meine Uniform mitgebracht, sodass ich sie nicht nach Darmstadt hatte mitnehmen müssen. Ich stellte meine Sporttasche ab und zog mich rasch um. Vorhang auf, das Stück konnte beginnen.

Ich arbeite bei der Polizei Hamburg. Meine Dienststelle ist zuständig für Verkehrserziehung und Prävention. Sie profitiert dabei von einem sehr fähigen Mitarbeiter. Der ist zwar schon über 70 Jahre alt, aber unersetzlich: Der Verkehrskasper.

Der Verkehrskasper ist eine Institution in Hamburg. Seit 1948 zeigen Polizisten Hamburger Kindern mit einer Puppe spielerisch, wie sie sich im Straßenverkehr bewegen müssen, damit sie sicher über die Straße kommen. 210 Grundschulen gibt es in Hamburg, wir kennen sie alle. Wir, das sind sieben Handpuppenspieler, in zwei Trupps aufgeteilt: Ampel und Zebrastreifen. Mein Spezialgebiet ist der Zebrastreifen. Ich beschäftige mich mit kniffligen Fällen. Dem von Erwin Pinselmann zum Beispiel. Pinselmann ist Malermeister und hat ein Problem, ihm wurde sein Farbeimer geklaut … (die Auflösung dieses außergewöhnlichen Kriminalfalls folgt).

Den Job und die Schiedsrichterei unter einen Hut zu bekommen, ist die große Herausforderung. Zwei Dinge braucht es vor allem. Organisationstalent und das Verständnis anderer. Viel Verständnis! Vor dieser Herausforderung stehen alle ambitionierten Schiedsrichter. Wir sind nämlich keine Profis, sondern haben ganz normale Jobs – auch wenn man als Schiedsrichter im Profifußball inzwischen gutes Geld verdienen kann.

Bundesliga: Seit Sommer 2013 gibt es ein Grundhonorar pro Saison. Aktuell für FIFA-Referees 80 000 Euro. Schiedsrichter mit mindestens fünf Jahren Bundesligaerfahrung bekommen 70 000 Euro, alle anderen 60 000 Euro. Außerdem gibt es Zuschläge für ausgebildete Video-Assistenten.

Zum Grundhonorar kommen 5000 Euro pro Einsatz auf dem Feld dazu. Als Video-Assistent 2500 Euro, als Vierter Offizieller gibt es 1250 Euro.

Zweite Bundesliga: Das Grundhonorar beträgt 40 000 Euro, pro Einsatz gibt es zusätzlich 2500 Euro.

Dritte Liga: Grundhonorar 4500 Euro, zusätzlich 1000 Euro pro Spiel

Regionalliga: circa 300 Euro pro Spiel

Kreisliga: circa 22 Euro pro Spiel

Eines steht mal fest: Niemand macht den Schiedsrichterschein, um Geld zu verdienen. Der Weg in die Bundesliga ist weit, mit sehr viel Einsatz und Aufwand verbunden, nicht wirklich planbar. Aber wer es in die Bundesliga geschafft hat, kann aufhören zu arbeiten, werden jetzt einige denken, da kommt doch eine nette Summe im Jahr zusammen, siehe oben …

Auf den ersten Blick stimmt das, auf den zweiten ist es aber doch komplizierter. Mit 47 Jahren ist die Karriere auf dem Platz definitiv vorbei, Stichwort Altersgrenze. Dann ist es schon ziemlich sinnvoll, einem Beruf nachzugehen.

Es gibt wahrscheinlich kaum einen Job, der so gut zu einem Schiedsrichter passt, wie der des Polizisten. Die Parallelen sind offensichtlich. Es geht um Regeln und deren Einhaltung, wobei man es nie allen recht machen kann. Unmöglich. Jenseits aller Vorschriften und Regeln gibt es den berühmten „Ermessensspielraum“, den ich besonders spannend finde. Auf dem Platz führt nicht jedes Foul sofort zur Gelben Karte, in der Öffentlichkeit nicht jedes Vergehen sofort zur Geldstrafe. Wenn jemand unangeschnallt im Auto unterwegs ist, kann es der Polizist bei einer mündlichen Verwarnung belassen, er kann aber auch ein Verwarngeld verhängen. Ein ganz klassischer Fall von „Ermessensspielraum“. Das macht beide Tätigkeiten für mich so interessant. Viele Situationen lassen sich mit der richtigen Ansprache regeln. Es geht eben nicht nur darum, nach Schema F vorzugehen und Vorschriften stur abzuarbeiten. Wenig überraschend also, dass es in der Fußball-Bundesliga schon einige „pfeifende Polizisten" gab, den Niedersachsen Michael Weiner zum Beispiel, der mehr als 20 Jahre lang aktiver DFB-Schiedsrichter war. Heute sind es neben mir Bibiana Steinhaus, Guido Winkmann und Tobias Welz. Auch FIFA-Assistent Mark Borsch arbeitet bei der Polizei.

Mein Weg zur Polizei war kein direkter. Genau so wenig, wie ich als kleiner Junge Schiedsrichter werden wollte, träumte ich nicht davon, für Recht und Ordnung auf Hamburgs Straßen zu sorgen. Während meiner Ausbildung zum Industriemechaniker merkte ich, dass mir in meinem Lehrberuf etwas Entscheidendes fehlte, nämlich der direkte Kontakt zu Menschen. Ich habe gern mit verschiedenen Menschen zu tun. Nach dem Ende meiner Ausbildung begann ich direkt mit der nächsten. Die Feuerwehr wäre auch eine interessante Adresse für mich gewesen, im Hinterkopf spielte aber schon damals im Jahr 2000 mein zeitaufwendiges Hobby eine Rolle. Mein Förderer Uwe Albert – der, der die Bewertung zu meinem allerersten Spiel schrieb – war selbst bei der Polizei. In einer großen Organisation wie der Polizei stößt man leichter auf Verständnis, sie kann Mitarbeiter intensiver unterstützen als zum Beispiel ein kleiner Familienbetrieb.

Das *Hamburger Abendblatt* stellte damals einige der neuen Polizeiazubis vor. „Warum wir Polizisten werden wollen", lautete die Überschrift des Artikels, auf dem dazugehörigen Foto grinste ich breit und philosophierte im Text frech drauflos: „Ich hatte das Gefühl, mein Leben drehte sich nur noch im Kreis, und wollte etwas ganz anderes machen. Mit 21 stehen mir alle Türen offen. Ich bin sehr ehrgeizig, und bei dieser Arbeit bin ich mir sicher, dass ich da etwas werden kann."

Ich hatte wirklich total Lust auf die Ausbildung bei der Polizei. Die Bundesliga war ganz weit weg, ich träumte nicht davon, eines Tages Spiele im Profifußball zu leiten. Wie gesagt, die Schiedsrichterei war einfach ein leidenschaftliches Hobby. Anfangs bekam ich beides noch relativ entspannt unter einen Hut. In den ersten zwei Jahren der Ausbildung stand unter der Woche die Theorie auf dem Programm, am Wochenende hatte ich frei. Und da ich als Viertligaschiedsrichter eh nur im norddeutschen Raum unterwegs war, musste ich auch nicht allzu viel reisen. Beim praktischen Teil der Ausbildung hatte ich Glück. Ich landete auf der Wache in Harburg bei Dienstgruppenleiter Ingo Gesterding. Ein super Typ mit einem tollen Hobby: Er war Schiedsrichter im Hamburger Amateurfußball … Perfekt! Er half mir bei der Dienstplanung, ich war ja eh noch kein vollwertiger Polizist und wurde immer nur zusätzlich eingesetzt.

Mein „echtes“ Berufsleben nach der Ausbildung begann am 1. Februar 2003 in der Landesbereitschaftspolizei, fünfte Hundertschaft, vierter Zug, kurz LBP54. Bereitschaftspolizisten sind die mit dem Helm. Wir hatten Einsätze bei Demonstrationen in Gorleben und in der Hamburger Sternschanze, auch sorgten wir für die Sicherheit bei Fußballspielen. Ich war Teil einer Gemeinschaft, traf auf viele junge Kollegen, wir hatten eine tolle Atmosphäre – und ich konnte im Dienst trainieren. Fitness ist schließlich nicht nur auf dem Fußballplatz, sondern auch in der Hundertschaft wichtig.

Auf der Suche nach einer fußballaffinen Einheit hatte ich die LBP54 von Anfang an im Blick. Dort arbeitete Carrel Segner, bekannt in der damaligen Hamburger Fußballszene als Trainer des Bramfelder SV. Segner hatte in der Einheit etwas zu sagen und verstand meine Situation. Als Fußballer wusste er, was es bedeutete, Schiedsrichter zu sein, und das war schon mal gut für mich. Mir war völlig klar, dass ich noch mehr als zuvor in der Ausbildung verständnisvolle Kollegen brauchte. 2003 stand ich bereits auf der

DFB-Liste, leitete Spiele in der Regionalliga (damals die dritte Liga) und war als Assistent in der zweiten Liga nun auch deutschlandweit unterwegs. Im 60 Kilometer entfernten Lübeck genau wie im 750 Kilometer entfernten Freiburg. Von mir wurde ständige Verfügbarkeit erwartet, eine Ansetzung abzusagen, kam nicht infrage. Auf keinen Fall!

Also brauchte ich dauernd freie Tage am Wochenende, musste um Verständnis bitten und den Kollegen erklären, welchen Aufwand ich betreiben musste, um meiner Leidenschaft, die mir so wichtig war, nachgehen zu können.

Oft halfen sie mir, ich hörte aber auch den Satz: „Alles schön und gut, aber das ist dein Privatvergnügen.“ Eine völlig legitime Sichtweise. Andere wollten auch gerne mal frei haben am Wochenende, und ich verdiente mit dem Privatvergnügen ja sogar noch zusätzliches Geld. Warum sollte jemand auf die Geburtstagsfeier der Oma verzichten, nur damit ich irgendwo ein Fußballspiel leiten konnte?

Es war ein harter Kampf, ich habe oft Blut und Wasser geschwitzt, aber irgendwie haben sich im letzten Moment doch immer Lösungen gefunden – nie musste ich ein Spiel wegen der Arbeit absagen!

Zur Not lief es so ab: Samstag, 15.50 Uhr Schlusspfiff der Drittligapartie im Ruhrgebiet; Nachbesprechung, ab zum Zug. Ankunft in Hamburg gegen 21 Uhr. Mit der Sporttasche vom Bahnhof zur Dienststelle, Nachtschicht. Feierabend am Sonntagmorgen um 6.00 Uhr.

Zum Glück verliefen nur wenige Wochenenden in meinem Berufsleben als Polizist so oder so ähnlich, aber es kam vor. Ich baute Überstunden auf, wo es nur ging, arbeitete Weihnachten – da ist im Fußball ja spielfrei –, übernahm unter der Woche Dienste von Kollegen, um dann auf Hilfe zu hoffen, wenn ich mal wieder in Sachen Fußball losmusste. Eine Hand wäscht die andere.

Klingt rückblickend anstrengend, fühlte sich aber erst einmal gar nicht so an. Ich war Mitte zwanzig, beide Jobs machten mir unheimlich viel Spaß, zum Jammern hatte ich keinen Grund, sondern gab Vollgas.

Manchmal trafen meine beiden Welten sogar aufeinander. Im Stadion an der Lübecker Lohmühle, wo ich oft als Schiedsrichter im Einsatz war, übten wir 2006 vor der WM mit der Hundertschaft den Ernstfall. Polizeischüler mimten aggressive Fußballfans, wir trennten die Gruppen. Und während Deutschland bei der Heim-WM 2006 Dritter wurde, folgte bei der Europameisterschaft im selben Sommer der Titel – für die deutsche Polizeinationalmannschaft bei den europäischen Polizeimeisterschaften in Dortmund im August. Vor 4000 Zuschauern im Stadion Rote Erde assistierte ich dem österreichischen Finalschiedsrichter.

Ein paar Monate später war ich mit der Hundertschaft in Dresden im Einsatz. Dynamo Dresden traf in der Regionalliga auf den 1. FC Magdeburg, auf dem Platz pfiff mein Schiedsrichterkollege Thorsten Schriever das hitzige Ostduell, ich stand draußen in der Polizeikette, um die rivalisierenden Fangruppen voneinander zu trennen.

Im Januar 2012 lief es dann andersrum. Ich war Schiedsrichter bei einem Hallenturnier in Hamburg, als rivalisierende Fangruppen heftig aneinandergerieten. Ich stand unten auf dem Feld, nur zwei Meter vor den Polizisten, von denen ich viele aus der Hundertschaft kannte. Den Einsatz leitete mein damaliger Dienststellenchef, eine kuriose Situation.

Irgendwann wurde mir klar: Ich musste professioneller werden. Obwohl ich kein Profi war, sondern hauptberuflich immer noch Polizist. Aber es wurde immer schwieriger, beides unter einen Hut zu bekommen.

Viele Topschiedsrichter sind auch im Beruf erfolgreich und haben trotz Doppelbelastung richtig Karriere gemacht. Als Ärzte,

Banker oder Juristen zum Beispiel. Für mich stand fest, dass ich mich in Sachen „Karrieremachen“ entscheiden musste. Natürlich wäre es schön gewesen, bei der Polizei zu studieren und irgendwann im höheren Dienst zu arbeiten. Aber als Familienvater Karriere als Schiedsrichter und Polizist zu machen, das wäre aus meiner Sicht nicht gegangen.

Also traf ich 2008 eine wichtige Entscheidung. Ich ging in Teilzeit. Aus 40 wurden 20 Stunden. Inzwischen konnte ich es mir finanziell leisten, da ich regelmäßig im Profifußball zum Einsatz kam. Mein Kumpel und Kollege Sebastian Born, der oft mein Assistent in der dritten Liga war, traf damals eine andere Entscheidung. Er setzte auf die Polizeikarriere und hörte komplett auf zu pfeifen. Das tat mir in meiner Schiedsrichterseele weh. Er war wirklich ein richtig guter. „Bist du dir echt sicher?“, fragte ich ihn mehrmals. Er war sich sicher und arbeitet inzwischen im höheren Dienst bei der Hamburger Polizei. Heute können wir feststellen, dass es für uns beide super gelaufen ist.

Manche Schiedsrichterkarrieren scheitern auch am Familienleben. Und andersrum: Partnerschaften scheitern an Schiedsrichterkarrieren. Ohne Frage, die ständigen Einsätze auf dem Fußballplatz können zur Belastung im Privatleben werden. Jedes Wochenende unterwegs, dazu Lehrgänge, Training, gemeinsame Urlaube nur außerhalb der Fußballsaison – das alles geht auch hier nur mit viel Verständnis. Ich habe das große Glück, dieses Verständnis zu bekommen. Meine Frau kennt mich nur als Schiedsrichter, sie hat mich immer unterstützt und tut es bis heute. Wir haben vier Töchter im Alter zwischen drei und 17 Jahren, bei uns zu Hause ist also immer was los.

Ein befreundeter Schiedsrichterkollege sagte mal: „Es ist leichter, vor 80 000 Fans einen Strafstoß zu pfeifen, als zu Hause zu entscheiden, ob es Nudeln oder Pizza gibt.“ Da ist auf jeden Fall etwas dran!

Ich bin unglaublich dankbar für die Unterstützung meiner Frau und meiner Töchter. Sehr angenehm: Zu Hause spielt Fußball praktisch keine Rolle.

„Was hast du da denn bloß gepfiffen?" – diese Frage höre ich auf der Arbeit von Kollegen oder von Freunden, zu Hause höre ich sie nie. Meine Frau fuhr früher, als ich im Hamburger Amateurfußball pfiff, öfter mal mit zu den Spielen – ein Mal begleitete sie mich auch nach München, als ich Assistent im letzten Bundesligaspiel von Thorsten Kinhöfer war; meine gesamte Familie hat aber noch nie einen Bundesligaeinsatz von mir live im Stadion gesehen.

Bei Fußballern ist es normal, dass Frauen und Kinder auf der Tribüne sitzen. Es gibt aber einen entscheidenden Unterschied: Fußballer haben alle zwei Wochen ein Heimspiel. Ich habe nur Auswärtsspiele. Einige zwar im norddeutschen Raum, aber eben definitiv nicht vor der Haustür in Hamburg. Außerdem: Die Familien der Fußballer kennen sich, sind als Gruppe gemeinsam im Stadion, der Heimverein kümmert sich um sie. Ich kann mich am Spieltag nicht um meine Familie im Stadion kümmern. (Einmal habe ich eine meiner Töchter als Einlaufkind mit zu einem Testspiel in Wolfsburg genommen, kurz vor Saisonbeginn.)

Mein Aufstieg in den Profifußball stellte uns als Familie vor eine echte Herausforderung: Ich war noch öfter weg von zu Hause. Auf einmal ging es nicht nur nach Lübeck oder Braunschweig, sondern auch nach München und Freiburg. Längere Anreisen, mehr Nächte im Hotel. Wir haben aber gelernt, dass es für uns alle gut so ist. Die Nacht im Hotel vor dem Spiel erleichtert den Übergang aus der Familien- in die Fußballwelt.

Als ich 2009 Zweitligaschiedsrichter wurde, veränderte sich die Außenwahrnehmung. Die Spiele wurden nicht nur regional, sondern bundesweit gezeigt, die Bühne wurde größer. In der Pressestelle der Polizei landeten Interviewanfragen von Medienvertretern, die über den pfeifenden Polizisten berichten wollten.

Der nächste logische berufliche Schritt hieß für mich: raus aus der Bereitschaftspolizei und vor allem raus aus dem Schichtdienst! Der ging nämlich auf Dauer sehr an die Substanz. Mit den Aufstiegen in höhere Ligen wurden mir die Gefahren meines Jobs immer bewusster, meine Denkweise änderte sich. Jahrelang war ich relativ blauäugig unterwegs, nun fing ich an, über Risiken nachzudenken. Ich musste und wollte etwas verändern.

Das war gar nicht so einfach. Auch wenn ich in Teilzeit arbeitete, war ich ein vollwertiger Polizeibeamter, jung, fit und belastbar. Den nimmt man nicht mal eben so aus der Hundertschaft. Erst recht nicht wegen eines „Privatvergnügens". Es folgten komplizierte Diskussionen, an deren Ende ich schließlich aus der Bereitschaftspolizei an die Wache wechselte. Ich fuhr Streife oder regelte den Verkehr nach Veranstaltungen – keine Nachtdienste, keine Demos mehr. Aber wenn am Sonntag kurzfristig Ersatz für den Dienst im Streifenwagen gesucht wurde, war ich der erste, der sich meldete, auch wenn ich Freitagabend ein Zweitligaspiel gepfiffen hatte. Immer nach dem Prinzip: eine Hand wäscht die andere. Ich war weiter auf das Verständnis meiner Chefs und Kollegen angewiesen. Mir ging es nie darum, dieses Verständnis auszunutzen. Ich setzte mich sogar unter zusätzlichen Druck und hatte das Gefühl, mehr machen zu müssen als die anderen, um meine Sonderwünsche zu rechtfertigen.

Die Polizei ist ein großer Apparat mit vielen unterschiedlichen Möglichkeiten. Ich schaute mich weiter nach Alternativen um und landete schließlich über eine Hospitanz bei den Verkehrserziehern. Stefan Kuntz, früher erfolgreicher Stürmer in der Fußballbundesliga und heute deutscher U21-Nationaltrainer, ist übrigens auch gelernter Handpuppenspieler. Ein toller Job, der ideal zu mir passte, wie ich schnell merkte. Er funktioniert nur mit Leidenschaft und Begeisterung, man muss der Typ dafür sein. Es wäre völlig sinnlos, jemanden mal eben so als Handpuppenspieler einzuteilen. Das würde niemals funktionieren.

Wo erlebt man es als Polizist schon, dass die Menschen sich freuen, wenn man erscheint? Genau, in der Grundschule! Die Kinder sind aufgeregt – cool, die Polizei ist da! Die Lehrer begrüßen uns mit einem Lächeln, die ganze Atmosphäre ist positiv.

„Polizist und Schiedsrichter – du stehst wohl drauf, nicht gemocht zu werden?!“ – solche Kommentare höre ich oft. Stimmt aber nicht. Ich freue mich, wenn ich nett begrüßt werde, wie jeder andere auch. Ich könnte jetzt sagen: „Mir doch egal, was andere denken“, aber das wäre mehr Selbstschutz als Wirklichkeit. Auf unserem Auto steht groß „Verkehrskasper“, die Menschen freuen sich und lachen. Manche lachen uns vielleicht auch aus, ganz oft hören wir aber: „Den kenne ich noch von früher!“ Wie gesagt: die Holzpuppe ist seit 1948 in Diensten der Hamburger Polizei. Die Stücke entwickeln wir ständig weiter, Kreativität ist gefragt – übrigens auch in der Coronazeit, in der der Verkehrskasper nicht in die Schule darf. So gibt es ihn nun auch als Podcast. Mit dabei ist ein besonderer „Kollege“, der Malermeister Pinselmann.

Die Geschichte bin ich noch schuldig, auf der Bühne in der Schule geht sie so: Pinselmann soll im Auftrag der Polizei einen Zebrastreifen auf die Straße malen. In der Mittagspause lässt er seinen Farbeimer stehen – die Kinder im Publikum sollen gut darauf aufpassen. Versprochen? „JAAAAAAA!“

Dann taucht Norbert Nase auf. Ein abgebrühter Dieb, der die Kinder mit Zaubertricks ablenkt und sie dazu bringt, die Augen zu schließen. Augen auf, Eimer weg. Das Geschrei ist groß! Und Kinder können wirklich sehr laut schreien … Der Verkehrskasper taucht auf und lässt sich von den Kindern erst einmal erklären, was überhaupt passiert ist. Alle rufen wild durcheinander. „DER EIMER WURDE GEKLAUT!“ Also macht sich der Kasper auf die Suche nach dem Dieb, gemeinsam mit seinem Helfer, dem Löwenäffchen Fips, alias „Agent 00 Banane“. Die beiden sind klug, sie tricksen Norbert Nase mit einer Zauberkiste aus. Jetzt muss der Kasper den Dieb nur noch der Polizei übergeben – zusammen mit den Kindern erinnert er sich an die richtige Notrufnummer. „EIIIINS EIIIINS NUUULLLL.“

Malermeister Pinselmann bekommt seinen Eimer zurück – leider hat er in seiner Mittagspause Nutellabrot mit Stinkekäse gegessen, jetzt ist ihm schlecht und er kann den Job nicht zu Ende bringen. Das übernimmt der Kasper mit Hilfe der Kinder. Und welche Farbe braucht der Kasper für einen richtigen, echten Zebrastreifen? „WEIIIIß!“

30 bis 45 Minuten dauert so ein Stück, wir können es zu zweit spielen, besser ist es zu dritt. Unsere Mikrofone sehen ein bisschen aus wie mein Headset auf dem Fußballplatz, gegen 150 Schulkinder hat man ohne Mikro keine Chance. Die Puppen werden in einer Spezialwerkstatt bestellt, die Kulissen bauen wir selbst. In einem Stück landet ein Ufo in Hamburg, die Außerirdischen haben – wenig überraschend – keine Ahnung vom Straßenverkehr und brauchen Hilfe. Eine einfache Lampe aus dem Möbelhaus lässt das unbekannte Flugobjekt noch ein bisschen außerirdischer erscheinen.

Den Kindern ist völlig egal, was ich am Wochenende tue, und auch für mich ist die Fußballbundesliga bei den Vorführungen ganz weit weg. Meistens jedenfalls. Am Montagmorgen nach dem missratenen Bundesligaspiel in Wolfsburg fiel es mir jedoch schwer, eine Handpuppe in ein lustiges Wesen zu verwandeln. Die Enttäuschung saß noch tief. Aber was sollte ich tun? Unsere Aufführung in der Grundschule zog ich durch, ich habe eine Verpflichtung meinen Kollegen und den Kindern gegenüber und kann mich ja nicht krankmelden, weil ich einen schlechten Tag auf dem Fußballplatz hatte. Meinen Kollegen sagte ich gleich morgens im Büro, dass ich nicht über das Spiel vom Wochenende reden wollte. Einige Kollegen verfolgen meine Bundesligaeinsätze und dann gibt es am Montag auch schon mal einen Spruch, anderen ist Fußball aber einfach komplett egal. Und das ist gut so!

Im Normalfall – und die meisten Spiele laufen ja zum Glück normal – bieten mir unsere Handpuppen eine wunderbare Möglichkeit, in eine ganz andere Welt abzutauchen. Der Kasper ist lustig, positiv und hilfsbereit. Norbert Nase ist halt ein fieser Dieb, und dann gibt es auch noch Figuren wie Ronny Rasant, einen verantwortungslosen Verkehrsteilnehmer, der einen Esel anfährt. Wenn ich mal nicht gut drauf bin, spiele ich gern die zwielichtigen Figuren.

Inzwischen ist mein Berufsleben klar geregelt. Ich arbeite von Montag bis Freitag, immer noch in Teilzeit, 20 Stunden pro Woche. Für Spiele oder Lehrgänge unter der Woche nehme ich Urlaub oder baue Überstunden ab, für internationale Einsätze gibt es Sonderurlaub. Und ich habe nach wie vor die Möglichkeit, im Dienst zu trainieren, wie jeder Hamburger Polizist.

Jetzt sprach ich von Vernunft und Risikominimierung im Berufsleben. Ein einziges Mal verletzte ich mich im Dienst, sodass ich ein Spiel absagen musste. Ironischerweise nicht im Hundertschaftseinsatz, sondern – bei einer Handpuppenvorstellung! Das war im August 2015, an einem Freitagmorgen in den Sommerferien, wie spielten „Open air“ in Planten un Blomen. Nach Dienstschluss wollte ich nach Frankfurt fliegen, von da weiter nach Hoffenheim, wo ich am Samstag als Assistent von Tobias Stieler bei der Partie zwischen der TSG und Bayern München eingeplant war.

Inmitten der Aufführung sprang auf einmal ein Mann auf und fing an, herumliegende Kinderjacken anzuzünden. Er schrie, war offensichtlich verwirrt. Wir stürzten uns auf ihn, um Schlimmeres zu verhindern. Der Mann wehrte sich heftig und biss um sich. „33-Jähriger verletzt sechs Beamten bei Verkehrskasper-Vorstellung“, meldeten die regionalen Zeitungen tags darauf. Mich erwischte es am rechten Zeigefinger. Nach der Bissattacke musste ich ins Eppendorfer Krankenhaus, um sicherzugehen, dass keine gefährlichen Krankheiten übertragen worden waren. „Der Arm wird eingegipst, bitte nicht bewegen – Sportverbot!“, teilte mir die Krankenhausärztin mit. Ich konnte es kaum glauben. So schmerzhaft war es nun auch wieder nicht. Meinen Hoffenheim-Trip konnte ich natürlich abhaken.

Werden Schiedsrichter in Deutschland irgendwann richtige Profis? Diese Frage schwebt immer wieder im Raum. Meine Antwort: Ich weiß es nicht. In England gibt es den Profischiedsrichter. 65 Referees in den Topligen sind Vollprofis, organisiert in der PGMOL (Professional Game Match Officials Limited). Sportpsychologen, Sportwissenschaftler, Physiotherapeuten, Videoanalysten kümmern sich um sie. Zweimal im Monat treffen sich die englischen Schiedsrichter zu gemeinsamen Lehrgängen und Trainingseinheiten. Der Deutsche Fußballbund will Ende 2021 die DFB-Akademie eröffnen, das neue Zentrum des deutschen Fußballs. Auch die Aus- und Fortbildung der Schiedsrichter wird dort vorangetrieben. In welcher Form genau, steht aber noch nicht fest. Eine Rundumbetreuung an einem zentralen Ort klingt verlockend. Manchmal würde ich mich gern noch mehr auf die Schiedsrichterei konzentrieren. Ausschließlich aus Zeitgründen, ich liebe meinen Job bei der Polizei. Aber die Anforderungen an Schiedsrichter im Profifußball werden immer höher.

Ich gebe zu: Es ist nicht immer leicht, zwischen den Welten hin- und herzuspringen, vor allem im Kopf. Manche Spiele hängen mir nach. Negative – siehe Wolfsburg –, aber auch positive. Ein

Bundesligaspiel kann wie im Rausch verlaufen. Das volle Stadion, das Adrenalin, die Spieler, die um jeden Zentimeter kämpfen, live im Fernsehen übertragen. Und man selbst mittendrin. Danach körperlich und mental platt, aber doch voller Glücksgefühle. Die Eindrücke lassen sich nicht per Knopfdruck wegschieben, der Tag danach auf der Arbeit ist die Rückkehr in eine völlig andere Welt. Und gleichzeitig tut es unheimlich gut. Mein Leben besteht nicht nur aus Fußball.

Theoretisch könnte ich mich als Beamter beurlauben lassen, aber es ist mir zu riskant, auch finanziell. Mit meiner Verletzungshistorie weiß ich, wie schnell es vorbei sein kann. Ein zweites Standbein zu haben, gibt mir Sicherheit und nimmt den Druck ein bisschen raus. Außerdem ist der Polizeiberuf Teil meiner Persönlichkeit, ich liebe es, Verkehrserzieher zu sein. Ich mag diese komplett andere Welt neben dem großen, bunten Profifußballgeschäft.

Außerdem ist das „echte" Berufsleben gut für die Persönlichkeitsentwicklung. Nachwuchsleistungszentren für Schiedsrichter wird es nie geben, da bin ich mir sicher. Mit 18 Jahren können Spieler zwar Bestandteil einer Mannschaft sein, ein 18-jähriger Schiedsrichter ist im Profifußball aber undenkbar. Niemand hat in diesem Alter die Persönlichkeit und Erfahrung, ein Spiel auf höchstem Niveau zu leiten. Zum Lehrberuf taugt der Schiedsrichterjob also nicht. Andersrum können Berufsanfänger, egal in welcher Branche, von der Schiedsrichtertätigkeit profitieren. Mit der allergrößten Überzeugung empfehle ich jedem jungen Menschen, Schiedsrichter zu werden!

Egal ob im Fußball, Handball, Basketball, Hockey oder sonst wo. Ich lege meine Hand ins Feuer: Schiedsrichter lernen Fähigkeiten, die im Berufsleben helfen. Selbstbewusstsein, Kritikfähigkeit und vor allem: Entscheidungen treffen. Dabei ist es völlig egal, ob jemand als Schiedsrichter Karriere machen will oder sich irgendwann auf den Beruf konzentriert. Und selbst wer sofort merkt, dass es überhaupt nicht passt und nach einem Spiel wieder aufhört, hat was gelernt. Schiedsrichter sein ist eine Lebensschule.

REGELFRAGEN

4

Nach einem Zweikampf rutscht der Verteidiger hinter dem eigenen Tor in die Bande und bleibt verletzt dort liegen. Das Spiel wird fortgesetzt, die angreifende Mannschaft bleibt im Ballbesitz. Nach drei Pässen kommt der Stürmer zum Abschluss und trifft ins Tor. Kann der Stürmer im Abseits stehen?

KAPITEL 5

FITNESS – LEISTUNGSSPORTLER SCHIEDSRICHTER

Wieso bloß konnte ich es nicht lassen? Wieso musste ich bei diesem Fußballturnier mitspielen? Wütend schlug ich mit der Faust gegen die Wand der Umkleidekabine. Draußen auf dem Platz in der Hamburger Sternschanze spielten meine Polizeikollegen weiter, drinnen schrie ich meinen ganzen Frust raus und stand schließlich wie ein Häufchen Elend heulend unter der Dusche, einen Eisbeutel ans rechte Knie gedrückt. Noch hatte kein Arzt draufgeschaut, aber das war auch gar nicht nötig. Die Diagnose konnte ich mir als leidgeprüfter Kniepatient selbst stellen: Kreuzbandriss. Zum dritten Mal. Und das bei einem verdammten Spaßturnier … Ein einziger Alptraum.

Dabei hatte ich mich so auf den Kick beim Hamburger Polizeiturnier gefreut. Fußball macht nun mal Spaß, und ich freute mich über jede Gelegenheit, selbst zu spielen – damals … Ich tunnelte einen Kollegen. Zwei Mal. Das fand der überhaupt nicht witzig und setzte zur Grätsche an. Ich konnte mit einem Sprung ausweichen, merkte aber bei der Landung sofort, dass da gerade im rechten Knie was ganz Böses passiert war. Ein blitzartiges Wissen.

Wer es einmal selbst erlebt hat und weiß, wovon ich rede, wird zusammenzucken. Wer dieses Gefühl nicht kennt, hat wirklich nichts verpasst.

Meine Knie und ich – das ist aber auch eine ganz besondere Geschichte, die ein eigenes Buch füllen würde. Einladungen als Gastredner für Medizinkongresse nehme ich jederzeit an, ich würde mit Fachbegriffen nur so um mich werfen können.

Diverse Knieverletzungen schmücken meine Krankenakte. Als junger Bursche ging es mit zwei Kreuzbandrissen los. Beide Male war das linke Knie betroffen, zuerst mit 19, dann mit 20 Jahren. Damals empfand ich die Verletzungen als gar nicht so schlimm. Ich machte halt ein paar Monate Pause, und weiter ging's. In dem Alter ist man halt so unbekümmert.

Beim Polizeifußballturnier im August 2012 war ich aber kein unbekümmerter 20-Jähriger mehr, sondern ein 33-jähriger dreifacher Familienvater, die Schiedsrichtertätigkeit war schon längst kein Hobby mehr für mich. Ein Grundhonorar gab es damals noch nicht, ich wurde pro Einsatz bezahlt – und Einsätze gibt es im Profifußball nun mal nur mit stabilen Kreuzbändern.

Wenige Tage nach dem schicksalhaften Freizeitkick sollte ich das Erstrundenpokalspiel zwischen dem Bremer Club FC Oberneuland und Borussia Dortmund im Weserstadion pfeifen, voller Vorfreude auf die neue Saison wurde ich gnadenlos ausgebremst und fiel in das berühmte tiefe Loch. Ich erhielt zahlreiche Wünsche a la „Gute Besserung", „du kommst stärker zurück", „wir glauben an dich", aber das Einzige, was ich sah, war die Operation, die nun vor mir lag, und im Anschluss eine monatelange, nervenaufreibende Reha. Bundesligatraum ade.

Aber die Operation verlief optimal nach Plan, relativ schnell signalisierten mir die Ärzte, dass ich meine Karriere würde fortsetzen und auf den Platz zurückkehren könne. Es ging also doch wieder bergauf. In der Reha in Volksdorf arbeitete ich wie ein

Besessener, mein Optimismus kehrte zurück, tatsächlich machte es sogar ein bisschen Spaß, zum Beispiel in der Weihnachtszeit, als ich mit den tollen Mitarbeitern den ein oder anderen Glühwein trank. Danke noch mal an alle Volksdorfer, ich hoffe trotzdem, dass ich nicht wiederkommen muss! Im April 2013 feierte ich mein Comeback in der Hamburger Oberliga. Nach knapp acht Monaten Pause.

Der dritte Kreuzbandriss machte mir auf brutale Weise klar, dass es jederzeit vorbei sein kann. Das gilt für Profifußballer genauso wie für uns Schiedsrichter. Ein Adlerauge, Präsenz auf dem Platz und Akzeptanz der Spieler bringen einem Schiedsrichter rein gar nichts, wenn er nicht fit ist. Allein über die Fitness schafft es natürlich auch niemand in die Bundesliga. Es ist eigentlich nicht mal eine besonders erwähnenswerte Leistung, fit zu sein, allerdings die unabdingbare Grundvoraussetzung.

In keiner Sportart läuft der Schiedsrichter so viel wie im Fußball und dabei muss er ständig reden. Man sprintet über den halben Platz, um direkt danach ein Gespräch mit dem Spieler zu führen. Wenn ich da hechelnd und mit hochrotem Kopf vor ihm stehe, fördert das nicht gerade meine Akzeptanz.

Ich habe Glück: Das Laufen lag mir schon immer. Es ist wahrscheinlich einfach Veranlagung. Vor Regelprüfungen war ich immer viel aufgeregter als vor den Fitnesstests. Ich bin kein Sprinter, meine Spezialität ist der Tempodauerlauf, Distanzen zwischen fünf und zehn Kilometern mag ich. Den Schiedsrichterbeobachtern fiel meine Stärke von Beginn an auf, egal was sie in ihren Berichten kritisierten, an meiner Laufleistung hatten sie nie etwas auszusetzen. Vielleicht lief ich mal falsch, aber nie zu wenig. Damit fiel ich auf, und das war schon mal gut.

Ruhephasen während des Spiels gibt es auf Bundesliganiveau kaum. Ein wenig durchatmen kann man eigentlich nur bei Verletzungsunterbrechungen. Profifußballteams wollen das Spiel schnell machen, suchen den spielerischen Weg zum Tor. Rückpässe zum Torwart sind seltener geworden, genau wie der lange Ball aus dem Sechzehner heraus. Handlungsschnelligkeit ist das Stichwort. Ballannahme, Ballmitnahme, früher zwei Aktionen, sind heute eins, alles geschieht in einem rasenden Tempo. Wer sich alte Fußballspiele anschaut, wird erkennen, wie verhältnismäßig viel Zeit Spieler hatten, um ihre nächste Aktion vorzubereiten. Heute sind schon der nächste und übernächste Schritt im Kopf programmiert.

Dementsprechend hat in den vergangenen fünf Jahren die Athletik noch mal deutlich zugenommen. Manchmal rast ein Spieler in doppelter Geschwindigkeit an mir vorbei, und es sieht nicht mal nach Anstrengung aus, sondern einfach nur leicht und geschmeidig. Die Physis der heutigen Fußballergeneration ist beeindruckend. Wenn in höchstem Tempo in einem harten Zweikampf Beine aufeinanderknallen, denke ich mir: „Einem Freizeitfußballer wäre jetzt vermutlich das Knie weggeflogen." Oft heißt es herablassend, die Profifußballer würden wenig trainieren und viel Freizeit haben. Ich kann aber sagen, Bundesligafußballer sind extrem fit und vor allem schnell.

Allein in der der Saison 2019/2020 wurde der Geschwindigkeitsrekord mehrfach geknackt (seit 2013 werden die Sprintwerte erfasst). Erst legte Bayerns Coman einen Sprint mit 35,66 km/h hin, Kölns Ehizibue toppte dies mit 35,88 km/h, kurz vor der Winterpause wurde der Dortmunder Hakimi mit 36,21 km/h „geblitzt" und als Bayern München in Bremen Deutscher Meister wurden, schraubte Bayerns Davies den Rekord auf 36,51 km/h hoch. Zum Vergleich: Meine persönliche Bestleistung liegt bei 31 km/h, gemessen in der Bundesligapartie zwischen Stuttgart und Bayern. (Ja, auch die Laufwerte der Schiedsrichter werden im modernen Profifußball erfasst.)

In einem Sprintwettbewerb bräuchte ich gegen einen 20-jährigen Fußballprofi nicht anzutreten. Ich bin 41 Jahre. Aber darum geht es auch gar nicht, ich soll die Spieler nicht überholen, sondern muss in der Lage sein, mich gut zu positionieren. Ich möchte gerne so lange wie möglich aktiv sein, also im Idealfall bis zur Altersgrenze pfeifen – mit 47 Jahren ist Schluss. Der Aufwand, diese Grenze zu erreichen, wird immer höher, weil das Spiel immer schneller wird. Im Schnitt läuft ein Bundesligaschiedsrichter rund zehn Kilometer pro Spiel und legt dabei fünf bis dreißig Sprints auf den Rasen, je nach Verlauf der Partie. Ein Sprint ist ein Sprint, wenn das Lauftempo bei 24 Stundenkilometern oder höher liegt.

Vierzig Meter in sechs Sekunden zum Beispiel – ein Schlüsselwert für Schiedsrichter. Das ist nämlich die vorgegebene Zeit für die Sprints in der Leistungsüberprüfung. Einmal im Jahr müssen wir zum Fitnesstest. Wer den nicht schafft, darf nicht pfeifen. So einfach ist das.

Sprints: Sechsmal 40 Meter in je maximal sechs Sekunden. Zwischen den Sprints gibt es maximal eine Minute Erholung.

Intervallläufe: 40 Mal in Folge abwechselnd 75 Meter laufend (in jeweils maximal 15 Sekunden) und 25 Meter gehend (in jeweils maximal 18 Sekunden). Das sind dann insgesamt zehn Runden auf der Tartanbahn, also 4000 Meter.

Früher haben mein Kumpel und heutiger Assistent Sascha Thielert und ich uns ein Duell um die besten Sprintwerte geliefert. Da war ich aber auch noch jung. Heute geht es für mich darum, in einer akzeptablen Zeit zu bestehen, durchzukommen, unter der Vorgabe zu bleiben. Mein Anspruch ist, topfit zu sein und den Test nicht gerade so mit Ach und Krach zu packen. Fehlende Fitness wirkt sich auf das Stellungsspiel aus. Je fitter ich bin, desto mehr Sauerstoff bleibt für den Kopf. Und den brauche ich genau wie die Beine, um dem Spiel zu folgen.

Im Sommer 2009 wurde es eng für mich. Beim fünften der sechs Sprints riss mir eine Muskelfaser im Oberschenkel. Durchgefallen.

Der zweite Versuch musste sitzen, sonst wäre ich von der DFB-Liste gestrichen worden. Bei 30 Grad ging es in Burgdorf bei Hannover um alles. Zu dem Zeitpunkt arbeitete ich bei der Polizei bereits in Teilzeit, die Schiedsrichterei war eine wichtige Einnahmequelle für meine Familie und mich. Zum Glück ging beim zweiten Anlauf alles gut. Die Zwei-Versuch-Regel gilt auch heute noch, mit einer entscheidenden Ausnahme: Wer sich beim Test nachweislich verletzt, bekommt das nicht mehr als Fehlversuch ausgelegt.

Die Leistungsprüfung wurde vom Belgier Werner Helsen entwickelt, Schiedsrichterausbilder beim europäischen Verband UEFA. Helsens Test löste den guten, alten Coopertest ab. Den dürften viele noch aus dem Sportunterricht kennen: Auf der Tartanbahn des Sportplatzes zwölf Minuten laufen, so weit die Beine tragen. Für Schiedsrichter galt: mindestens 2700 Meter mussten es sein. Markus Merk, einer der besten deutschen Schiedsrichter überhaupt, schaffte 3600 Meter – damit war er die klare Nummer eins. Ich kam meistens mit circa 3200 Metern ins Ziel.

Die Grundlagenfitness lege ich seit fünf Jahren im Sommertrainingslager in Portugal, zusammen mit meinem guten Freund und Schiedsrichterkollegen Guido Winkmann ab. Zwei Einheiten am Tag, Kraft, Stabilisation, Laufen. Was generell für unsere Fitness spricht: nur ganz selten wird ein Schiedsrichter ausgewechselt. Das ist gut, gleichzeitig aber stört mich die Bewertung, wenn es doch mal passiert. Wenn ein Fußballer platt ist und nicht mehr kann, wird er ausgewechselt, das ist das normalste der Welt. Beim Verlassen des Platzes gibt es für den Spieler Applaus, er geht, ein Ersatzmann kommt. Wenn aber ein Schiedsrichter ausfällt, weil er sich verletzt, ist die erste, reflexartige Frage: Oh, ist der nicht fit? Weil es eben so selten vorkommt.

In den vergangenen Jahren gab es vielleicht eine Handvoll Beispiele. Aber auch Muskelfasern von Schiedsrichtern können mal reißen. Wenn es passiert, liest man in den Berichterstattungen von „kuriosen Szenen“ oder „verrückten Auswechslungen“. Verletzungen von Schiedsrichtern werden nicht ernst genommen und deshalb gibt kaum einer auf. Ich habe es noch nie getan. Im Januar 2018 beim Zweitligaspiel zwischen Union Berlin und dem 1. FC Nürnberg stand ich kurz davor. Ich war gerade wieder fit, hatte einen Magen-Darm-Virus und einen Muskelfaserriss auskuriert. Vielleicht hatte ich nicht genug getrunken, jedenfalls zog es mir in der zweiten Halbzeit richtig in die Wade, ein übler Krampf. „Sch …, was mache ich jetzt?“, fragte ich mich. Natürlich hätte der Vierte Offizielle für mich einspringen können, ich ließ aber erstmal den Physiotherapeuten an die Wade, bekam Elektrolyte und konnte weitermachen.

Für die Fitness ist jeder selbst verantwortlich. Ich trainiere fast immer allein, an unterschiedlichen Orten in der Stadt. Die längeren Strecken laufe ich meistens draußen im Grünen, in der Nähe meines Hauses liegt zudem ein Sportplatz, auf dem ich Sprintübungen absolviere. Ab und zu trainiere ich auch auf dem Sportplatz im Hamburger Stadtpark, in der Leichtathletikhalle oder nehme am Donnerstags-Training der Hamburger Spitzenschiedsrichter teil, was leider zeitlich selten in meinen Plan passt. Gelegentlich laufe ich auch im Park, der von meiner Dienststelle aus schnell zu erreichen ist. Die klassische Hamburger Laufstrecke, die Runde um die Außenalster, steht eher selten auf meinem Programm.

Meine nähere Umgebung habe ich im Laufe der Trainingsjahre ziemlich genau vermessen. Vom Haus bis zum Beginn der Spielstraße sind es exakt 160 Meter. Für den Fitnesstest im Sommer habe ich oft mit so genannten „High-Intensity-Einheiten“ trainiert, in denen sich schnelle Sprints mit leichtem

Traben abwechseln. Standen 150 schnelle Meter auf dem Programm, konnte ich vom Haus bis zum Straßenschild sprinten, mit dem guten Gefühl, einen Tick mehr als nötig gemacht zu haben.

Gemeinsame Einheiten mit meinen Schiedsrichterkollegen aus der Bundesliga gibt es nur bei Lehrgängen und Trainingslagern, es geht nicht anders. Wir sind kreuz und quer in der Republik verstreut, und selbst wenn sie alle bei mir in der Nachbarschaft wohnen würden, ließen die unterschiedlichen Arbeitszeiten und Trainingsschwerpunkte ein gemeinsames Programm kaum zu. Der DFB beschäftigt inzwischen zwei Fitnesstrainer, die sich um uns kümmern. Jahrelang war Heinz-Dieter Antretter allein verantwortlich für die DFB-Schiedsrichter. Nun ist Johannes Egelseer hauptamtlich zuständig. Johannes ist Sportwissenschaftler und Triathlet. Der Mann kennt sich aus. Er gibt uns generelle Tipps fürs Training, erstellt aber auch individuelle Pläne. Ich lade meine Trainingsdaten hoch, er analysiert sie. Die Pläne sehe ich per App ein – und passe sie an meinen Alltag an. Wenn für 13.00 Uhr eine knackige High-Intensity-Einheit im Kalender steht, ich aber nicht pünktlich Feierabend machen kann und meine Tochter darauf wartet, dass ich sie um 14.00 Uhr abhole, muss ich die Einheit eben auf den Abend verschieben.

Die Trainingsmethoden haben sich komplett verändert. Früher bin ich einfach losgelaufen. Heute mache ich vor jeder Trainingseinheit Stabilisationsübungen, zehn bis 15 Minuten. Unterarmstütz, Seitstütz, um wichtige Muskeln anzuregen – die Bundesligaprofis machen es genauso.

Jede Trainingswoche ist anders, die Art der Einheiten ist vor allem abhängig von den Spielansetzungen. Wenn internationale Einsätze dazukommen, sieht die Woche wieder anders aus. So sieht ungefähr eine Woche nach einem Einsatz am Samstagnachmittag ohne anschließende Europareise aus:

Sonntag: aktive Regeneration. 30 Minuten Fahrrad oder leichtes Joggen

Montag: Ruhetag oder Sauna.

Dienstag: Einheit im Sportzentrum des Universitätsklinikums Eppendorf. Zunächst Stabilisationstraining, danach geht es mit dem Trainer an den Muskelaufbau und Muskelerhaltung – Kniebeugen mit Gewichten zum Beispiel.

Mittwoch: Auf dem Sportplatz oder im Hamburger Stadtpark mache ich eine Stunde lang Sprints und Intervallläufe.

Donnerstag: Lockeres Fahrradfahren, circa 45 Minuten lang. Entweder im Fitnessstudio oder draußen auf dem Rennrad. Manchmal auch in der Höhenkammer als Kardioeinheit.

Freitag: Leichte Aktivierung, Laufschule (Sidesteps, Kniehebelauf, Rückwärtslaufen etc.), Sprints, Auflockerungstraining für die Beine. Manchmal ist der Freitag aber auch frei, ich achte auf die Signale meines Körpers.

Gelegentlich probiere ich Dinge aus, die ich ins Training integrieren könnte. Yoga zum Beispiel. Das ist gut für die Körperspannung, aber es ist beim Versuch geblieben, ich habe keinen Zugang zum Yoga gefunden. Besser gefiel mir Tischtennis, ein super Ausgleich zum Lauf- und Krafttraining. Und: Tischtennis schult das Auge. Ich bin sogar in einen Verein eingetreten, obwohl ich inzwischen kaum noch Zeit zum Tischtennisspielen habe.

Je älter ich werde, desto intelligenter muss ich trainieren. Ich kann nicht täglich 25 Intervalle laufen oder mal eben einen Marathon einbauen. Knieschonendes Training ist für mich enorm wichtig. Ohne professionelle Unterstützung geht das nicht. Da ich nicht Teil eines Mannschaftstrainings bin, habe ich auch keinen Mannschaftsarzt, der mich betreut. Als Einzelkämpfer musste ich selbst herausfinden, zu wem ich gehen kann. Seit meinem Zweitligaaufstieg baute ich mir ein Netzwerk aus Ärzten und Physiotherapeuten auf. Ich verdiene einen wichtigen Teil meiner Einkünfte als Schiedsrichter, also brauche ich bei Problemen schnell Hilfe. Ich kann nicht wochenlang auf einen MRT-Termin warten, sondern bin auf eine sofortige Diagnose angewiesen. Mein Wohnort Hamburg kommt mir zugute. In Deutschlands zweitgrößter Stadt gibt es nun mal mehr Ansprechpartner als auf dem Land.

Übrigens: Inzwischen trete ich nicht mehr selbst gegen den Ball, weder bei Polizeifußballturnieren, noch zum Spaß mit meinen Kindern im Garten. Tennis und Skifahren stehen ebenfalls auf dem Index – viel zu riskant. Von körperlicher Arbeit bin ich ebenfalls „befreit". Wenn meine Frau mich auf einer Leiter sehen würde, beim Versuch die Dachrinnen zu säubern, gäbe es einen Anpfiff – gefährlich! Ich musste mal ein Spiel absagen, weil ich einen Sack Sand geschleppt hatte. Bist ja kräftig, dachte ich mir, das Ding kriegst du schon bewegt. Also zog ich mit beiden Händen an dem Teil und verletzte mich prompt so unglücklich an der Leiste, dass ich eine Woche lang nicht richtig laufen konnte.

Ende 2018 stand meine Karriere ernsthaft auf der Kippe. Es begann mit einem Meniskusriss. Unglücklich, aber so etwas kann passieren. Knapp acht Wochen nach der Operation stieg ich wieder ins Training ein. Der Knochen schmerzte. Diagnose: Knochenödem. Mit Rissen kannte ich mich aus, aber diese Diagnose konnte ich nicht richtig einordnen. Im ersten Moment klang es für mich nicht wild, wie ein blauer Fleck, das wird schon, in zwei bis drei Wochen bin ich fit. Der Orthopäde sagte aber: „Drei Monate." Wie? Ich verstand ihn erst gar nicht. Hatte er gerade wirklich von drei Monaten gesprochen? „Das ist nicht dein Ernst!“, erwiderte ich geschockt. Aber er meinte es sogar sehr ernst. Im schlimmsten Fall könnte der Knochen absterben, dann bräuchte ich ein neues Knie. In dem Moment wurde mir klar: Dieses Gespräch hier und heute könnte der Anfang vom Ende der Karriere sein. Der Schock saß tief. Ich wollte absolut alles dafür tun, wieder auf den Platz zurückzukehren. Das menschliche Knie ist ein hochkomplexes Konstrukt, ich holte mir Rat von mehreren Experten. Mir wurde unter anderem eine Spritzenkur empfohlen, die normalerweise für Osteoporosepatienten gedacht ist. Die Dimension und Komplexität meiner Verletzung wurde immer unheimlicher. Zwei Wochen lang ging ich vorsorglich an Krücken, um das Knie so wenig wie möglich zu belasten. Trotzdem sollte ich mich viel bewegen, Aquajogging betreiben und Fahrrad fahren. Ich stellte meine Ernährung um, nahm hochdosierte Vitaminpräparate. Ich besuchte einen Spezialisten in Wuppertal, der mit Mikrostrom arbeitete. In Hamburg ließ ich das Knie mit Lasertherapie behandeln. Und zur Krönung fuhr ich vier Tage lang nach München, wo ich in der Radiologie zwei Mal täglich eine Reizbestrahlungstherapie bekam. Ich setzte alle Hebel in Bewegung, und was die Versicherung nicht zahlte, übernahm ich selbst. Ich wollte zurück auf den Fußballplatz.

Im April kam die erlösende Nachricht: Das Knochenödem war weg. Was für eine Erleichterung!

Ich war euphorisch. Wahrscheinlich zu euphorisch. Die Saison ging bis Mai und ich wollte unbedingt noch ein Spiel pfeifen. Zunächst ließ ich mich in der Hamburger Oberliga ansetzen, um nach der langen Pause wieder reinzukommen. Einen Tag vor dem Spiel wurde mein Knie dick. Ich konnte es nicht fassen. Mit der neuerlichen Belastung war Flüssigkeit ins Knie gelangt, kein Drama, eine Reaktion auf das Training. Ich musste akzeptierten, dass die Saison für mich gelaufen war.

Im Dezember wurde ich operiert, wollte im Februar wieder auf dem Platz stehen, daraus wurde zunächst April und schließlich August. Eine extrem schwere Zeit.

Wenn alles gut läuft, kann ich trotz meiner Problemknie bis zur Altersgrenze pfeifen, sagen die Ärzte. Ich habe mich inzwischen aber damit arrangiert, dass es auch früher vorbei sein könnte. Ich werde das akzeptieren. Auf ein künstliches Knie zum 50. Geburtstag kann ich gut verzichten.

Soweit ist es zum Glück noch lange nicht, und ich will mich gar nicht länger als nötig mit dem Worst-Case-Szenario beschäftigen. Ich bin fit und tue alles dafür, es auch zu bleiben. Das Training verlangt Disziplin und Organisation. Die Frage, ob es wirklich sein muss und wozu ich das mache, stellt sich nicht. Die Fitness ist und bleibt die Grundvoraussetzung, um im Profifußball dabei zu bleiben – das gilt für Schiedsrichter genauso wie für die Spieler.

Der Drang, Spiele zu leiten, treibt mich an. Ich will die Tasche packen, losfahren und raus auf den Platz.

REGELFRAGEN

5

Ein Physiotherapeut behandelt hinter dem gegnerischen Tor einen verletzten Spieler. Der Torwart ist genervt, er verlässt das Spielfeld und stößt den Physiotherapeuten heftig zu Boden. Zu diesem Zeitpunkt befindet sich seine Mannschaft in Ballbesitz im gegnerischen Strafraum auf der anderen Seite des Spielfeldes. Wie entscheidet der Schiedsrichter?

KAPITEL 6

SPIELLEITUNG – ANTIZIPATION UND ERMESSENSSPIELRAUM

Für den Schiedsrichter gibt es in der Fußballsprache zahlreiche Synonyme. „Schiri“ ist das bekannteste, Spieler und Fans nutzen es gern. Reporter sprechen vom Unparteiischen, Referee oder vom „Mann mit der Pfeife“. Seltener ist vom Spielleiter die Rede. Eigentlich schade, denn diese Bezeichnung gefällt mir am besten. Sie beschreibt den Arbeitsauftrag perfekt.

Das Spiel steht im Fokus, und der Spielleiter sorgt dafür, dass es bestmöglich über die Bühne geht. Im Schiedsrichter steckt der Richter, streng genommen fälle ich aber keine Urteile, der Fußballplatz ist ja nun mal kein Gerichtssaal.

Und wenn wir schon bei Begriffsdefinitionen sind: In der Fußballsprache gibt es Wörter, die sich einfach nicht gut anhören. „Kleinlich“ zum Beispiel. Eine Standardphrase, wenn es darum geht, die Spielleitung zu kritisieren. Der Duden kennt als Synonyme „penibel“ oder „kleinkariert“, zwei ganz klar negative Bezeichnungen. Dem Kleinlichen ist nicht viel Positives abzugewinnen. In der Fußballersprache heißt „kleinlich“: es kam kein

Spielfluss zustande und daran ist der Schiedsrichter schuld, der hat nämlich alles kurz und klein gepfiffen.

Positiv besetzt ist dagegen das Wort „Fingerspitzengefühl“, allerdings nur nach Definition des Dudens: „Einfühlungsgabe im Umgang mit Menschen und Dingen.“ Klingt erst einmal super, taucht im Fußball aber in den allermeisten Fällen im negativen Kontext auf. „Fingerspitzengefühl“ wird nämlich immer dann gefordert, wenn es vermeintlich fehlt, bei Gelb-Roten Karten beispielsweise. „Fehlendes Fingerspitzengefühl“ bemängelt immer der, der sich durch eine Entscheidung benachteiligt fühlt und ausdrücken möchte: „Da hätte der Schiedsrichter besser ein Auge zugedrückt!“ Gegenprobe: Wie oft hört man: „Da hat der Schiedsrichter Fingerspitzengefühl bewiesen“? Richtig, ganz selten. Oft ist der Ruf nach Fingerspitzengefühl nichts anderes als die Aufforderung, sich über Regeln hinwegzusetzen.

Ich mag die genannten Begriffe deswegen nicht besonders, weil sie phrasenhaft sind, Klischees bedienen und die Komplexität einer Spielleitung nicht erfassen, sondern diese unlauter verkürzen.

Ein entscheidender Begriff ist der „Ermessensbereich“. Hierbei reden wir über den Spielraum, den das Regelwerk bietet. Wie virtuos der Spielleiter diesen handhabt, ist ein entscheidendes Kriterium für seine Leistung. Viele Spielszenen sind in der Grauzone angesiedelt, nicht eindeutig fassbar. Nicht jeder Körperkontakt ist ein Foul. Andauernd gibt es Fünfzig-Fünfzig-Situationen. Das macht die Sache so interessant. Ich will dennoch berechenbar sein, das ist das Ziel. Die Fußballer sollen ein Gespür dafür bekommen, was ich pfeife und was nicht. Ohne Frage, die ganz klaren Sachen muss ich natürlich sehen. Ein Faustschlag ist eine Tätlichkeit, dafür gibt es laut Reglement die Rote Karte, völlig egal, welcher Spielphilosophie ich folge.

In jedem Spiel speichere ich mir im Kopf Referenzszenen ab. Lasse ich einen harten Zweikampf auf der einen Seiten laufen, muss ich eine vergleichbare Situation auf der anderen Seite genauso bewerten. Manchmal hilft das Glück. Der ideale Ablauf sieht so aus: zwischen den beiden angesprochenen Szenen liegt nicht mal eine Minute. Spieler und Publikum protestieren, weil ich keinen Freistoß gegeben habe. Kurz danach kommt es auf der Gegenseite zu einer ganz ähnlichen Situation. Diese Chance muss ich zwingend nutzen und das Spiel auch dort laufen lassen. So stellt sich über den Spielverlauf das Bild der ebenfalls viel beschworenen klaren Linie ein. Sie scheint auf, etwa wenn Zweikämpfe vergleichbar sind. Und da hat wieder jeder seine eigene Sichtweise. Die Spieler protestieren regelmäßig: „Das hast du aber auf der anderen Seite gepfiffen und jetzt für uns nicht!" Damit haben sie manchmal natürlich recht, aber sie sehen nicht das Ganze, sind nicht objektiv, verwechseln Äpfel mit Birnen. Kein Zweikampf ähnelt dem anderen, jede Szene ist individuell.

Auf keinen Fall darf ich das Regelwerk brechen und ein Foul auf einer Seite durchgehen lassen, weil es mir gerade gut in die Spielleitung passt. Das Regelwerk gibt die Leitplanken vor, zwischen denen ich mich einheitlich bewegen muss. Das ist die hohe Kunst.

In der Bundesliga ist Spielfluss gefragt, und dafür sind in erster Linie die Spieler verantwortlich. Wenn der Ball rollt und niemand foult, spielt der Schiedsrichter überhaupt keine Rolle für die Entwicklung der Partie. So einfach ist es aber nun mal nicht, der Ball rollt nicht ständig, und Fußball ist ein Sport, in dem es ohne Körperkontakt nicht funktioniert.

In manchen Spielen oder Phasen eines Spiels bietet sich eine großzügige Linie an, in anderen ist es besser, konsequent zu pfeifen. Taktische Flexibilität ist auch bei Schiedsrichtern gefragt. Trainer können mehrfach im Spiel ihr System umstellen. Längst vorbei die Zeiten, in denen es hieß: Wir ziehen unser Ding durch. Auch wenn Teams für eine grundsätzliche Ausrichtung stehen, für

Ballbesitzfußball zum Beispiel, variiert die Spielweise je nach Gegner und Spielstand mitunter stark. Darauf müssen wir Schiedsrichter reagieren.

Ich bin kommunikativ, aber streng. Ich möchte einen Draht zu den Profis auf dem Platz haben, dabei von ihnen ernst genommen und als Spielleiter akzeptiert werden. Das ist mir wichtig. Kommunikativ und streng, das sind Eigenschaften, die sich meiner Meinung nach keinesfalls widersprechen, sondern sich im Idealfall ergänzen. Wie bei meinem ehemaligen Lehrer Herrn Krückemeier. Den hatte ich von der siebten bis zur zehnten Klasse in Mathe, und obwohl Mathe ganz sicher nicht meine große Leidenschaft war, hat dieser Lehrer mich nachhaltig beeindruckt. Seine Noten waren hart, gleichzeitig war er fair und zeichnete sich durch Wortwitz aus. Es machte Spaß, mit Herrn Krückemeier zu reden. Aber trotzdem wussten wir Schüler genau, wo die Grenze war. Der Mann hatte seine Unterrichtsstunden im Griff.

Ein Rat an junge Schiedsrichter ist, zu Beginn des Spiels lieber einmal zu oft zu pfeifen als zu wenig. Wenn einem Schiedsrichter eine Partie entgleitet, dann oft, weil er sich generös zeigen will und in den ersten Minuten kleine, versteckte und vermeintlich harmlose Fouls nicht abpfeift. Besonders als Neuling sollten man sich aber nicht unbedingt auf das Wohlwollen der Spieler verlassen, die einen erst einmal austesten wollen. Konsequent zu pfeifen, auch wenn Fans, Spieler und Trainer dann schnell mit dem Begriff „kleinlich“ kommen, verschafft eher Respekt, als laufen zu lassen, was leicht als Unsicherheit und mangelnde Autorität ausgelegt werden kann. Aber klar, man muss den Vorwürfen von außen standhalten können, ein Spiel „kaputt zu pfeifen“.

Die Anfangsphase ist also besonders wichtig für den weiteren Verlauf. Fange ich mit der langen Leine an, um bei Bedarf strenger zu werden, besteht die Gefahr, dass die Spieler sich immer mehr trauen und das Spiel eine Eigendynamik bekommt, die ich nur mehr mit großem Aufwand aufhalten kann.

Wenn ich sehe, dass die Mannschaften einfach nur Spaß am Fußballspielen haben, lasse ich mehr laufen. Wie der Trainer passe ich mein „System“ an den Verlauf einer Partie an. Im Gegensatz zum Coach habe ich aber einen Vorteil. Ich kann mein kleines Team über das Headset informieren, der Trainer muss sich bei der Systemumstellung einen Führungsspieler an die Seitenlinie holen. Oder er verteilt Zettelchen.

Die Art der Spielleitung lässt sich meiner Meinung nach nicht in Statistiken ablesen. Ich gehöre zu denen, die im Schnitt die meisten Gelben Karten pro Spiel zeigen. Das ist ein Fakt. Aber was sagt er aus? Ich finde, nicht viel. Wer es mir negativ auslegen will, sagt: zu wenig Persönlichkeit, der muss sich mit Karten Akzeptanz verschaffen. Das Gegenstück dazu hieße: greift konsequent durch, lässt sich nichts gefallen. Beides ist mir zu einfach. Der Spielcharakter ist entscheidend. Vielleicht pfeife ich im Schnitt einfach mehr umkämpfte Spiele als andere. Ich weiß es nicht. Von Kartenstatistiken halte ich jedenfalls nicht besonders viel.

Das Worst-Case-Szenario ist der Verlust der Akzeptanz. Wenn jede Entscheidung kommentiert und hinterfragt wird – sogar die klar unbezweifelbaren – ist das ein Indiz dafür, dass die Spieler den Schiedsrichter nicht mehr akzeptieren. Wenn dieser Zustand eingetreten ist, ist es sehr schwer, dem entgegenzuwirken. Auch mir ist das passiert, in einem Oberligaspiel in Celle, als ich mich nach dem Niedersachsenduell gegen Göttingen nicht aus der Kabine traute, weil aufgebrachte Spieler und Verantwortliche mit den Fäusten von draußen gegen die Tür donnerten. Ich hatte zahlreiche Gelbe Karten gezeigt, einmal Gelb-Rot, einmal Rot, dazu einen Trainer auf die Tribüne geschickt. Meine Entscheidungen hatte ich mit Gesten unterstrichen – aber nichts half an diesem Tag. Ich bekam keine Ruhe in die Partie. Und danach die Rechnung.

Ein weiteres untrügliches Indiz für eine misslungene Spielleitung: Die Heimfans pfeifen nach der Partie den Schiedsrichter aus, obwohl das eigene Team gewonnen hat. So ging es mir 2003 in der dritten Liga in Braunschweig (das Spiel leitete meinen Abstieg in die Oberliga ein – dazu später mehr).

Solche Spiele sind die Ausnahmen. Deswegen tauchen sie gleich an mehreren Stellen in diesem Buch auf, weil ich – glücklicherweise! – nicht 50 Beispiele dieser Art aus dem Ärmel schütteln kann. Es sind Negativerlebnisse, die im Gedächtnis bleiben. Ich weiß, wie sich ein Spiel im schlimmsten Fall entwickeln kann. Deswegen finde ich es sinnvoll, eine strenge Linie zu verfolgen, um die Kontrolle zu behalten. Wenn ich mir aussuchen müsste, ob meine Spielleitung in einer Partie als „kleinlich" bewertet wird, oder man mir unterstellt, mir wäre das Spiel „entglitten" – ich würde mich für die erste Option entscheiden.

Ein wichtiges Kriterium für die Bewertung der Spielleitung ist der „Einstieg in die persönlichen Strafen". Das ist Schiedsrichterdeutsch und heißt: die erste Gelbe Karte muss sitzen. Sie ist wichtig für den weiteren Verlauf. Im Idealfall ist die erste Gelbe Karte glasklar. Ein gestrecktes Bein, ein taktisches Foul, das einen aussichtsreichen Angriff unterbricht, oder ein ausgefahrener Ellenbogen, also eine Szene, die unabhängig von strenger oder großzügiger Linie regeltechnisch unumstritten ist, außerhalb des Ermessensbereichs. Solche Entscheidungen sind gut für das Gefühl, sie geben Selbstvertrauen und sie werden von allen akzeptiert. Ein Foul ist zwar ein Regelverstoß, gehört aber zum Fußball dazu.

Unsportlichkeiten dagegen gehören nicht zum Spiel, sind Zeichen für fehlenden Respekt dem Gegner oder dem Schiedsrichter gegenüber. Szenen, die eigentlich niemand auf dem Platz sehen will, Dinge wie Meckern oder Ballwegschlagen. Mit einer solchen Karte ins Spiel einzusteigen, fühlt sich nicht so gut an – auch wenn sie regeltechnisch völlig korrekt ist.

Mal ein Beispiel, in dem es ganz blöd für mich läuft: Ein Spieler geht nach einem Foul zu Boden. Ich habe das Foul nicht gesehen, worüber der Spieler sich so sehr aufregt, dass er kurz danach wütend den Ball wegdrischt. Das ist eine Unsportlichkeit und damit Gelb. Eine Karte, die ich geben muss, die aber trotzdem nicht gut aussieht. Sie resultiert aus einem Fehler von mir.

Karten sollte man übrigens in Ruhe zeigen, dabei am besten kurz stehen bleiben. Mit gezogener Karte im hohen Tempo auf einen emotionalen Spieler zulaufen, wirkt unsouverän und führt in der Regel nicht dazu, die Wogen zu glätten. Wenn mir eine Karte wichtig ist, halte ich sie relativ lang hoch, bei Schwalben beispielsweise.

Ein ganz wichtiger Punkt in der Spielleitung ist das richtige Laufverhalten, das sich über die Jahre stark verändert hat. Das Spiel ist schneller und dynamischer geworden. Deswegen lassen sich die alten Leitsätze nicht mehr anwenden. Früher gab es die so genannte „Diagonale". Als ich anfing, galt sie als Orientierung auf dem Feld. Die Diagonale ist relativ selbsterklärend, man muss sich nur das Spielfeld denken und die diagonale Linie von der einen in die andere Ecke ziehen. Entscheidend war hierbei der Bereich zwischen den Strafräumen. Ich bewegte mich also auf der Diagonalen gegenüber meinen beiden Assistenten, so war die größtmögliche Fläche auf dem Feld abgedeckt. In bestimmten Situationen sollte man die Linie verlassen und einrücken, vor allem um Strafraumszenen besser zu bewerten. Die Schiedsrichterbeobachter achteten in ihren Bewertungen darauf, ob die Richtlinie eingehalten wurde.

Im März 1997 – ich war 18 Jahre jung und pfiff in der Bezirksliga – notierte der Beobachter in der Partie Voran Ohe gegen Bergedorf II unter Punkt zwei, Laufvermögen und Stellungsspiel: „Auf dem tiefen Boden zeigte sich der Schiedsrichter sehr lauffreudig. Trotzdem wurde die Diagonale teilweise nicht ganz ausgelaufen.“ Die Folge: nur 8 von 10 Punkten in dieser Kategorie auf dem Bewertungsbogen.

Im Laufe der Jahre veränderte sich der Stellenwert der Diagonale, inzwischen gilt: Der Schiedsrichter sollte überall da sein, wo es brennt.

Es gibt keine vorgeschriebenen Laufwege. Das Spiel ist viel zu flexibel und dynamisch geworden. Hier meine so genannte „Heatmap“ aus der Bundesligapartie Mainz gegen Leverkusen im Dezember 2019. Die Karte zeigt, in welchen Bereichen des Feldes ich mich am meisten aufgehalten habe.

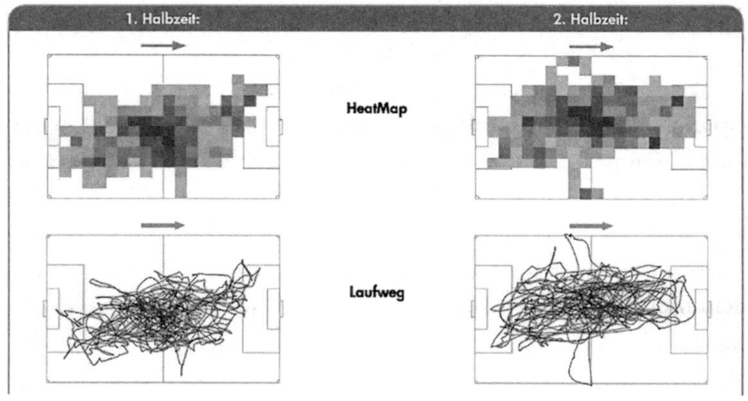

Der wichtigste Punkt für das Stellungsspiel ist die richtige Antizipation, das vorausschauende Denken – was passiert als Nächstes? Das Stellungsspiel verbessert sich vor allem mit der Erfahrung.

Jeder läuft anders. Es gibt sicher Schiedsrichter, die sprintstärker sind als ich und aus dem eher ruhigen Lauf den Sprint anziehen. Ich bin im schnellen Dauerlauf unterwegs, damit fühle ich mich am wohlsten.

Das Wichtigste: Ich darf nicht im Weg stehen. Fußballer sind genervt, wenn der Schiedsrichter den Passweg zustellt – und ich kann sie verstehen. Manchmal ist es Pech, angeschossen zu werden. Meistens lässt es sich aber mit den richtigen Laufwegen verhindern. Dazu gehört vor allem Spielverständnis.

Mit Beginn der Saison 2019/2020 wurde eine alte Fußballregel abgeschafft: „Der Schiri ist Luft." Früher wurde weitergespielt, wenn der Schiedsrichter den Ball berührte. Inzwischen bin ich nicht mehr „Luft", und das ist gut so. Auf keinen Fall will ich ein Tor einleiten oder es im allerschlimmsten Fall sogar selbst schießen. Welch ein Alptraum! Aus der Bundesliga ist mir kein Beispiel bekannt, eine Szene aus den Niederlanden wurde im Mai 2019 zum Internethit. Ein Kollege erzielte ein Tor – und das wenige Wochen vor dem 1. Juli, an dem die Regeländerung in Kraft trat. In einer Partie der zweithöchsten Amateurklasse sprang der Ball vom Pfosten an das Bein des Spielleiters, der in den Strafraum gelaufen war, und von dort ins Tor. Eine Verkettung unglücklicher Umstände, die man selbst mit Tausenden Versuchen so wohl kein zweites Mal hinbekommen würde. Erwarte das Unerwartete – ein alter Schiedsrichterleitsatz.

Inzwischen würde der kuriose Treffer aus den Niederlanden nicht mehr zählen. Berühre ich aus Versehen den Ball, gibt es zwei Möglichkeiten. Ich lasse weiterlaufen, weil die Berührung praktisch keinen Einfluss auf den Spielverlauf hatte, oder ich pfeife ab, weil ich für einen Ballverlust eines Teams gesorgt habe.

Zurück zur Antizipation, dem entscheidenden Punkt im Laufverhalten. Erkenne ich, dass ein Verteidiger aus der Viererkette einen langen Ball schlagen will, ist es sinnvoll, schon mal ein paar Meter zu machen und nicht erst loszulaufen, wenn der Ball den Fuß des Verteidigers verlässt. Es geht hier nur um den Bruchteil einer Sekunde, der mich allerdings schon in die bessere Position für die Bewertung der Folgeszene bringen kann.

Vorausschauendes Denken ist das eine, Hellsehen das andere. Da ich aber nun mal kein Hellseher bin, kommt es natürlich vor, dass ich auch mal falsch laufe. Ich rechne also mit dem langen Ball nach vorn, bewege mich in die Richtung, dem Verteidiger passiert aber ein Abspielfehler, schon geht es zurück, und ich muss im Vollsprint meinen falschen Laufweg korrigieren. In diesem Fall sind die Assistenten wichtig. „Leute, falsch gelaufen, seid mit drauf!" Heißt: Sie wissen, dass ihre Position besser ist als meine und sind in der folgenden Szene besonders gefordert.

Zusammenstöße zwischen Schiedsrichtern und Spielern kommen ganz selten vor. Beim Rückwärtslaufen ist die Gefahr logischerweise am größten. Ich habe am Rücken schließlich keine Augen. Schlägt der Torwart den Ball ab, bewege ich mich rückwärts in Richtung Zielbereich, die Augen habe ich aber noch beim Keeper. Es könnte alles Mögliche passieren. Der Torwart könnte beispielsweise ausrutschen oder den Ball unglücklich ins eigene Tor schießen, in 99 Prozent der Fälle aber funktioniert die Ausführung reibungslos, und ich drehe mich in der Flugphase um und laufe vorwärts weiter. Der Moment der Drehung birgt die Gefahr, mit einem Spieler zusammenzuprallen. Die Antizipationsfähigkeit verhindert die Kollision. Ich kenne meine Laufwege. Mit den Jahren verbessert sich das Spielverständnis, das Gefühl für Abläufe auf dem Platz. Je länger man dabei ist, desto geringer die Gefahr, angeschossen oder umgerannt zu werden. Das heißt im Umkehrschluss: Sehr junge Schiedsrichter können in diesem Punkt noch nicht auf Topniveau sein. Sind sie aber konditionell stark und schnell, können sie falsche Laufwege damit kompensieren.

Der Schnellste auf dem Platz ist allerdings der Ball. „Immer auf Ballhöhe" wird als Kompliment für einen aufmerksamen Schiedsrichter benutzt, ist aber wieder so eine Phrase. Ein objektiver Beobachter würde dies so nie in seine Bewertung schreiben. Niemand kann immer auf Ballhöhe sein, nicht mal Speedy Gonzalez oder Usain Bolt.

Wichtig ist der richtige Abstand zum Zweikampf. Zu dicht dran ist nicht optimal, die Gefahr besteht „betriebsblind" zu werden. Aus direkter Nähe geht der Blick beispielsweise auf die Füße der beteiligten Spieler und schon übersieht man, dass oben einer den Arm ausfährt. Und das ist schlecht für die Außenwirkung – ich stehe zwei Meter daneben und erkenne das Foul nicht – schwer nachvollziehbar für Spieler und Fans.

Andererseits hängt Nähe mit Akzeptanz zusammen. Wenn ich bei einem Zweikampf an der Eckfahne direkt neben dem Geschehen stehe, beschwert sich kein Spieler über einen Pfiff. Sie würden sich eher denken: „Verrückt, der steht ja direkt neben uns und sieht alles."

Trotzdem ist es nicht sinnvoll, bis zur Eckfahne durchzulaufen. Der Weg zurück ins Zentrum ist lang und Fußballspiele werden in den seltensten Fällen an der Eckfahne entschieden.

Zu weit weg stehen ist ebenfalls keine Option. Eine Entscheidung aus 50 Metern Entfernung ist nicht zu vermitteln, dann würden mich die Spieler fragen: „Wie willst du das von da aus gesehen haben?"

Im Fünfmeterraum halte ich mich im laufenden Spiel nie auf, ich versuche, den gesamten Strafraum so gut es geht zu meiden. Auch wenn ich jetzt nach der Regeländerung kein Tor mehr schießen kann, ist die Gefahr, dort entscheidend im Weg zu stehen, einfach am größten. Bei Ecken und Freistößen sowieso. Ich kann nicht mit den Spielern am Elfmeterpunkt stehen, ich würde nur stören.

Im Spiel muss ich ständig abwägen, wie ich mich am besten positioniere. Beispiel „Sprintduell im Strafraum". Ich laufe so, dass ich den besten Blick auf die Beine der beiden Spieler habe, weil meine Erfahrung mir sagt: Gleich könnte es zur Grätsche kommen und ich muss entscheiden, ob es Strafstoß gibt oder nicht. Passiert es, sollte ich die optimale Position haben, um meine Entscheidung zu treffen. Das ist der Idealfall.

Es kann aber auch ganz anders laufen. Da kommt keine Grätsche, sondern der Angreifer will nach innen flanken, der Ball landet an der Hand seines Gegenspielers. Und auf einmal stellt sich mir die Frage: strafbares Handspiel oder nicht? Für die Foulbewertung hatte ich die ideale Position, für das Handspiel wäre es womöglich besser gewesen, zwei Meter weiter links zu stehen, mit einem anderen Blickwinkel in den Strafraum.

Ich hinterfrage mein Stellungsspiel ständig. Habe ich alles dafür getan, die beste Perspektive zu bekommen? Ganz oft ist das Stellungsspiel der entscheidende Faktor bei Fehlentscheidungen.

Ich weiß nicht, was als Nächstes passieren wird. Aber ich muss bestmöglich darauf vorbereitet sein. Verspringt einem Spieler der Ball und er setzt mit dem gestreckten Bein nach, bin ich alarmiert. Vielleicht holt er sich den Ball zurück, dann ist alles gut. Es besteht aber die große Wahrscheinlichkeit, dass er einen lauernden Gegenspieler mit dem gestreckten Bein trifft, und ich entscheiden muss, ob es dafür eine Rote Karte gibt. Das kann ich besser, wenn ich innerlich auf die Aktion vorbereitet bin und nicht komplett überrascht werde.

Ein klassisches Foul auf dem Fußballplatz ist das so genannte Stempeln. Ein Spieler grätscht, sein Gegner hebt kurz das Bein und tritt dem Herangrätschenden auf den Fuß, im schlimmsten Fall auf das Sprunggelenk. Gelb oder Rot für den Tritt?

In den meisten Fällen ist es Gelb. Das kurze Heben des Fußes erfolgt nämlich meistens aus Selbstschutz, um dem Bein des Grätschenden auszuweichen. Das anschließende „Stempeln“ entsteht oft aus der Dynamik, alles geht blitzschnell. Es gibt aber auch Situationen, in denen jemand seinem Gegner absichtlich auf das Sprunggelenk tritt, das ist dann Rot. Beim „Stempeln“ spielt die Frage des Selbstschutzes also eine wichtige Rolle. Das habe ich beim Blick auf den Zweikampf im Idealfall schon im Hinterkopf.

Grundsätzlich gilt: Ich muss den Ball im Blick behalten. Aber auch hier gibt es Ausnahmen, Situationen, in denen ich abwägen muss. Der Torwart wird im Strafraum von einem heransprintenden Stürmer unter Druck gesetzt und drischt den Ball lang und hoch weg. Anstatt mich sofort umzudrehen, um dem Ball zu folgen, könnte es aber sinnvoller sein, den Torwart und den Stürmer im Blick zu behalten. Die Dynamik der Situation könnte zu einem Gerangel der beiden führen, und es sieht blöd aus, wenn ich davon überhaupt nichts mitbekomme.

Manchmal ist der richtige Blickwinkel schlichtweg Glückssache. Wie gesagt: Niemand weiß, was als nächstes passieren wird. Kein Spieler, kein Trainer und auch ich nicht. Das ist aber das Schöne am Fußball und macht die Spielleitung reizvoll.

Je länger ich darüber nachdenke: Ist es eigentlich zu spät, dieses Buch umzubenennen in „Warum ich es liebe, *Spielleiter* zu sein"?

Aber natürlich kann ich auch mit dem „Schiedsrichter" gut leben, der im Sprachgebrauch fest etabliert ist. Das bin ich mit ganzem Herzen. Und das ist schließlich das Wichtigste.

REGELFRAGEN

6

Der Torwart rutscht bei der Ausführung eines Abstoßes aus. Er fällt mit dem Knie auf den Ball, der dann zwei Meter nach vorn rollt. Der Torwart steht auf und schießt den Ball lang in die gegnerische Hälfte. Was muss der Schiedsrichter tun?

KAPITEL 7

DIE FUSSBALLREGELN – HALBWISSEN, ANWENDUNG UND AUSLEGUNG

Ich sah die Nachricht morgens auf dem Handydisplay: „Verpasster Anruf Moritz Fürste." Warum um Gottes Willen hatte der versucht, mich um 2.10 Uhr in der Nacht zu erreichen? Ich hatte jedenfalls geschlafen. Kommt ja vor, um diese Uhrzeit. Netterweise hatte Moritz, Hockeyolympiasieger von 2008 und 2012, eine Nachricht auf der Mailbox hinterlassen. Zunächst mal äußerte er sein Unverständnis darüber, dass ich nicht ans Telefon gegangen war, er habe da nämlich eine wichtige Frage. Ich rief zurück. Moritz ist ein super Typ, ein kreativer Kopf mit vielen Ideen. Er beschäftigt sich nicht nur mit Hockey, ihn interessiert alles Mögliche. Beim Fußballgucken hatte er eine Eingebung: Warum würden Fußballer bei Ecken und Freistößen nicht einfach einen Mitspieler hochheben, damit dieser dann aus besserer Position zum Kopfball kommt? Darauf muss man erst einmal kommen.

Seine Idee hatte er schon HSV-Sportvorstand Jonas Boldt präsentiert. Der allerdings hatte zu bedenken gegeben, dass man das nicht dürfe. Fazit: kreativ, aber nicht umsetzbar, da nicht erlaubt. Bevor Moritz sich endgültig von dem Gedanken verabschiedete, wollte er auf Nummer sicher gehen. Mitten in der Nacht. Mit meinem Rückruf musste ich ihm leider die letzten Hoffnungen nehmen. Boldt hatte nämlich recht. Fußballspieler dürfen sich nicht gegenseitig hochheben, um sich einen Vorteil zu verschaffen. Das ist eine Unsportlichkeit. Steht zwar so wortwörtlich nicht im Regeltext, man kann ja schließlich nicht jeden kuriosen Gedanken festhalten, aber die Auslegung sieht es so vor. Bei internationalen Treffen der Regelexperten werden die Auslegungen abgeglichen. Es wäre ja seltsam, wenn Moritz' Vorschlag in einem Land umsetzbar wäre, in einem anderen aber nicht. Um es kurz zu machen: Im Fußball soll fair um den Ball gekämpft werden. Und wer nicht hoch genug springt, kann halt kein Kopfballtor erzielen.

Grundsätzlich ist Fußball ein einfaches Spiel, das jeder schnell versteht. Deswegen spielen es auch so viele Menschen. 22 Spieler, zwei Tore, ein Ball. Regeltechnisch geht es vor allem um Zweikampfbewertungen (Foul oder nicht?) und Abseitssituationen.

Regel 12, Punkt zwei – der indirekte Freistoß. Ein indirekter Freistoß wird gegeben, wenn … Nein, keine Sorge. Das hier soll keine Regelschulung werden. Aber ein Schiedsrichter-Buch ohne Kapitel zum Regelwerk wäre schon ein bisschen seltsam. Ich habe es ja bereits erwähnt: Vor Regelprüfungen war ich früher immer angespannter als vor dem Konditionstest. Einmal bin ich sogar durchgefallen. Das war in Duisburg, bei einem der Lehrgänge der deutschen Schiedsrichtertalente, also praktisch eine Art Casting, zu dem die Landesverbände ihre Nachwuchsschiedsrichter schickten. Ich war Anfang 20, in der Sportschule Wedau ging es zu wie in einem Schulklassenzimmer. Jeder hatte ein Blatt vor sich, mit genügend Sicherheitsabstand zum Nachbarn, der Prüfer achtete wie ein Luchs darauf, dass nirgendwo getuschelt wurde. 15 Fragen mussten beantwortet werden, für jede gab es zwei Punkte. Klassische Aufgaben bestehen nämlich aus zwei Teilfragen. Eine zur persönlichen Strafe, eine zur korrekten

Spielfortsetzung. Also vereinfacht gesagt: Gibt es eine Karte für den Spieler (wenn ja, welche), und wie geht das Spiel weiter. Von den insgesamt 30 Punkten brauchte man 25, ich kam auf 20, durfte bei der Leistungsschau der Talente nur ein statt zwei Spiele pfeifen und fuhr gesenkten Hauptes nach Hause. Das Feedback an meinen Hamburger Schiedsrichterobmann Wilfred Diekert fiel mir echt schwer. Da durfte ich meinen Heimatverband vertreten und rasselte durch den Regeltest – das war mir ziemlich peinlich und tat weh. Zu meiner Ehrenrettung will ich aber anmerken, dass mir das bei sieben Prüfungen in Duisburg-Wedau nur ein einziges Mal passiert ist.

Für Bundesligaschiedsrichter steht die Regelüberprüfung einmal im Jahr an. Es ist wie beim Konditionstest: Ein Fehlversuch ist erlaubt, beim zweiten ist man raus. Die Grundvoraussetzung für Schiedsrichter ist nun mal eine genaue Regelkenntnis. Inzwischen werden 20 Fragen gestellt. Die eine Hälfte bezieht sich auf Videosequenzen, die andere steht klassisch auf dem Testbogen.

Es ist erstaunlich, was auf einem Fußballfeld theoretisch so alles passieren könnte. Einige Beispiele finden sich am Ende jedes Kapitels. Insidern werden die Fragen bekannt vorkommen, sie stammen nämlich aus der Schiedsrichterzeitung, die alle zwei Monate erscheint. Geliefert werden die Fragen von unserem DFB-Lehrwart Lutz Wagner, selbst viele Jahre lang Bundesligaschiedsrichter, ein absoluter Experte. Also bitte nicht entmutigen lassen, wenn die Erfolgsquote eher niedrig ist. Die Fragen sind echt schwer, das gebe ich gern zu.

Wer übrigens doch mal Lust auf eine Regelschulung hat, dem sei die Homepage des DFB empfohlen, dort kann man das Regelwerk downloaden – die 17 Fußballregeln mit ihren Unterpunkten auf circa 160 Seiten.

Die ungeschriebene „18. Regel“ lautet: selbst denken. Stichwort Ermessensspielraum. Wie der aussieht, kann kein Text genau vorschreiben, und das ist auch gut so. Sonst wäre es ja langweilig.

Vermutlich kann kein Profi und kein Trainer die 160 Seiten auswendig runterbeten. Manchmal muss auch ich über kniffligen Theorieaufgaben brüten. Weil die geschilderten Szenen in der Realität praktisch nie eintreten. Kein Spieler oder Trainer muss alle Sonderfälle draufhaben (obwohl ich auf dem Platz manchmal schon denke, das hätte man jetzt aber wissen können ...).

Eine Szene aus einer Bundesligapartie: Ein Spieler zieht im Mittelfeld am Trikot seines Gegners, ein klares taktisches Foul – wenn ich gepfiffen hätte. Der Gegner kann aber weiterlaufen, ich pfeife nicht, warte den Vorteil ab, die Mannschaft kommt zu einer Torchance. Danach beschweren sich die Spieler und fordern mich auf, nachträglich Gelb für das Foul zu geben. Das darf ich aber gar nicht. Der Vorteil war eingetreten, das Trikotziehen kann nicht mehr geahndet werden. So sieht es die Anweisung seit Jahren vor. Im Sommer 2020 wurde der Regeltext dann auch offiziell ergänzt: Wer einen aussichtsreichen Angriff verhindert oder unterbindet, wird nicht verwarnt – wenn der Vorteil für den Gegner eintritt.

Vor jeder Saison bekommt jedes Profiteam eine Regelschulung. Das übernehmen die Schiedsrichter aus der jeweiligen Region. Für den Norden sind die beiden Rostocker René Rohde und Bastian Dankert sowie Tobi Stieler und ich aus Hamburg zuständig. Wir teilen uns die Clubs in Norddeutschland auf, besuchen sie in der Sommervorbereitung vor Ort und erklären, worauf in der kommenden Saison besonders zu achten ist. Ich finde den Dialog mit den Profis absolut sinnvoll, und er hat den Nebeneffekt, dass sich Regeländerungen auf diese Weise auch in meinem Kopf schneller festsetzen. Außerdem macht es großen Spaß.

Inzwischen werden auch regelmäßig Workshops für Fußballreporter veranstaltet, vor allem seit der Einführung des Video-Assistenten. Auch das ist sinnvoll. Die Reporter bewerten und erklären unsere Entscheidungen, dazu müssen sie regelsicher sein und brauchen Hintergrundwissen. Je besser sie unsere Aufgabe auf dem Platz verstehen, desto besser können sie Situationen für die Zuschauer und Hörer einordnen. Das Interesse an den Schulungen ist groß, denn auch wer Hunderte Fußballspiele gesehen hat, kann noch etwas lernen. Ich würde jedenfalls nicht die Hand dafür ins Feuer legen, dass jeder Kommentator weiß, dass es nach einem eingetretenen Vorteil keine Gelbe Karte mehr für ein versuchtes taktisches Foul geben kann.

Regeländerungen hat es im Fußball immer wieder gegeben, aber selten so viele auf einmal wie im Sommer 2019. Einige fallen nach außen kaum auf, sie sind wirklich nur etwas für Experten, die sich durch die oben genannten 160 Seiten arbeiten.

Unterhemden dürfen mehrfarbig/gemustert sein, sofern sie in exakt demselben Muster/denselben Farben wie die Trikotärmel gehalten sind.

Eher nicht spielentscheidend.

Genauso wie der neue Ablauf der Seitenwahl. Früher galt: Der Kapitän, der den Münzwurf gewinnt, wählt aus, ob sein Team zuerst von links nach rechts oder andersrum spielen will, die gegnerische Mannschaft bekam den Anstoß. Inzwischen kann der Gewinner aussuchen, ob er anstoßen möchte oder die Seite wählt – nimmt er den Anstoß, darf der Gegner die Seite aussuchen.

Änderungen, die zwar auf den ersten Blick keinen großen Einfluss auf das Spiel haben, aber trotzdem zu bedenken sind. Wichtiger waren folgende Neuerungen des Sommers 2019:

Auch Teamoffizielle können Gelbe und Rote Karten bekommen.

Bei der Torerzielung ist ein Handspiel immer strafbar.

Bei der Auswechslung muss der Spieler das Feld an der nächsten Begrenzungslinie verlassen.

Spieler müssen mindestens einen Meter Abstand zur gegnerischen Freistoßmauer halten. (Eine Mauer ist übrigens dann eine Mauer, wenn mindestens drei Spieler nebeneinander stehen).

Der Schiedsrichter ist nicht mehr „Luft" – er kann die Situation abpfeifen, wenn er vom Ball getroffen wird.

Der Ball muss beim Abstoß nicht mehr aus dem Strafraum gespielt werden.

Der letzte Punkt klingt nach einer Kleinigkeit, verändert aber mein Stellungsspiel. Vorher konnte ich beim Abstoß einen relativ großen Abstand zum Strafraum halten, es war ja klar, dass der Ball erst einmal rausgespielt werden musste. Jetzt positioniere ich mich viel näher am Sechzehner, denn der Torwart kann seinen Verteidiger kurz anspielen. Ich achte dabei auf den angreifenden Gegner. Der Stürmer, der den Verteidiger anläuft, darf beim Abspiel des Torwarts nämlich nicht im Strafraum stehen. Kurz gesagt: Ich muss die Abstoßsituation viel konzentrierter verfolgen als vorher.

Der Sommer 2019 brachte also einige entscheidende Änderungen mit sich. Ich habe zwar nicht zu Hause gesessen und wie früher für den Englischtest Vokabeln gelernt, aber ich brauchte ein, zwei Testspiele, um die Neuerungen zu verinnerlichen. In einem dieser Testspiele hatte ich das Glück, vom Ball getroffen zu werden, so oft kommt das ja nicht vor. Nach der neuen Regel war ich ja nun keine „Luft" mehr. Ich musste überlegen, ob meine Berührung Einfluss auf das Spiel hatte oder nicht. Schließlich ließ ich weiterlaufen. Der Ball wäre auch ohne Kontakt mit mir dort angekommen, wo er ankam, glaubte ich. Mein Assistent funkte ins Headset: „Da hättest du abpfeifen müssen." So sah es auch ein Spieler, der mich ansprach. Sie beide hatten recht, ich hatte die Situation falsch eingeschätzt – ein wichtiger Lerneffekt.

Die wohl wichtigste Regel ist Regel Nummer 12 – „Fouls und unsportliches Betragen“. Hierunter fällt auch das Handspiel, ein kompliziertes Thema, das vor allem im Frühjahr 2019 emotional diskutiert wurde. Wann ist Hand eigentlich Hand? Die öffentliche Debatte war hitzig, und irgendwann schien man sich darauf geeinigt zu haben, dass die Schiedsrichter es selbst nicht mehr so genau wissen. Was nicht stimmt. Aber der Reihe nach. Ich wollte hier zwar keine Regeltexte zitieren, aber diese Auszüge zum Handspiel (Stand Juni 2020) müssen an dieser Stelle einfach sein:

Ein Vergehen liegt vor,

- *wenn ein Spieler den Ball absichtlich mit der Hand/dem Arm berührt (einschließlich Bewegungen der Hand/des Arms zum Ball).*
- *seinen Körper aufgrund der Hand/Armhaltung unnatürlich vergrößert.*
- *sich seine Hand/Arm über Schulterhöhe befindet (außer der Spieler spielt den Ball vorher absichtlich mit dem Kopf oder dem Körper (einschließlich des Fußes) und der Ball springt ihm dabei an die Hand/Arm.*

Der Text geht noch weiter, ist aber kein endloser Wortdschungel, insgesamt nur etwas mehr als eine Seite im Regelbuch. Die beiden zitierten Auszüge führen zwangsläufig zu einem Wort: Ermessensspielraum.

Allein der Begriff „unnatürlich“ macht klar, dass Handspiele gedeutet werden müssen. Und das ist oft richtig schwer. Keine Szene ist wie die andere, Bewegungsabläufe sind schnell und dynamisch. Wurde der Arm in der Laufbewegung natürlich mitgenommen oder nicht? Interpretationssache. Der Regeltext räumt uns einen Ermessensspielraum ein, der natürlich so klein wie möglich gehalten werden muss. Spieler, Trainer, Manager, Fans und Medien wollen aber Klarheit und Eindeutigkeit. Das kann ich einerseits verstehen, andererseits frage ich mich, wie diese Klarheit entstehen soll.

Ein Punkt, den man in der Diskussion meiner Meinung nach nicht vergessen darf: Es gibt in der Bundesliga viel mehr Kameras als früher. Manchmal sehe ich zwei verschiedene Zeitlupen einer Szene, halte das Handspiel für nicht strafbar, dann folgt die dritte Einstellung aus einer anderen Perspektive und schon sieht es ganz anders aus.

Wir reden in unseren Trainingslagern und Workshops regelmäßig über die Bewertung von Handspielen. Im Sommer 2019 bekam jeder Bundesligaschiedsrichter 40 Szenen vorgelegt. Zu jeder Szene gab es vier Antwortmöglichkeiten: „Klar strafbares Handspiel", „strafbares Handspiel", „klar kein strafbares Handspiel" und „kein strafbares Handspiel". Es ging darum, unsere Einschätzungen, also den Ermessensspielraum abzugleichen. Die Übereinstimmung bei der Bewertung war überwältigend – wir wissen, was Hand ist und was nicht. Aber: Die Einschätzung haben wir mit Ruhepuls am Laptop getroffen. In der Dynamik auf dem Platz ist der Ablauf ein anderer – und der Video-Assistent greift nur begrenzt ein. Nehme ich auf dem Platz ein Handspiel wahr, bewerte es als strafbar und der Video-Assistent kommt zu dem Entschluss, dass meine Entscheidung im Ermessensbereich liegt, meldet er sich nicht.

Im Sommer 2019 wurde das Handspiel in der Offensive neu geregelt: Wenn bei der unmittelbaren Torentstehung eine Hand am Ball ist, zählt der Treffer nicht. Hand ist Hand. Fertig. Die Absicht spielt keine Rolle. Klar, es ist unglücklich für den Stürmer, wenn er aus Versehen die Finger oder den Arm im Spiel hat, aber grundsätzlich ist diese Regeländerung im „Sinne des Fußballs", es sollen keine Tore mit der Hand erzielt oder vorbereitet werden. Jetzt bleibt aber noch die Frage: was heißt „unmittelbar"?

Zur Saison 2020/21 wurde die Regel präzisiert. Fast immer geht es um Strafraumsituationen, nah am Tor hat entweder der

Torschütze oder sein direkter Vorbereiter Handkontakt mit dem Ball – der strafbare Bereich beginnt übrigens auf Höhe der Achselhöhle. Gibt es vor dem erzielten Tor allerdings noch ein langes Dribbling, einen langen Pass oder mehrere Stationen, dann sprechen wir nicht mehr von „unmittelbar". Weil das Tor eben nicht unmittelbar nach dem Handspiel fällt. Der Regeltext soll den Ermessensspielraum so klein wie möglich halten, es wird ihn in Sonderfällen aber auch weiter geben. Das liegt in der Natur des Spiels.

Ich sehe jedenfalls nur eine Möglichkeit, das Thema regeltechnisch ein für alle Mal zu klären. Hand ist Hand – überall auf dem Platz, also auch in der Defensive. Ohne Ermessensbereich für den Schiedsrichter. Das würde zwar Klarheit schaffen, kann aber einfach nicht im „Sinne des Fußballs" sein. Wäre jedes Handspiel strafbar, würden Mannschaften im Training üben, wie man dem Gegner im Strafraum den Ball an Hände und Arme schießt. Das würden sie dann im Spiel ebenfalls versuchen und das will keiner sehen. Ich kenne jedenfalls niemanden, der diese Lösung ernsthaft anstrebt. Außer mein Kumpel Moritz Fürste. Im Hockey ist jeder Ballkontakt mit dem Fuß strafbar. Moritz argumentiert, dass die Hand leichter wegzuziehen wäre als der Fuß und man daher im Fußball jedes Handspiel bestrafen sollte. Ich sehe das ein bisschen anders. Ich glaube, ich rufe Moritz demnächst mal an und erkläre ihm meine Sicht der Dinge ausführlich. Am besten mitten in der Nacht. Und wehe, er geht nicht ran!

Manchmal sprechen mich Menschen auf Veranstaltungen an: „Gut, dass ich Sie treffe. Diese Regel ist doch totaler Quatsch, können Sie da nicht mal was ändern?" Nein, kann ich nicht. Das International Football Association Board (IFAB) diskutiert und beschließt Regeländerungen, das Gremium sitzt in Zürich und hat fünf Mitglieder. Um es vorwegzunehmen: Ich gehöre nicht dazu.

Mitglieder sind die Nationalverbände aus England, Nordirland, Wales und Schottland sowie der Weltfußballverband FIFA, dessen Stimme vierfach zählt. Kleiner Tipp: Das IFAB hat eine eigene App, da kann sich jeder ständig über die Regeln und Änderungen informieren.

Ich könnte nun die Hände heben und sagen: „Ich setze die Regeln nur um und kann ansonsten nichts dafür." Stimmt zwar, wäre mir aber zu einfach. Ich erkläre mich schließlich bereit, die Regeln umzusetzen. Hätte ich damit ein großes Problem, müsste ich aufhören. Als Polizist sorge ich auch für den Ablauf von Demonstrationen, wenn mir deren inhaltliche Ausrichtung nicht gefällt.

Unpopuläre Entscheidungen gehören einfach zum Schiedsrichterjob.

Wer sich an der ein oder anderen Stelle in diesem Buch übrigens wundert, warum ich „Strafstoß" statt „Elfmeter" verwende: So steht es im Regeltext, der Begriff hat sich festgesetzt. Den Elfmeter gibt es offiziell nur im Elfmeterschießen, den Strafstoß im laufenden Spiel – vom Elfmeterpunkt, der so heißt, weil er nun mal elf Meter vom Tor entfernt ist. Zugegeben: das ist jetzt sehr spitzfindig, jeder kann gern weiter vom „Elfmeter" sprechen.

Manchmal lassen sich unpopuläre Entscheidungen verhindern, Stichwort Prävention. Noch ein Beispiel: Ein Torwart, der beim Strafstoß beim Schuss vor der Torlinie steht und dann pariert, bekommt die Gelbe Karte und der Strafstoß wird wiederholt. Ist der Torwart bereits verwarnt, kann ich vor der Ausführung hingehen und sagen: „Denk dran, auf der Linie bleiben. Ich muss sonst die zweite Gelbe zeigen, wenn du den Ball hältst!" Zur Saison 20/21 wurde diese Regel übrigens gelockert, nun bekommt der Torwart nicht mehr sofort die Gelbe Karte, sondern erst wenn er ein zweites Mal gegen die Anweisung verstößt. Manchmal kann man sogar Tätlichkeiten verhindern. Wird ein Spieler von seinem Gegner lange umklammert, reißt er sich womöglich mit einer Schlagbewegung los. Je schneller ich das Halten abpfeife, desto geringer die Wahrscheinlichkeit, dass er sich losreißt und es zum Schlag kommt. Funktioniert aber nur, wenn sich diese Situation im „toten Raum" abspielt, an der Eckfahne beispielweise, wo kein Vorteil entstehen kann – andernfalls pfeife ich nämlich nicht schnell ab. Trotz aller präventiven Maßnahmen ist klar: Die Spieler sind verantwortlich für ihr Handeln auf dem Platz. Die Spieler agieren, der Schiedsrichter reagiert.

Halten die Spieler die Regeln nicht ein, gibt es die dafür vorgesehenen Konsequenzen aus dem Regeltext. Halte ich die Regeln nicht ein, zieht das größere Kreise. Legt ein Team Einspruch gegen die Wertung des Ergebnisses ein und kann vor dem Sportgericht auf einen klaren Regelverstoß des Spielleiters verweisen, ist das ein starkes Argument. Ein Beispiel – natürlich wieder theoretisch: Beim Strafstoß knallt der Schuss des Spielers direkt an den Pfosten, der Torwart war ganz eindeutig nicht mit den Fingern am Ball. Der Ball springt vom Pfosten zurück vor die Füße des Schützen, der einschiebt. Erkenne ich das Tor an, wäre das ein Regelverstoß. Der Ball darf bei der Spielfortsetzung – und dazu gehört auch der Strafstoß – nicht zwei Mal vom selben Akteur gespielt werden. Zugegeben, das genannte Beispiel wird so in der Bundesliga mit sehr großer Wahrscheinlichkeit nicht vorkommen, denn nicht nur das gesamte Schiedsrichterteam auf dem Platz müsste einen riesigen Blackout haben, auch die beiden Video-Assistenten in Köln.

Zum Schluss noch ein wichtiger Hinweis: Regeln können sich ändern. Wer mich also in zwanzig Jahren anspricht und sagt: „Du hast aber doch geschrieben, dass ..." sollte das Erscheinungsdatum des Buches bedenken.

Und wo wir nun so viel über Regeln und deren Auslegung gesprochen haben, folgt diesem Kapitel eine besonders schöne Frage aus der Schiedsrichterzeitung. Ich gebe zu: für Nicht-Schiedsrichter ist es unmöglich, sie vollständig korrekt zu beantworten. Na gut, fast unmöglich – und einen Versuch ist es allemal wert.

REGELFRAGEN

7

Der Ball liegt zum Anstoß des Spiels bereit, der Schiedsrichter pfeift an. Der ausführende Spieler sagt zum Unparteiischen: „Hoffentlich pfeifst du Blinder diesmal besser als letztes Mal", und spielt dann den Ball. Was muss der Schiedsrichter tun?

KAPITEL 8

TEAMWORK – DAS SCHIEDSRICHTERGESPANN

Der Schiedsrichterjob ist keine „One-Man-Show“, sondern ab der Kreisliga aufwärts Teamwork. Im Amateurfußball als Dreiergespann mit zwei Assistenten, in der Bundesliga sind wir mit Viertem Offiziellen und den beiden Video-Assistenten zu sechst. Die Rolle der Video-Assistenten ist so besonders, dass ich darauf in einem eigenen Kapitel eingehe. Unabhängig von den Video-Assistenten in Köln gilt für uns im Stadion: Wir entscheiden auf dem Platz alles selbst. Unser Anspruch ist es, die richtige Entscheidung zu treffen.

Zwei Dinge sind mir in meinem Team besonders wichtig. Die sportliche Qualität muss stimmen und es muss menschlich passen. Es bringt überhaupt nichts, dauernd mit jemandem loszufahren, den du nicht magst. In einer Fußballmannschaft sind zwar auch nicht alle dicke Freunde, aber ein Bundesligakader besteht im Gegensatz zu unserem kleinen Team aus 25 Spielern, außerdem sind die Aufgaben gar nicht vergleichbar.

Wenn ich in der Bundesliga pfeife, läuft an der einen Seitenlinie ein Hamburger, auf der Gegenseite ein Buchholzer. Der

Buchholzer heißt Sascha Thielert, der Hamburger Norbert Grudzinski. Norbert ist anderthalb Jahre älter als ich, Sascha ein Jahr jünger. Wir kennen uns seit mehr als 20 Jahren. Unzählige Stunden haben wir gemeinsam in Zügen, Flugzeugen, Restaurants und natürlich auf Fußballplätzen verbracht. Wir machen den Job, weil wir Spaß daran haben. Das verbindet uns. Wir wollen die bestmögliche Leistung abrufen, aber es muss einfach Spaß machen. Wir sind gesellige Typen, reden viel und können über alles Mögliche lachen. Über Atze Schröder und Fips Asmussen zum Beispiel, bei beiden saßen wir schon gemeinsam im Publikum – es ist also nicht besonders schwer, uns zum Lachen zu bringen. Oft heißt es, dass im Profifußball keine echten Freundschaften möglich seien, aber das stimmt nicht. Die beiden sind echte Freunde von mir, als Konkurrenten haben wir uns nie gesehen – obwohl wir fast gleich alt sind und aus demselben Landesverband kommen. Jeder stand bei der Wahl zu Hamburgs Schiedsrichter des Jahres mal knapp vor dem anderen, jeder hat bei jedem schon mal „gewunken". 2003 stieg ich nach schwachen Leistungen in die Oberliga ab, Sascha bekam meinen Platz in der Regionalliga und ich wurde sein Assistent.

Sascha und Norbert sind Riesentypen, Sascha wurde sogar eine eigene Facebookseite gewidmet. „Sascha Thielert Fußballgott", dort feiern seine Fans ihn als „Adlerauge" und „Wunder von Buchholz". Als Schiedsrichterassistent eine Facebookfanseite zu bekommen – das muss man erst einmal schaffen! Wir wissen bis heute nicht, wer die Seite eigentlich betreibt. Sascha hat sich diese Huldigung jedenfalls verdient, wie ich finde. Er hat einen hohen Wiedererkennungswert, ist ein überragender Typ und fachlich auch noch richtig gut, dann darf man sich auch ruhig mal ein bisschen feiern lassen.

Wir sind als festes Team in der Bundesliga unterwegs. Das bedeutet: Pfeife ich, sind die beiden dabei. In der zweiten oder dritten Liga habe ich wechselnde Assistenten, Norbert und Sascha wiederum sind auch regelmäßig bei anderen Schiedsrichtern in der Bundesliga im Einsatz. Nicht alle Erstligagespanne sind fest, sie werden aus einem Assistentenpool zusammengestellt. Der Vorteil: Die Assistenten sind nicht abhängig von ihrem Teamchef. Wären Norbert und Sascha nur mit mir im Einsatz, hätten zwei sehr gute Schiedsrichterassistenten zwischen November 2018 und Sommer 2019 keinen Fußballplatz betreten, ich war nämlich verletzt.

Die Fahne ist DAS Markenzeichen der Helfer an der Seitenlinie. Einerseits werden sie für millimetergenaue Abseitsentscheidungen respektiert, andererseits wird die Aufgabe immer noch unterschätzt. Es geht um so viel mehr als nur das „Winken". Den Ausdruck verwenden wir trotzdem gern – „Ey, was hast du da gewunken?"

Den Job an der Seitenlinie kenne ich bestens aus eigener Erfahrung, ich war sieben Jahre lang als Assistent in der Bundesliga unterwegs. Erst im Team von Michael Weiner, dann bei Babak Rafati und zuletzt bei Tobias Stieler. Alles unterschiedliche Typen, von denen ich viel gelernt habe.

Meistens werden Schiedsrichter eine Liga oberhalb ihrer höchsten Spielklasse als Assistent eingesetzt. Heißt: Wer in der vierten Liga pfeift, ist in der dritten Assistent und so weiter. Bundesligareferees „winken" nicht mehr.

Meine Assistentenkarriere endete im Januar 2016 – dachte ich zumindest. Mein Bundesligaaufstieg stand fest, und ich drückte meinem Teamchef Tobi Stieler nach der Partie zwischen Hertha BSC und Augsburg breit grinsend die Fahne in die Hand: „Hier, kannst du behalten. Die brauche ich nicht mehr, ich bin jetzt selbst Bundesligaschiedsrichter!" Eine Sache hatte ich aber nicht bedacht. Da ich im Winter aufstieg, Tobi also mitten in der Saison sein Team umbauen musste, gab es eine Ausnahme. Beim Topspiel zwischen Dortmund und Bayern Anfang März sollten wir in der eingespielten Konstellation noch einmal ran. Also bekam ich in Dortmund die Fahne zurück. Aber natürlich nicht einfach so. Tobi zelebrierte die Übergabe mit großer Geste, genoss den Moment und das „Bild des Jammers", wie er es später grinsend nannte.

Wir hatten eine super Zeit zusammen. Tobi war der Chef, Sascha und ich seine Assistenten. Ich denke gern daran zurück – auch wenn wir zum Abschied keinen einstimmigen Beschluss für die Verwendung unserer „Strafkasse" finden konnten. Bei Tobi, Sascha und mir galt: Wer lästerte, in der Kabine das Handy anließ oder irgendwas vergessen hatte, musste ein paar Euro abdrücken. Am Ende konnten wir uns nicht einigen, was wir mit der Kohle anstellen sollten. Also gab es den Einsatz zurück. Die Teamparty müssen wir eigentlich nachholen. Ich werde da noch mal nachhaken. Wir hatten viel Spaß und sagten uns gleichzeitig gnadenlos die Meinung. Unvergessen ist die Zugfahrt nach der Partie zwischen Hoffenheim und Freiburg im Jahr 2013. Sascha und ich waren mit Tobis Spielleitung unzufrieden, in der Partie hatte er viele, aus unserer Sicht unnötige Karten verteilt, hektisch gepfiffen. Im Abteil schepperte es ordentlich – und die Deutsche Bahn konnte nichts dafür. Sascha und ich drohten unserem Teamchef, dass er sich neue Assistenten suchen könne, wenn er so weiter pfeifen würde. Das hatte gesessen. Sechs Jahre später, vor seinem Karrierehighlight, erzählte Tobi von der legendären Zugfahrt. Er leitete das DFB-Pokalfinale zwischen Bayern und Leipzig im Berliner Olympiastadion, im Interview auf der DFB-Homepage erwähnte er seine beiden kritischen Ex-Assis. „Die beiden haben mir beigebracht, wie man pfeift", sagte er lachend. Das ist natürlich nur die halbe Wahrheit, den Weg zum Topschiedsrichter hat er sich hart erarbeitet. Tobis Einladung zum Pokalfinale haben wir trotzdem gern angenommen, wir saßen auf der Tribüne und drückten ihm die Daumen.

Kurz nach meinem Aufstieg musste Tobi Stieler dann auch sein zweites festes Teammitglied ersetzen. Sascha und ich hatten uns als junge Hamburger Schiedsrichter geschworen, dass, wenn einer in die Bundesliga aufsteigt, der andere als Assistent mitkommt.

Mein Traum war es, ein echtes Hamburger Gespann zu bilden. Zwei Jahrzehnte lang hatte der Hamburger Fußballverband keinen Schiedsrichter mehr in der höchsten Spielklasse, nun bestand die Chance, ein ganzes Gespann zu stellen.

Die sportliche Leitung stimmte meinem Wunsch zu, Sascha hielt sich an unsere Abmachung, auch wenn er im Team Stieler sicher mehr Topspiele bekommen hätte. Ich war ein Neuling, Tobi etablierter Bundesligaschiedsrichter – und er hätte Sascha gern behalten. Wenig überraschend, der Kollege Thielert ist halt einfach richtig gut. Sascha aber wollte zu mir, die Transferverhandlungen liefen freundschaftlich, und da der Marktwert von Sascha Thielert nicht beziffert werden kann, floss auch keine Ablösesumme. Der Mann ist eh unbezahlbar.

Norbert, Sascha und ich kennen uns so gut, dass manchmal ein Blick reicht, um festzustellen, dass jemand was auf dem Herzen hat. So endete die Rückreise von einem Bundesligaspiel einmal an der Bar des Hamburger Flughafens. Norbert wollte etwas besprechen. „Bist du zufrieden, so wie es gerade läuft?“, fragte er mich beim Bier, und sein Tonfall ließ keinen Zweifel daran, dass er ein „Nein“ als Antwort erwartete. Und er hatte recht. Ich war nicht zufrieden. Zu dem Zeitpunkt hatten sich Kleinigkeiten in unsere Kommunikation eingeschlichen, die verhinderten, dass wir wunschlos glücklich aus der Partie gingen. Wir sagten uns offen, was uns störte, und danach lief es tatsächlich besser. Es ist immer schwer, Freunde direkt zu kritisieren, aber Oberflächlichkeit bringt einen auch nicht weiter. Den eigenen Standpunkt vertreten, aber auch den des anderen akzeptieren – so ist es beispielsweise bei diesem Buch. Norbert und Sascha haben ihre Bedenken geäußert, ob es nicht besser wäre, das Buch nach der Karriere zu schreiben. Sie kennen mich aber, und wissen, dass ich Lust darauf habe und akzeptieren es. Es ist wie in der Beziehung oder mit den Kollegen auf der Arbeit. Es hilft, offen über Dinge zu sprechen, auch wenn es schwerfällt.

Die Zusammenarbeit auf dem Platz ist heute deutlich komplexer als früher. Damals gab es „Linienrichter". Es bestand keine Funkverbindung und dementsprechend begrenzt waren die Möglichkeiten, miteinander zu reden. Der Schiedsrichter konnte ja nicht ständig raus an die Linie zu seinem Helfer laufen. Der Begriff „Linienrichter" ist übrigens heute zu Recht fast ganz aus der Fußballsprache verschwunden. Er wird der Komplexität der Aufgabe nicht mehr gerecht und passt nicht zum modernen Teamwork.

Mein Anspruch an die Assistenten lässt sich mit einem Leitsatz erklären. Ich erwarte Hilfe, wo sie angebracht ist. Nur ist das unheimlich schwer umzusetzen, denn was heißt angebracht? Das definiert jeder anders. Es gibt Teamchefs, die möchten zu allen Szenen eine Einschätzung der Assistenten über das Headset bekommen. Mein Problem war früher, dass ich bei Fünfzig-Fünfzig-Situationen zu oft die Empfehlung von außen übernommen habe, obwohl ich lieber meiner Einschätzung gefolgt wäre. Wenn mir von draußen „Foul" angezeigt wird, ich die Szene für mich aber nicht als Foul bewerte, ist es besser, nicht zu pfeifen. Denn ich, der Schiedsrichter, treffe die Entscheidungen. In einer Fünfzig-Fünfzig-Situation brauche ich keine Hilfe, ich brauche Hilfe, wenn ich eine Situation nicht wahrgenommen habe. Die Grenzen sind hier fließend, wir schauen aus verschiedenen Blickwinkeln auf das Feld, die Zweikämpfe sind extrem dynamisch, keine Szene ist wie die andere. Wenn ich etwas nicht gesehen habe, muss der Assistent mir die Szene erklären. „Foul, Gelb“ reicht dann nicht. „Der ist ihm auf den Fuß gestiegen, klar Gelb“, damit kann ich mehr anfangen und die Entscheidung dann auch dem Spieler erklären.

Als Team muss man ein Gespür für die gemeinsame Kommunikation entwickeln. Norbert, Sascha und ich reden während des Spiels nicht so viel miteinander, auch wenn man das von uns extrovertierten Typen vielleicht erwarten würde. Auch wenn wir im Team nicht immer einer Meinung sind, müssen wir auf dem Platz absolute Einigkeit ausstrahlen. Früher, als es noch keine Headsets gab, war das gar nicht so einfach. Nehmen wir wieder unseren Fünfzig-Fünfzig-Zweikampf, Foul oder nicht? Der Assistent zeigte mit der Fahne ein Foul an. Der Schiedsrichter bewertete die Situation aus seiner Position anders und wollte lieber laufen lassen. Nun gab es ein Problem. Pfiff er das Foul, entsprach das nicht seiner Spielphilosophie. Ließ er laufen, überstimmte er für alle sichtbar seinen Assistenten. Der hatte ja die Fahne gehoben. Heute können die Assistenten die Fahne unten lassen und ins Headset rufen. Lasse ich weiterlaufen, merkt keiner, dass wir uns in dieser Szene nicht einig waren. Heute wird viel weniger mit „offener Fahne“ angezeigt, in den ganz wichtigen Entscheidungen sollte aber die Einigkeit sichtbar sein.

Noch ein Beispiel: Ein Torwart spielt den Ball außerhalb des Strafraums mit der Hand. Der Assistent hebt sofort seine Fahne, der Schiedsrichter hat die Szene genauso wahrgenommen und pfeift sofort. Fahnenzeichen und Pfiff erfolgen praktisch zeitgleich, jeder erkennt: Die sind sich einig! Die Entscheidung bekommt dadurch eine hohe Akzeptanz.

Jungen Assistenten, mit denen ich zum ersten Mal unterwegs bin, sage ich: Wir müssen Einigkeit vermitteln! Die kleinsten, scheinbar unwichtigsten Situationen können das Spiel beeinflussen und bei Spielern und Fans das Gefühl auslösen: „Wenn die sich beim Foul im Mittelfeld schon nicht einig sind, wie sollen die dann die großen, wichtigen Entscheidungen richtig hinbekommen?"

Schwierig wird es, wenn in einem Team unterschiedliche Spielphilosophien aufeinandertreffen. Kleinlich „winken" und großzügig pfeifen – das passt nicht zusammen. Manchmal kommt so etwas sogar bei uns als eingespieltem Gespann vor und breitet sich im Spiel als Gefühl aus: „Oh man, sind wir uns heute denn bei gar nichts einig?!" Klar ist: der Teamchef gibt die Spielphilosophie vor, ihr müssen die Assistenten folgen.

Ich beschimpfe mich manchmal, wenn ich etwas nicht erkannt habe. „Wie konntest du das nicht richtig sehen? Wieso hast du da so schlecht gestanden?"

Sascha und Norbert lassen mich kurz fluchen und gehen dann dazwischen: „Konzentration, weiter geht's!" Wenn ein Stürmer das leere Tor nicht trifft, gibt es ein Raunen im Stadion, vielleicht ein paar Pfiffe, aber im Normalfall folgt aufmunternder Applaus. Von den Rängen, von den Mitspielern, der Trainerbank: Weiter geht's, den nächsten machst du rein! Mache ich einen Fehler, sagt kein Spieler, Trainer oder Fan: Kopf hoch, abhaken! Das müssen wir in unserem kleinen Team selbst erledigen.

Von meinen Assistenten kommt während des Spiels auch Kritik („Patrick, jetzt zieh mal den Sprint an!", „Rück mal richtig ein") und Lob. Manchmal sogar euphorisches Lob. In München habe ich in der Saison 2014/2015 im Spiel zwischen 1860 und Heidenheim als Einziger einen Handelfmeter erkannt, den Video-Assistenten gab es noch nicht. Sascha schrie ins Headset: „Überragend, sensationell, wie hast du das denn gesehen?" Obwohl er das Handspiel aus seiner Position gar nicht wahrgenommen hatte, erkannte er an meiner Körpersprache, meinem Stellungsspiel und der Klarheit des Pfiffes, dass ich hundertprozentig überzeugt war und richtig liegen musste. Diese Momente fühlen sich an wie erzielte Tore für Fußballer. Richtig entschieden – jawohl!

Im Spiel orientieren sich die Assistenten am vorletzten Verteidiger, sie müssen ihre eigene Position also ständig anpassen, das tun sie im seitlichen Schritt mit dem frontalen Blick aufs Feld. Wenn dann richtig die Post abgeht, kommt man mit Seitenschritten natürlich nicht mehr hinterher, deswegen die Drehung, Vollsprint nach vorn, den Kopf dabei gedreht, um dem Spiel zu folgen. Für diese besondere Anforderung wurde ein eigener Lauftest entwickelt. Der so genannte CODA-Test. CODA steht für „Change of Direction Ability", es geht also um die Kunst des Richtungswechsels. Die Assistenten sprinten bei dem Test zehn Meter, klassisch vorwärts, dann geht's im seitlichen Schritt acht Meter zurück, Drehung, acht Meter im Seitenschritt wieder in die andere Richtung, dann noch mal der Sprint über zehn Meter zum Ausgangspunkt. Und das alles in maximal zehn Sekunden.

Beim DFB kümmert sich Jan-Hendrik Salver um die Trainingsprogramme der Spitzenassis. Salver war selbst als Assistent bei den Weltmeisterschaften 2006 und 2010 im Einsatz.

In den Trainingslagern und Lehrgängen werden außerdem Abseitssituationen bewertet, meistens mit Jugendfußballern. Jeweils zwei, drei Spieler laufen in entgegengesetzte Richtungen, ein Ball wird reingespielt – Abseits, ja oder nein? Immer und immer wieder. Hunderte Male. Das Ganze wird mit Kameras aufgezeichnet und ausgewertet. Die Schulung des Auges ist enorm wichtig, Erfahrung und Bauchgefühl spielen eine riesengroße Rolle beim Erkennen von Abseitssituationen. Schiedsrichterassistenten sind nämlich keine Comicsuperhelden, die per Röntgenblick mal eben das Spielfeld sezieren, sie sind ganz normale Menschen. Und für normale Menschen ist es auch mit gut geschulten Augen schlicht unmöglich zu erkennen, ob die Fußspitze des Angreifers einen Zentimeter zu weit vorne ist oder nicht.

Die Assistenten werden immer mehr zu Spezialisten. Auf höchster internationaler Ebene, also in der Europa- und Championsleague sowie bei Welt- und Europameisterschaften, kommen bereits ausschließlich Spezialisten zum Einsatz, das heißt: Die Assistenten pfeifen selbst keine Spiele mehr, auch nicht in unteren Ligen. Sie konzentrieren sich voll und ganz auf ihren Job an der Linie. In Deutschland gibt es zwei Arten von Assistenten: Die Spezialisten wie Norbert und Sascha – beide pfeifen schon seit Jahren keine Zweitligaspiele mehr – und Assistenten, wie ich einer war. Mein klares Ziel war es, Bundesligaschiedsrichter zu werden. Damit stand früh fest, dass ich keine Einsätze in europäischen Spielen anstreben würde, der Schritt auf die höchste Assistentenebene hätte mein Karriereende als Schiedsrichter bedeutet.

Inzwischen bekommen die Assistenten das Urteil zu ihrer Wahrnehmung direkt auf dem Platz. Der Video-Assistent (VAR) kann die kalibrierte Linie anlegen und klar sagen, ob es Abseits ist oder nicht. Die Bestätigung der Entscheidung durch den Video-Assistenten ist ein Supergefühl für das ganze Team, vor allem aber natürlich für das Teammitglied, das die Fahne gehoben oder unten gelassen hat. Ein richtiges Erfolgserlebnis, wie das Tor für den Stürmer – nur dass der Schiedsrichterassistent im Idealfall nicht jubelnd die Linie hinauf und hinunter rennen oder auf den Knien Richtung Fankurve rutschen sollte.

Seit Einführung des VAR wird den Kollegen an der Linie immer mal wieder von Spielern unterstellt, dass sie bei kniffligen Situationen absichtlich die Fahne unten lassen und warten, was die Kollegen in Köln sagen. Nach dem Motto: Der da draußen an der Linie traut sich eh nix mehr.

Erfahrene Schiedsrichterassistenten, deren größter Ansporn und Anspruch es ist, Situationen richtig zu erkennen, sollen auf einmal auf Verdacht nicht mehr winken? Das ist einfach Quatsch. Wenn der Ball im Tor ist, und der Assistent mit all seinen Erfahrungen und nach jahrelangem Training zum Schluss kommt, dass es knapp Abseits ist, hebt er die Fahne. Seine Einschätzung wird dann in Köln überprüft, klar. Aber die erste Entscheidung wird nach bestem Gewissen auf dem Platz getroffen. Sonst könnten wir ja gleich zu Hause bleiben. Wir gehen als Team auf den Platz, um alles selbst zu sehen. Das funktioniert nicht immer, ist aber unser Ziel – und das wird sich auch nie ändern.

Übrigens: die Handhabung der Fahne ist inzwischen ziemlich genau vorgeschrieben. Läuft der Assistent in Richtung Tor, muss er die Fahne in der linken Hand halten, vom Tor weg in der rechten. Die Fahne darf sich nicht hinauf und hinunter bewegen beim Rennen, sondern muss starr Richtung Boden zeigen. Ganz ehrlich: Meine Fahnentechnik als Assistent war nicht immer die beste. Die Vorschriften waren damals noch nicht so streng, ich hatte die Fahne immer in der rechten Hand, egal wo ich gerade hingelaufen bin.

Jedes Schiedsrichterteam setzt andere Schwerpunkte bei der Vorbereitung des Spiels. Manche Gespanne legen viel Wert auf taktische Analysen der Fußballmannschaften. Wie sieht das Pressing aus? Wie wird eingerückt? Dieses Wissen über Spielweisen kann sehr hilfreich bei der Antizipation von Abseitsentscheidungen sein. Manche Assistenten sind richtige Taktikexperten, sie erkennen Systemänderungen im Spiel sofort. Wir haben wie die Trainer Zugriff auf ein Scoutingportal mit Spielszenen der Teams. Der Fußball ist längst eine Wissenschaft geworden, man könnte Tage und Nächte damit verbringen, die Laufwege von Spielern zu analysieren. Norbert, Sascha und ich nutzen das Portal zwar, uns sind die Spielertypen in der Vorbereitung aber wichtiger. Wer erwartet uns, auf wen müssen wir eingehen?

Sascha hält sich im Spiel eher zurück, arbeitet punktuell. Sein Lieblingsthema: der Blick auf den Ball bei der Spielfortsetzung. Ich rede viel mit den Spielern, manchmal zu viel. Der Freistoß wird schnell ausgeführt, ich quatsche noch, dann verliere ich den Ball für den Bruchteil einer Sekunde aus den Augen. Das erkennt Sascha sofort. „Nicht so viel labern!", ruf er dann ins Headset.

Norbert hat ein hohes Gespür dafür, welche Entscheidung dem Spiel guttun würde. Gerade für jüngere Schiedsrichter sind Assistenten wie er wichtig. Und er merkt sofort, wenn irgendwas mit mir nicht stimmt, ich beispielsweise nicht rund laufe. Außerdem ist er mutig, gibt auch aus großer Entfernung Einschätzungen zu Situationen ab. Ich akzeptiere das bis zu einem gewissen Grad. Manchmal wird es mir zu viel, dann sage ich ihm das klar. Was beide, Sascha und Norbert, auszeichnet: Sie sind auf ihre Art und Weise echte Typen mit hoher Authentizität, dadurch haben sie eine hohe Akzeptanz bei den Spielern. Sie sind starke Persönlichkeiten mit klarer Meinung. Assistenten können ihre Rolle ganz unterschiedlich interpretieren. Manche machen ganz einfach ihren Job und lassen den Schiedsrichter in Ruhe, andere bringen sich mehr ein und sagen ihrem Chef auch mal: „Du pfeifst heute Mist, reiß dich jetzt zusammen!" Zu dieser Kategorie gehören Norbert und Sascha.

Das Wichtigste aber ist ihre Entscheidungsqualität. Sie liegen einfach sehr oft richtig und haben vor allem bei Abseitsentscheidungen eine super Quote. Im Hintergrund erledigen sie zuverlässig die kleinen Aufgaben wie das Anzählen bei ruhenden Bällen. Kommt der Freistoß aus dem Halbfeld, kann ich nicht auf den Schützen achten. Viel wichtiger ist der Blick in den Strafraum, wo sich die Spieler um die besten Positionen streiten. Ich blicke konzentriert auf den Pulk, um mögliches Ziehen, Reißen und Stoßen zu erkennen. Einer der Assis achtet auf den Schützen und zählt über das Headset den Countdown runter: „Drei, zwei, eins … Schuss“ oder „kurz gespielt“, dann drehe ich mich wieder, um das weiterlaufende Spiel im Blick zu haben.

Da beide als spezialisierte Assistenten nicht mehr selbst pfeifen, dürfen sie mich im Verletzungsfall nicht ersetzen. Das ist die Aufgabe des Vierten Offiziellen, der jedes Wochenende wechselt und nicht zum festen Gespann gehört. Uns begleitet immer ein Kollege, der vom Rang mindestens Zweitligaschiedsrichter ist, um im Notfall für mich einzuspringen. Was genau macht eigentlich der Vierte Offizielle? Diese Frage wird mir oft gestellt. Viele Fans denken, dass die Hauptaufgabe darin besteht, mit Trainern und Managern zu diskutieren. Das stimmt aber nicht. Die wichtigste Aufgabe ist, das Spiel im Blick zu behalten. Das ist gar nicht so leicht, denn es fehlt eine wichtige Voraussetzung, um sich als vollwertiger Teil des Spiels zu fühlen: das Adrenalin. Der Vierte Offizielle läuft nicht, muss seine Anspannung aber trotzdem aufrechterhalten, um voll konzentriert zu sein. In manchen Situationen kann der Ruhepuls von Vorteil sein, beim „Sichtfeldabseits“ zum Beispiel. Steht ein Spieler beim Torschuss im Sichtfeld des Torwarts oder nicht – für den Schiedsrichter mit frontalem und dem Assistenten mit dem seitlichen Blick oft extrem schwer zu erkennen. Der Vierte Offizielle steht genau in der Flucht, er kann über das Headset helfen, die Situation einzuschätzen. Dafür hat er den „Push-to-talk-Button“, mit einem Knopfdruck kann er sich in die Kommunikation einschalten. Das bekommen gelegentlich auch die Trainer mit, gerade in Stadien, in denen die Bänke eng beieinander sind. Wenn sich der „Vierte“ meldet und „Einwurf für grün“ oder „Freistoß für rot“ empfiehlt, der Schiedsrichter aber anders entscheidet, kann es vorkommen, dass sich ein Trainer beschwert: „Du hast doch Einwurf für uns gesagt!“ – und schon ist die Uneinigkeit im Schiedsrichterteam erkennbar. Es ist auch deshalb so schwer, die ganze Zeit konzentriert aufs Feld zu schauen, weil man draußen oft abgelenkt wird. Bei Auswechslungen zum Beispiel. Jedes Team hat eine eigene Auswechseltafel, auf der Bank gibt ein Vereinsvertreter die Nummern ein, der Vierte Offizielle prüft: Steht der Spieler wirklich auf dem Spielberichtsbogen? Sind die Schuhe in Ordnung? Müssen noch die Halskette oder der Ring abgelegt werden? In dieser Zeit geht der Blick vom Feld weg, das ist klar. Aber das sollte wirklich nur so lange wie unbedingt nötig passieren. Wenn der Spieler aufs Feld läuft, sollte sich der Vierte Offizielle nicht umdrehen, sondern die paar Schritte zur Standposition rückwärtsgehen – mit Blick auf das Feld.

Ohne Frage, die Kommunikation mit den Vereinsverantwortlichen und Auswechselspielern ist eine wichtige Aufgabe, aber aus meiner Sicht eben nicht die wichtigste. Ungefähr zwei- bis dreimal pro Saison werde ich zwischen den Bänken eingesetzt und bin der Blitzableiter für Trainer und Manager. Ich mag den Job, der Dialog macht mir Spaß. Die Aufgabe ist für einen Bundesligaschiedsrichter definitiv einfacher als für einen jungen, aufstrebenden Zweit- oder Drittligaschiedsrichter. Es ist aber auch nicht so, dass man nonstop im Dialog ist. Ich war als Vierter Offizieller in der Champions League in einem Spiel bei Real Madrid im Einsatz, zwischen Realcoach Zinedine Zidane und mir gab es genau zwei Begegnungen – kurze Begrüßung vor dem Spiel: „Ca va?“, kurze Verabschiedung nach der Partie. Zidane konzentrierte sich ausschließlich auf das Spiel. Eine andere interessante Reise als Vierter Offizieller ging nach Aberdeen. Ein enges, cooles Stadion, Europaleague-Quali Aberdeen gegen Burnley – also ein schottisches gegen ein englisches Team – mit zwei sehr emotionalen Trainern an der Seitenlinie. Da ging es hoch her, sie lieferten sich ständig Wortgefechte, aber ich hatte nie das Gefühl, einschreiten zu müssen, weil es nicht respektlos oder unfair war. Ich habe die Trainer machen lassen. Als mein Kollege Daniel Siebert das Spiel abpfiff, gingen die Trainer schnurstracks aufeinander zu und gaben sich die Hand. Beeindruckend.

Die meisten meiner europäischen Einsätze hatte ich allerdings nicht als Vierter Offizieller, sondern als „Additional Assistant Referee“ (AAR) oder anders gesagt: als „Torrichter“, wie es umgangssprachlich hieß. 2009 führte die UEFA die beiden zusätzlichen Teammitglieder ein, erst als Test in der Europaleague, später auch in der Champions League. An jeder Grundlinie stand ein zusätzlicher Assistent, ein paar Meter neben dem Torpfosten. Der AAR kam in der öffentlichen Bewertung nicht gut weg – die häufig gestellte Frage lautete: Was soll das?

Am Anfang ging es um die wichtige Frage: Ist der Ball im Tor oder nicht? Mit dem menschlichen Auge schwer zu erkennen, selbst wenn man aus unmittelbarer Nähe hochkonzentriert auf die Linie guckt – es geht halt alles wahnsinnig schnell. Nach der Einführung der Torlinientechnologie wurde die Aufgabe modifiziert, die Beobachtung des Strafraumgeschehens rückte in den Vordergrund. Die „Torrichter“ sollten den Teamchef beispielsweise bei Strafstoßentscheidungen unterstützen, aber vor allem dort hingucken, wo der Schiedsrichter nicht hinschaute. Ich bekam eine völlig neue Perspektive auf das Spiel. Normalerweise geht es ja darum, den Ball im Blick zu behalten. In dieser Position an der Torauslinie überwachte ich nun den ganzen Strafraum, versuchte all das abzudecken, was der Schiedsrichter nicht im Blick haben konnte. Aber machen wir es an dieser Stelle kurz. Den „Additional Assistant Referee“ gibt es nicht mehr, Torlinientechnologie und vor allem der Video-Assistent haben die Aufgaben übernommen. Der „Torrichter“ hat seinen Platz im Schiedsrichtergeschichtsbuch, aber keine Zukunft. Ich bin sehr dankbar für die Einsätze, denn die Aufgabe des AAR hat mir die Möglichkeit gegeben, die internationalen Wettbewerbe kennenzulernen.

Das Ziel aller Teammitglieder, egal wo sie stehen oder sitzen, muss sein, dem Teamchef bestmöglich zu helfen. Spieler, Fans und Medien reden am Ende über „den Schiedsrichter" und nicht über „das Schiedsrichterteam".

Wenn ich Schiedsrichter bin, stehe ich im Fokus. Ich bin der, der die öffentliche Kritik kassiert. Wie im Sommer 2018 am ersten Spieltag in Wolfsburg. Das hatte Auswirkungen auf das nächste Bundesligaspiel. Vor der Partie zwischen Borussia Dortmund und dem 1. FC Nürnberg stellte ich einen außergewöhnlichen Plan auf. Vier Wochen zuvor in Wolfsburg hatte ich meine Linie verloren, hatte nicht zu meinen Entscheidungen gestanden. Das ging ans Selbstvertrauen, ich spürte Druck. Das erste Bundesligaspiel nach diesem schlechten Auftritt musste gut laufen. Mein Plan: Ich entscheide! Hilfe sollte nur im Notfall kommen, wenn der Baum brennt und ich gar nichts mehr sehe. Ich entscheide, und wenn es schiefgeht, gehe ich allein unter. Nicht reinreden. Ich mach das hier jetzt. Norbert und Sascha waren perplex. Während Norbert sich zurückhielt, fand Sascha meinen Plan überhaupt nicht lustig. „Aber mach", sagte er, auch wenn dieses Vorgehen nicht unserer grundsätzlichen Vorstellung von Teamwork entsprach.

Die erste Gelbe Karte in Dortmund gab ich nach 13 Sekunden. Es ging mir nicht darum, ein Zeichen zu setzen. Der Nürnberger Yuya Kubo senste seinen Dortmunder Gegenspieler direkt auf Höhe der Trainerbänke um. Keine Diskussion, diese Gelbe Karte musste ich geben. Egal, ob nun 13 Sekunden oder 75 Minuten gespielt waren.

In Dortmund sollte nur eine weitere Gelbe Karte folgen, das Spiel lief praktisch nonstop in eine Richtung. Der BVB führte nach einer Stunde mit 4:0, ich wusste ganz genau: Hier brennt heute nichts mehr an. Ich fühlte mich frei, eine Riesenlast fiel von mir ab. Bei uns im Team ist zum Glück nichts hängen geblieben. Sascha äußerte nach dem Spiel noch mal deutlich seine Kritik, ich als Teamchef machte klar, dass ich nun nicht jeden unserer Auftritte im Alleingang managen würde. An diesem Tag in Dortmund brauchte ich diese Herangehensweise, um mein Selbstvertrauen zurückzugewinnen.

Einen Monat zuvor in Wolfsburg wollten viele Reporter nach dem Spiel mit mir sprechen, nun interessierte sich in Dortmund kein Mensch für mich. Und das ist nun mal das Beste, was nach einem Bundesligaspiel passieren kann.

Der BVB gewann 7:0 und ich wurde nur in einer einzigen Schlagzeile erwähnt – auf der Satireseite *Der Postillon*: „‚Mit mehr Nachspielzeit hätten wir das Spiel noch gedreht!' – FCN-Trainer gibt Schiri Schuld an 0:7-Niederlage."

Mit dieser Schuldzuweisung konnte ich gut leben.

REGELFRAGEN

8

Eine Mannschaft wechselt in der Halbzeit einen Spieler aus, ohne den Schiedsrichter zu informieren. Kurz nach der Pause verhindert der eingewechselte und nicht angemeldete Spieler kurz vor der Torlinie einen sicheren Treffer für den Gegner. Wie entscheidet der Schiedsrichter?

KAPITEL 9

ORGANISATION – TASCHE PACKEN UND LOS

Wir packen im Stadion unsere Taschen aus und stellen fest, dass keiner an die Fahnen für die Assistenten gedacht hat – was für ein Alptraum! Zum Glück ist der noch nie eingetreten, Organisation ist alles und gehört zum Teamwork dazu. Ein Bundesligaspiel dauert 90 Minuten plus Nachspielzeit, die Vorbereitungen deutlich länger.

Die Ansetzung

Zwei Tage vor dem Spiel wird veröffentlicht, wer pfeifen wird. Wir Schiris bekommen den Auftrag schon ein bisschen früher, um die Reise planen zu können. Die E-Mail mit der Ansetzung geht vom DFB an den jeweiligen Hauptschiedsrichter, der seine Assistenten informiert.

Die Reiseplanung

Als Schiedsrichter und Assistent bin ich überall gewesen. Na gut, fast überall. 54 der 56 Profistandorte aus der Saison 2019/2020 habe ich im Laufe der Jahre bereist, nur bei Drittligaaufsteiger

Viktoria Köln und Ligakonkurrent Sonnenhof Großaspach war ich noch nie. Großaspach steht vor allem bei Sascha auf der Wunschliste. Da hat man nämlich die größten Chancen, Schlagerstar Andrea Berg zu treffen. Großaspach ist ihr Heimatverein, sie ist ab und zu im Stadion und Sascha ihr größter Fan. Norbert ist dagegen nicht Schlager-, sondern Reiseexperte. Er kennt alle Bahnstrecken, Zug- und Flugpläne und wäre mit diesem Wissen definitiv ein geeigneter Kandidat für die Neuauflage von „Wetten, dass …“.

Bei Spielen in den beiden höchsten Ligen sind wir bereits am Tag vor dem Spiel in der Stadt, so wie die beteiligten Fußballmannschaften. Es gehört zum professionellen Ablauf dazu, der Spieltag soll schließlich ausgeruht und ohne Reisestress beginnen. Der Vierte Offizielle kann, wenn er will, auf die Übernachtung verzichten, das hängt von seinem Wohnort ab. Wenn ich als Vierter Offizieller in Bremen oder Berlin eingeplant bin, fahre ich von Hamburg aus morgens mit dem Zug und treffe die anderen Teammitglieder im Hotel.

Wir checken die Anreiseoptionen, stimmen uns untereinander ab – meist folgen wir Norberts Vorschlag – und geben unsere Wünsche an das DFB-Reisebüro weiter, wo unsere Reise gebucht wird. Mit dem Auto fahre ich so gut wie nie, und wenn, dann nehme ich einen Mietwagen. Der Fankurvenklassiker „Schiri, wir wissen wo dein Auto steht“ läuft bei mir also schon mal ins Leere.

In der dritten Liga darf das gesamte Gespann am Spieltag anreisen – wenn es möglich ist. Samstags geht es in der dritten Liga um 14 Uhr los, ich würde es also nach Rostock schaffen, zum Beispiel, wenn ich morgens losfahre. Ich bevorzuge aber die Anreise am Tag vorher. Es ist einfach entspannter. Als junger Schiedsrichter fand ich es sehr aufregend, Spiele außerhalb Hamburgs zu leiten. Inzwischen ist das Reisen Routine, es gehört dazu, man nimmt es in Kauf. Im Gegensatz zu den Fußballteams habe ich nur Auswärtsspiele. Heimspiele gibt es nicht, Spiele des HSV und von St. Pauli darf ich als Mitglied eines Vereins des Hamburger Fußballverbandes nicht leiten. Im Jahr komme ich inklusive Trainingslagern und Lehrgängen auf rund 60 Hotelübernachtungen. Es kann schon mal vorkommen, dass ich beim Aufwachen kurz überlegen muss, warum ich gerade wo bin.

Tasche packen

Als junger Schiedsrichter immer ein ganz besonderer Moment, der mich mental in eine andere Welt versetzte. Das Kribbeln begann. Vorfreude auf das Spiel. Obwohl ich heute gelassener bin, beginne ich mit dem Packen einen Tag vor der Abreise, damit ich bloß nichts vergesse. Folgendes muss mit:

- die Karten (Gelb, Rot und die graue Spielnotizkarte plus Stift, um Verwarnungen zu notieren)
- die Pfeife; ich bin mit dem Klassikermodell „Fox 40“ unterwegs, Lautstärke rund 110 Dezibel
- Meine Uhr. In erster Linie brauche ich sie natürlich, um die Zeit im Blick zu behalten, sie zeichnet aber auch meine Laufwerte und den Herzschlag auf. Diese Uhr trage ich an der rechten Hand. Die zweite Uhr erhalte ich im Stadion vom Technikdienstleister. Es ist die „Goalline-Uhr“, die ans linke Handgelenk kommt. Auf dieser Uhr erhalte ich das Signal, wenn der Ball die Torlinie überschritten hat.
- Trikots samt Hosen und Stutzen. Ich nehme zur Sicherheit alle unsere offiziellen Farben mit, und die auch noch doppelt, also je zwei schwarze, blaue, gelbe und rote Trikots. Meine Lieblingsfarbe ist eindeutig schwarz, es ist einfach die traditionelle Schiedsrichterfarbe. Blau mag ich auch ganz gern, während gelb mich, wie ich finde, so Biene-Maja-artig breit macht – ja, auch Schiedsrichter sind eitel. Und Rot ist einfach nicht meine Farbe.

Keine Ahnung, warum. In der Woche vor dem Spiel melden die Mannschaften ihre gewünschte Spielfarbe beim DFB, die E-Mail mit den Bildern bekomme ich zur Freigabe. Das letzte Wort hat nämlich der Schiedsrichter. Die Trikots der Teams müssen sich klar unterscheiden (auch die der beiden Torhüter!). Am Ende wähle ich diejenige Farbe für mich aus, die sich am besten von den Spielertrikots absetzt. Bei Heimspielen von Borussia Dortmund wird man keinen Schiedsrichter im gelben Shirt über den Platz laufen sehen.
- zwei paar Fußballschuhe – immer in schwarz, eine andere Farbe kommt für mich nicht infrage
- die Halterung für das Freistoßspray, die Spraydose bekommen wir am Spielort
- Unterhemden mit speziellen Einlässen für das Funksystem
- die individuell angepasste Ohrhalterung plus Mikro; der Funkempfänger liegt in der Kabine im Stadion bereit
- zwei Funkfahnen für die Assistenten. In den meisten Teams bringt der Schiedsrichter die Fahnen mit, wobei ein Set mit der integrierten Technik rund 600 Euro kostet. Zur Sicherheit bringt der Vierte Offizielle ebenfalls zwei Fahnen mit
- ein T-Shirt für das Aufwärmen vor dem Anpfiff, ein Trainingsanzug für die Anreise zum Stadion. Früher kamen wir ganz offiziell in Anzug und Krawatte, die Zeiten sind aber vorbei, die Fußballer kommen schließlich auch im Trainingsanzug ins Stadion.
- Badelatschen, Handtuch, Privatklamotten

Meine Tasche ist damit prall gefüllt, definitiv zu schwer und zu groß, um sie im Flugzeug ins Gepäckfach über dem Sitz zu stopfen. Heißt: einchecken und hoffen, dass auch alles am Zielflughafen auf dem Gepäckband landet. Bisher ging immer alles gut. Sollte die Tasche tatsächlich einmal verschwinden – es gibt Schiedsrichterkollegen in ganz Deutschland, irgendwo würden sich schon Trikot, Schuhe und Zubehör auftreiben lassen. Auf den Nervenkitzel kann ich aber gut verzichten.

Anreise

In der Saison 2019/2020 führte mich die kürzeste Anreise rund 100 Kilometer nach Norden zu Holstein Kiel, die weiteste circa 750 Kilometer nach Süden zum SC Freiburg. Das Flugzeug lässt sich dabei nicht vermeiden. Es ist nicht unbedingt mein liebstes Verkehrsmittel. Ich habe zwar nicht direkt Flugangst, aber wenn es in der Luft scheppert, bekomme ich Probleme und definitiv einen Spruch von Sascha verpasst. Der findet es nämlich ziemlich unterhaltsam, wenn ich meine Hände in die Armlehnen kralle, bis die Turbulenzen sich gelegt haben. Wir reisen möglichst so an, dass wir vor 20 Uhr am Spielort sind, um dann in Ruhe zusammen noch essen gehen zu können. Das ist wichtig im Sinne des Teambuildings und der Stimmung. Wir reden nicht nur über das anstehende Spiel, sondern über alles Mögliche.

Spieltag

Meistens treffen wir uns um 9.30 Uhr zum gemeinsamen Frühstück. Wenn einer mal ausschlafen oder früher essen will, ist das für mich völlig in Ordnung. Feste Routinen habe ich eh nicht, manchmal gehe ich nach dem Frühstück noch in die Stadt, meistens bleibe ich aber bis zur Abfahrt im Hotel.

Noch zweieinhalb Stunden bis zum Spiel

Langsam steigt die Spannung. Abfahrt vom Hotel. Zwei Stunden vor Spielbeginn müssen wir spätestens im Stadion sein. In jeder Stadt gibt es einen Fahrservice für die Schiedsrichter. Wir werden also abgeholt – auch in Hannover, wo das Stadion direkt neben dem Hotel liegt. Wir sind auch schon mal zu Fuß ins Stadion gegangen und haben uns auf dem Weg noch mit Fans unterhalten, die uns erkannten. So etwas macht Spaß, weil es im direkten Austausch eigentlich immer freundlich und witzig abläuft. Na ja, meistens jedenfalls. In Cottbus traf ich vor dem Pokalspiel gegen Bayern im August 2019 auf drei junge Männer im Hotel. Einer rief quer durch die Lobby: „Ey Schiri, aber keine Korruption heute!" „Alles klar bei dir?", entgegnete ich und drehte mich weg. Aber er ließ nicht locker und legte nach: „Denk dran, keine Korruption!" Ich war genervt: „Hier spielt für mich Rot gegen Weiß, nicht mehr, nicht weniger. Also lass mich in Ruhe." Danach hatte er verstanden, dass sein Scherz bei mir nicht ganz so gut angekommen war.

In den meisten Städten holt uns der Schiedsrichterbetreuer vom Hotel ab. Jeder Verein hat solche Betreuer, manchmal sind sie angestellt, gelegentlich auch Ehrenamtler, oft ehemalige Schiedsrichter, die seit vielen Jahren dabei sind. Die Ehemaligen wissen am besten, wie sie uns am Spieltag unterstützen, weil sie sich in uns hineinversetzen können. Launige Begrüßungen wie: „Na, heute brauchen wir aber die Punkte!", wird man von ihnen nicht hören. Außerdem haben die meisten ein gutes Gespür dafür, wann sie in unsere Kabine im Stadion kommen können und wann besser nicht.

In der Kabine

Hier warten wir auf einen Mitarbeiter der Firma „Hawkeye", zuständig für die Torlinientechnik, damit er uns nicht nur die Uhren aushändigt, sondern auch die Empfänger für das Kommunikationssystem und den Spielball. Mit dem Ball war er vorher nämlich schon draußen auf dem Platz und hat die Torlinientechnik geprüft.

Platzbegehung

Zwei Stunden vor dem Anpfiff sind noch kaum Fans im Stadion, die Eingangstore öffnen gerade erst. Wir betreten erstmals den Rasen und checken die Technik: Steht die Verbindung zum Video-Assistenten in Köln? Ist die Qualität ausreichend, gibt es Störgeräusche? Ich checke, ob der Monitor in der Reviewarea am Spielfeldrand funktioniert. Wenn der Funk ausfällt, bekommen wir die Signale aus Köln übrigens auf unsere Uhr. „OFR" steht dann für Onfieldreview – ich muss raus zum Monitor und mir eine Szene noch mal anschauen. Auch diese Notvariante testen wir bei der Platzbegehung. Die Assistenten prüfen die Torlinientechnik. Direkt danach folgt unser Teambriefing auf dem Platz. Das ist mir sehr wichtig. Nicht am Abend vorher beim Essen, nicht in der Kabine – nein, auf dem grünen Rasen im Stadion. Die Nähe zum Spiel, die steigende Anspannung schaffen meiner Meinung nach die richtige Atmosphäre für ein konzentriertes Abschlussgespräch. Wir rufen uns in Erinnerung, was wir zuletzt gut und was weniger gut gemacht haben.

Trubel in der Kabine

Nach der Platzbegehung gehen wir zurück in die Kabine und treffen dort auf den Schiedsrichterbeobachter. Das sind erfahrene Ex-Schiedsrichter und -Assistenten. Sie sind unter anderem für das Feedback nach dem Spiel zuständig. Die Zeugwarte beider Mannschaften kommen mit der Spielkleidung. Unterscheiden sich die Farben wirklich deutlich genug? An manchen Spielorten besucht uns kurz der Sicherheitsbeauftragte des Heimvereins. Gibt es Hinweise auf Pyrotechnik oder sonstige Störungen?

In jedem Stadion gibt es einen Physiotherapeuten für uns, von ihm lasse ich mir rund 25 Minuten lang die Muskulatur lockern. Eine Stunde vor dem Anpfiff muss der Spielbericht mit den Aufstellungen an das Schiedsrichterteam abgegeben werden. Wir gehen die Formationen durch. Ich notiere mir die Rückennummern der Akteure auf meiner Spielnotizkarte. Hinter den Nummern habe ich drei Kästchen zum Ankreuzen – Gelb, Gelb-Rot, Rot.

Aufwärmen

30 Minuten vor Anpfiff geht's wieder raus auf den Platz. Das Programm dauert rund 15 Minuten. Laufen, Stabilisation, dehnen. Das Stadion ist inzwischen gut gefüllt. Es kribbelt. Ein letztes Mal zurück in die Kabine. Die Trainer der Mannschaften stehen zum TV-Interview bereit, wir begrüßen uns kurz, wechseln ein paar Worte.

Los geht's

Die letzten Momente bis zum Spiel richten sich nach dem Zeitplan des TV-Dienstleisters Sportcast. Der Aufnahmeleiter klopft an die Tür: „Noch zwei Minuten bis Pfiff!" Mit diesem Pfiff ist nicht der Anpfiff auf dem Platz, sondern der im Kabinentrakt gemeint. Ich pfeife einmal laut, die Spieler wissen, dass sie rauskommen sollen. In manchen Stadien gibt es auch Klingeln, die diesen Pfiff ersetzen. Die Spiele am Samstagnachmittag beginnen um exakt 15.30 Uhr, die zweite Halbzeit nicht vor 16.33 Uhr – klare Vorgaben des TV. Im Spielertunnel machen sich die Einlaufkinder bereit und sind meistens ziemlich aufgeregt. Klar, sie dürfen mit den Fußballstars in ein vollbesetztes Stadion einlaufen, werden live im Fernsehen gezeigt. „Kinder, seid ihr alle da", rufe ich in die Runde – wie in der Grundschule mit dem Verkehrskasper. Die Kids sind zwischen fünf und zwölf Jahre alt, in Düsseldorf hatte ich aber sogar mal eine Dreijährige auf dem Arm. Die Kleinen wollen natürlich an der Hand eines Fußballstars ins Stadion einlaufen. Keiner träumt davon, den Schiedsrichter zu begleiten, deswegen liefere ich ihnen überzeugende Argumente: „Guck mal, du darfst den Platz als Erster betreten – mit dem Ball in der Hand! Die Spieler und die anderen Kinder kommen erst danach!" Das funktioniert immer.

Diese Momente unmittelbar vor dem Spiel sauge ich auf. Da ist kein Platz für negative Gefühle, sondern eine riesige Vorfreude.

Nach dem Münzwurf mit den beiden Kapitänen gibt es den kurzen Moment, in dem die Kamera frontal auf uns gerichtet ist, diese Sekunden nutzt der TV-Kommentator, um ein paar Worte zum Schiedsrichterteam zu sagen. Wir sind groß im Bild, das ist die Chance für einen Gruß. Gut, ich würde jetzt nicht mein Trikot hochziehen und ein T-Shirt mit der Aufschrift „Ich liebe meine Dienststelle“ präsentieren, aber ab und zu habe ich schon mal mit dem Daumen, einem Zwinkern oder einem mit den Fingern geformten Herz einen kleinen Gruß nach Hause geschickt. Abklatschen mit den Assistenten, alle auf Position, der Video-Assistent meldet sich kurz, los geht's – Anpfiff! Einmal laut und lang, der Pfiff muss kräftig und mit voller Überzeugung kommen. Auf einmal verschwinden alle herum um mich, ich habe Scheuklappen auf, nehme das Publikum kaum noch wahr, Adrenalin pur.

Halbzeit

Ich pfeife zweimal. Pause. Zeit zum Durchatmen. Ich komme in die Kabine, setze mich, trinke ein paar Schluck Wasser. Zwei Minuten lang bin ich nur für mich. Erst danach besprechen wir im Team die Eindrücke der ersten Halbzeit und geben uns gegenseitig Feedback. Abhaken, weiter geht's! Noch mal 45 Minuten plus Nachspielzeit Vollgas

Der Druck fällt ab

Nach dem Abpfiff des Spiels bin ich platt, mental leer. Im Idealfall kommen Spieler und Trainer nur zum kurzen Abklatschen – oft aber wollen sie auf dem Platz noch über einzelne Situationen sprechen.

Meine Gefühlslage hängt eng mit dem Spielverlauf zusammen. Lief es schlecht für mich, hab ich keine Lust, etwas zu essen. Früher gab es die obligatorische Currywurst mit Pommes, heute ist es professioneller, für die Mannschaften steht sportlergerechtes

Catering bereit (Hühnchen mit Nudeln zum Beispiel), davon bekommen wir dann auch etwas. Und wer doch Lust auf die Currywurst hat: Der Schiedsrichterbetreuer hilft garantiert, eine aufzutreiben.

Der Beobachter ist bereit für sein Feedback. Ich will sofort wissen, was los ist, noch bevor ich duschen gehe. Ich fange mit einer kurzen Selbsteinschätzung an, dann redet der Beobachter. Das Ganze dauert zehn bis fünfzehn Minuten. Wenn der Beobachter mit der Erstbeurteilung durch ist, ist Zeit für Gespräche mit Vereinsoffiziellen. Die Schiedsrichterkabine ist kein Sperrgebiet, da gehen am Spieltag ganz schön viele Menschen ein und aus. Mit den beteiligten Spielern und Trainern lässt sich in der Regel gut und offen reden, die ersten Emotionen sind bei allen abgefallen und anders als draußen im Mittelkreis nach dem Abpfiff beobachten uns keine Kameras mehr.

Die Fans haben das Stadion längst verlassen, die Flutlichter gehen langsam aus. Auf zum Bahnhof oder Flughafen. Feierabend.

REGELFRAGEN

9

Ein Ersatzspieler regt sich über eine Entscheidung auf und läuft auf den Platz. Er kritisiert den Schiedsrichter lautstark, der das Spiel daraufhin unterbricht. Wie geht es weiter?

KAPITEL 10

„BUNDESLIGA FÜR 72 MARK" – ARON SCHMIDHUBER ERZÄHLT

Aron Schmidhuber, Jahrgang 1947, leitete 143 Bundesligapartien, drei Europapokalfinals sowie zwei Spiele bei der Fußball-Weltmeisterschaft 1990 in Italien. 1992 wurde der Bayer Schmidhuber zum Weltschiedsrichter gekürt.

Sein Bundesligadebut feierte er im September 1980 in Uerdingen, den letzten Erstligaeinsatz hatte Schmidhuber im April 1994 in Freiburg. Nach der aktiven Karriere war er bis 2017 als Schiedsrichterbeobachter für den DFB und die UEFA unterwegs.

Herr Schmidhuber, was ist der größte Unterschied zwischen einem Bundesligaschiedsrichter im Jahr 1980 und im Jahr 2020?

Die wirtschaftlichen Rahmenbedingungen sind ganz andere. Heute können Spitzenschiedsrichter mit nationalen und internationalen Einsätzen bis zu 200 000 Euro pro Saison verdienen. Ich habe am Anfang 72 D-Mark pro Bundesligaspiel bekommen, dann viele

Jahre lang 100 Mark. Erst in meinen letzten beiden Saisons gab es 2500 Mark pro Spiel – brutto.

Wären Sie gern Profi gewesen?

Nein, ich hatte einen tollen Job im Außendienst. Ich hätte meinen Beruf niemals aufgegeben. Die Frage stellte sich gar nicht. Auch Teilzeitarbeit wäre nicht gegangen, meine Firma hätte mich vermutlich gefragt: Spinnst du?

Im Fußball gab es für mich wenig zu verdienen, dadurch fühlte ich mich komplett unabhängig. Ich war nicht auf Einkünfte aus der Schiedsrichtertätigkeit angewiesen. Heute ist es komplizierter. Die Schiedsrichter verdienen viel mehr, müssen aber mit 47 Jahren aufhören. Dann fällt auf einmal ein großer Teil des Einkommens weg. Es bleiben allerdings noch 20 Jahre bis zur Rente. Im Berufsleben muss da jeder seinen Weg finden.

Soziale Medien gab es früher nicht, Kritik natürlich schon. Wie sind Sie damit umgegangen?

Es hat mich nicht weiter gestört. Da stand dann in der Zeitung halt über mich: *Note 6! Hat das Geld nicht verdient.* Ich habe mal in Köln einem FC-Spieler die Rote Karte gezeigt. Ein Boulevardreporter fragte mich nach dem Grund. Ich antwortete: *„Der Spieler hat mich Arschloch genannt.“ „Deswegen schmeißt man ihn doch nicht vom Platz“,* sagte der Reporter, und ich erwiderte *„Dann geben Sie mir halt die Note 6 und lassen Sie mich in Ruhe.“* (lacht)

Sie galten als strenger Schiedsrichter. Wie sah Ihre Spieltaktik aus?

Ich habe direkt zu Beginn die kleinen Fouls konsequent abgepfiffen. Wenn es das Spiel zuließ, habe ich mehr Freiheiten gewährt.

Es stimmt, ich war ein strenger Schiedsrichter. Die Spieler wussten das, und ich bin damit in meiner gesamten Karriere gut gefahren.

Haben Sie viel mit den Spielern gesprochen?

Nein, eher weniger. Eigentlich nur wenn mich einer angesprochen hat oder ich ihn ermahnen musste. Viel diskutiert oder erklärt habe ich nicht. Meine Meinung war immer: Wer Fußball spielt, sollte auch die Regeln kennen. Die zu erklären, war nicht meine Aufgabe. Und meistens wollen es die Spieler ja eh nicht hören.

Sie waren nach der Karriere lange als Schiedsrichterbeobachter unterwegs. Haben Sie Ihren Nachfolgern den Tipp gegeben, ebenfalls streng zu sein?

Mit solchen Tipps habe ich mich immer zurückgehalten. Jeder sollte seinen eigenen Weg finden. Wenn jemand viel spricht und damit Erfolg hat, soll er das so machen.

Jeder hat eine andere Vorstellung und die Zeit verändert sich. Ich bin ein Kind der Nachkriegszeit und musste mich durchschlagen. Mit 17 bin ich zu Hause ausgezogen, im ersten Monat hat das Geld nicht gereicht, im zweiten dann schon. Ich wurde ganz anders geprägt als spätere Generationen. Ich bin aber trotzdem der Meinung, dass die strengeren Schiedsrichter weiter kommen.

Wie haben Sie trainiert?

Unregelmäßig. Einen Trainingsplan hatte ich nie. Ich war dreimal in der Woche laufen – zur Not morgens um sechs vor einem langen Arbeitstag. Ich habe am Tag nach Bundesligaeinsätzen meistens noch ein Kreisligaspiel in der Region gepfiffen. Das hat mehr Spaß gemacht, als allein laufen zu gehen. Mit den Fitnesstests hatte ich nie Probleme und das Laufen allein machte es eh nicht aus. Ich erinnere mich an zwei Kollegen aus Finnland und Syrien. Die sind beim Cooper-Test in zwölf Minuten 3700 Meter gelaufen und haben alle zweimal überrundet. Aber die besseren Schiedsrichter waren sie deswegen trotzdem nicht.

Ihre heutigen Schiedsrichterkollegen haben verschiedene technische Hilfsmittel. Welches davon hätten Sie gerne gehabt?

Das Funksystem ist zum Beispiel sinnvoll. Ich war in erster Linie auf Zeichen und Blicke angewiesen, um mit den Assistenten zu kommunizieren. Im großen Stadion hat die Rufe ja eh keiner gehört. Das Teamwork hat sich verbessert. Früher waren die Assistenten als Linienrichter fast nur für das Abseits zuständig, heute ist ihre Aufgabe komplexer. Allerdings sollte man als Schiedsrichter auch nicht zu viel den Assistenten überlassen.

Was halten Sie vom Video-Assistenten?

Ich finde es gut, dass Fehler durch dieses zusätzliche Instrument minimiert werden können. Mir war aber völlig klar, dass man nicht fehlerlos sein kann. Es ist halt kein 100-Meter-Lauf mit einem Zielfoto. Der Fußball ist komplexer, das sehen wir bei der Zweikampf- oder Handspielbewertung. Die Erwartungshaltung der Öffentlichkeit war einfach zu hoch.

REGELFRAGEN

10

Der Ball fliegt nach einem Freistoß hoch in den Strafraum. Ein Angreifer wird vom Verteidiger deutlich am Trikot festgehalten. Der Stürmer steht im Abseits, der Ball ist noch 15 Meter von den beiden Akteuren entfernt. Wie geht es weiter?

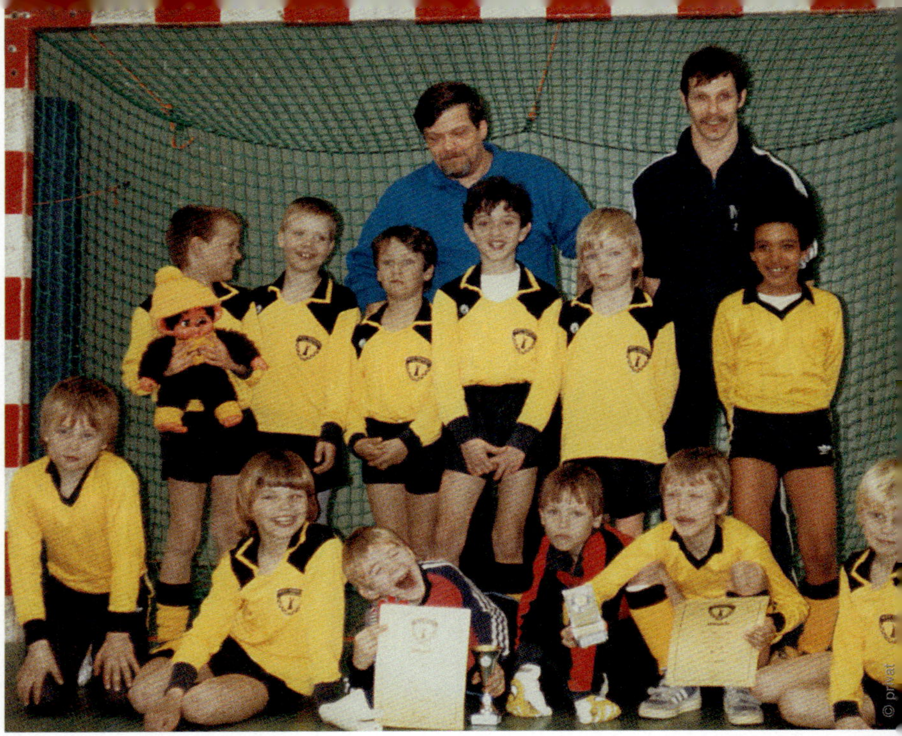

Oben: Der Mümmelmannsberger SV – mein Verein! Ich bin der zweite unten von rechts und ahne nichts von meiner Schiedsrichterkarriere. Ich wollte doch einfach nur Fußball spielen!

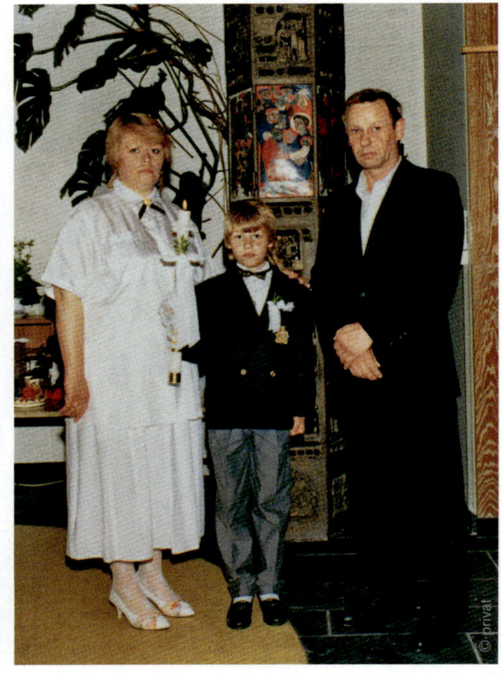

Rechts: Meinen Eltern Teresa und Günter habe ich viel zu verdanken. Ich denke oft an sie, bevor ich das Spielfeld betrete zum Beispiel.

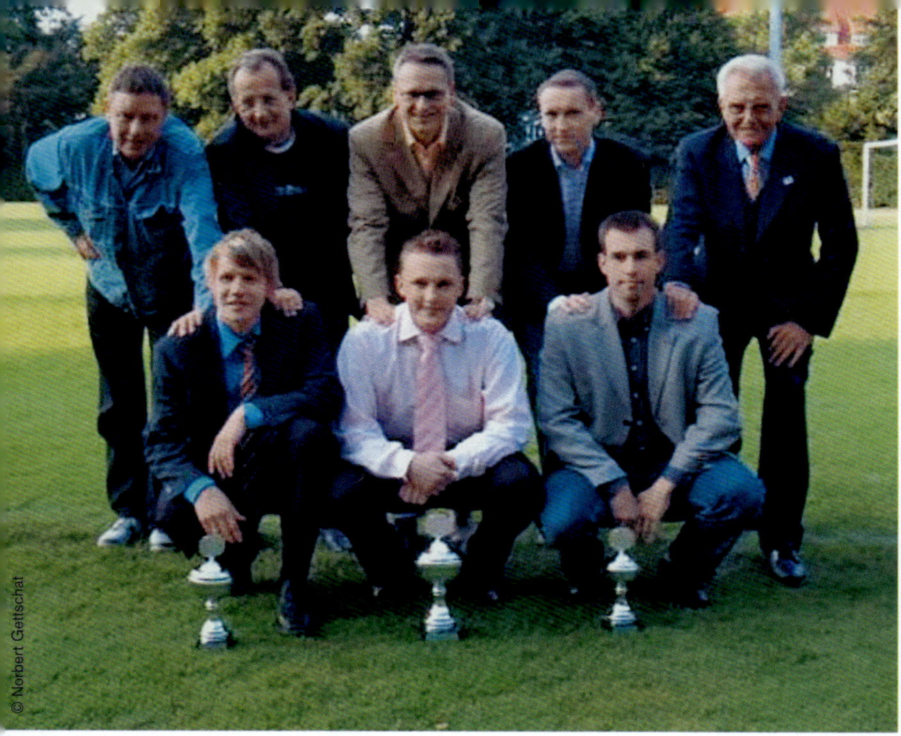

Wahl zum Hamburger Schiedsrichter des Jahres. Gewinner Sascha Thielert (unten Mitte) hat seine schönste Krawatte rausgesucht.

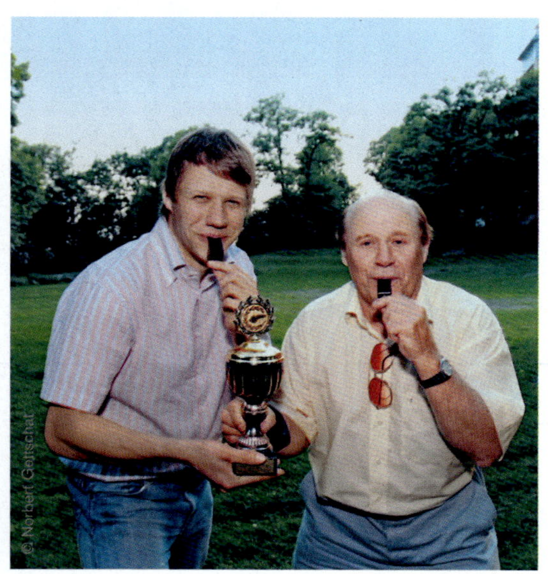

HSV-Legende Charly Dörfel überreicht mir den Pokal zum Hamburger Schiedsrichter des Jahres.

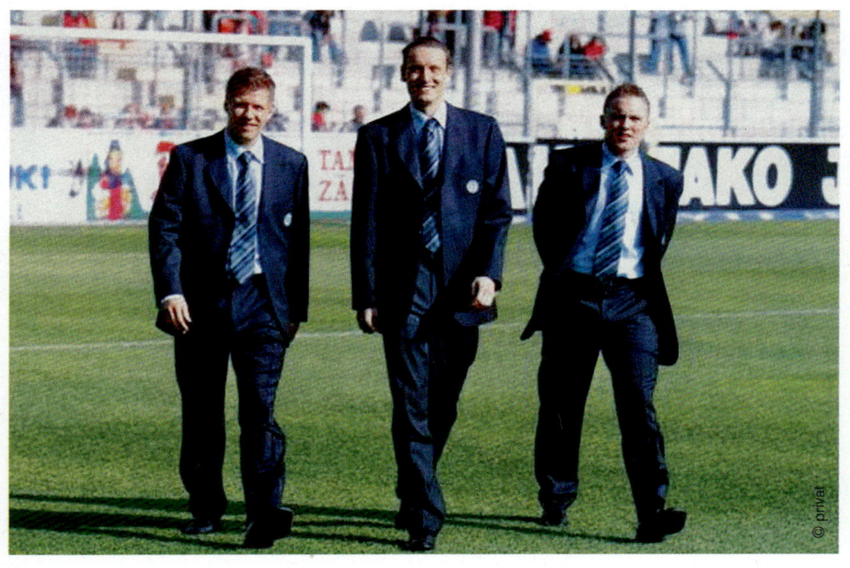

Zweitligaspiel in Freiburg. Norbert (Mitte) pfeift, Sascha und ich sind seine Assistenten. Die Anzüge sitzen!

Drei Hamburger Polizisten im Einsatz in Wuppertal – als Schiedsrichter. Mit meinen Assistenten Sebastian Born und Tobias Helwig in der Regionalliga unterwegs.

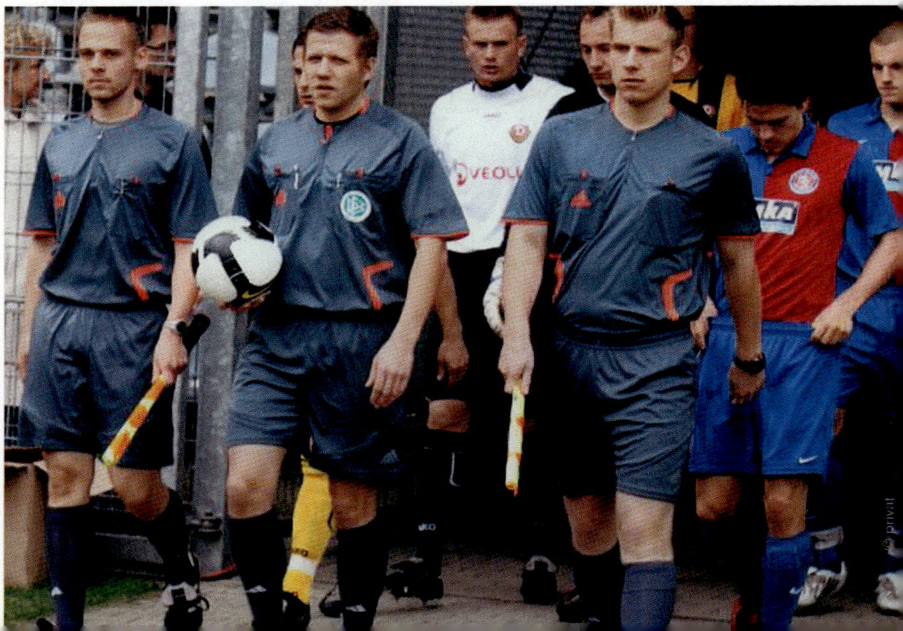

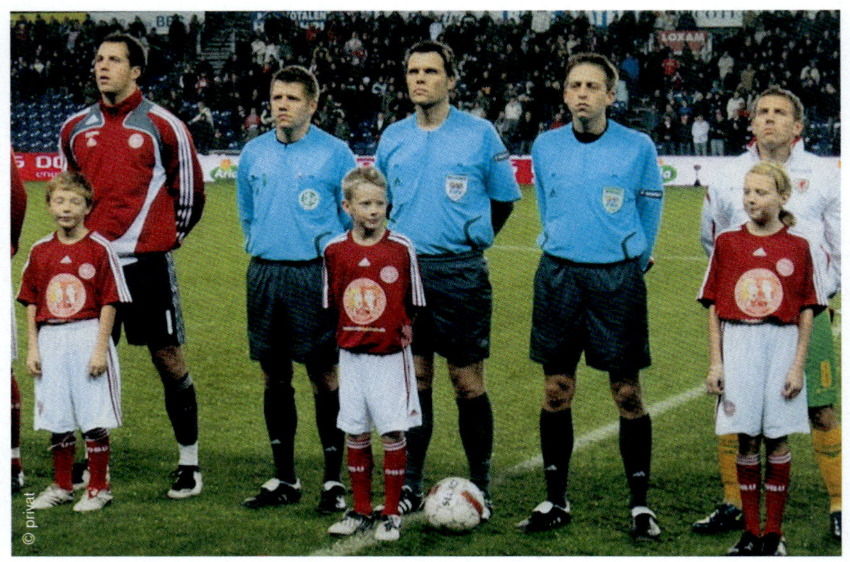

Mein erstes und einziges A-Länderspiel. Im Team von Michael Weiner 2008 in Kopenhagen beim Freundschaftsspiel.

Regenschlacht in der Regionalliga. Dortmund II gegen Union Berlin.

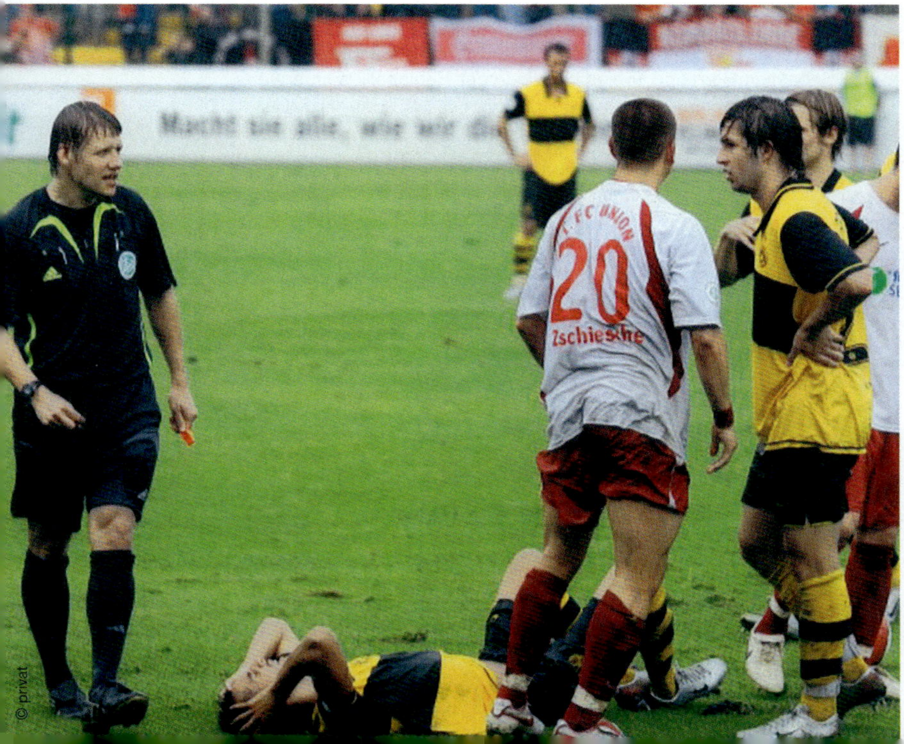

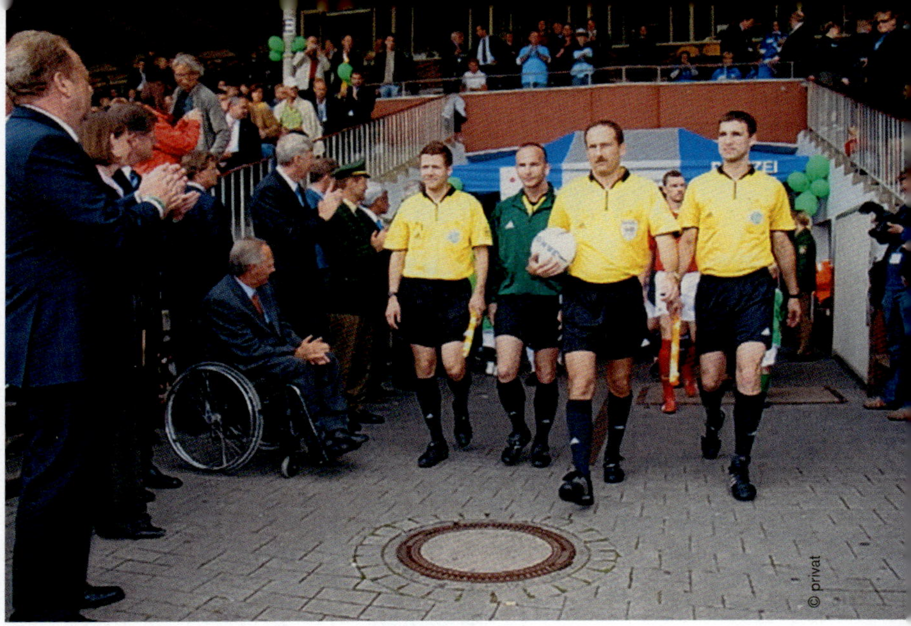

Endspiel der Europäischen Polizeimeisterschaft im Stadion Rote Erde in Dortmund, Deutschland gegen Frankreich. Ich assistiere Schiedsrichter Dietmar Drabek aus Österreich.

Dresden gegen Magdeburg – neben statt auf dem Platz. Mit meinen Kollegen aus der Hamburger Bereitschaftspolizei.

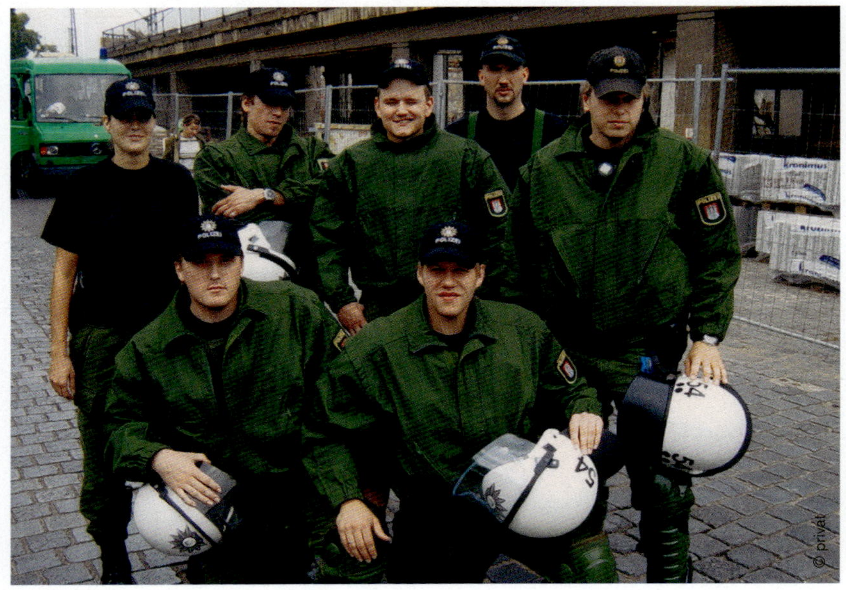

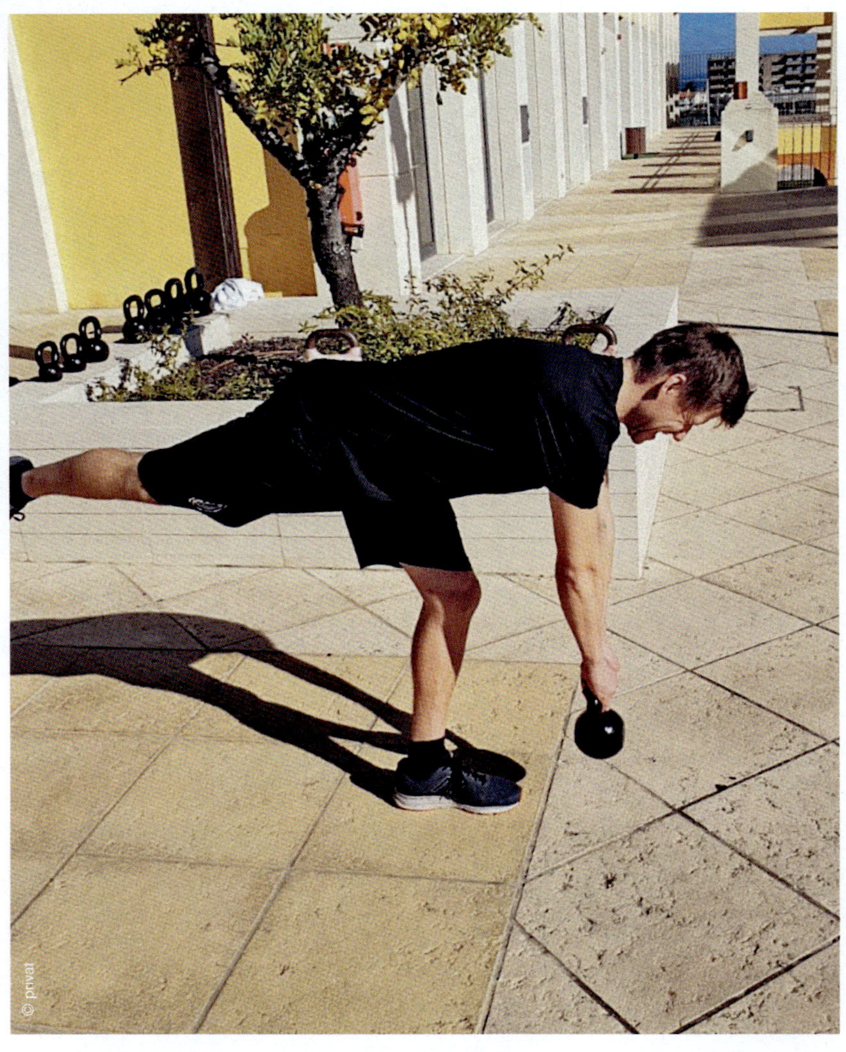

Mit Rehatraining kenne ich mich aus! Hier im Trainingslager der Schiedsrichter im Januar 2019. Ich kämpfe für mein Comeback nach der Meniskusverletzung.

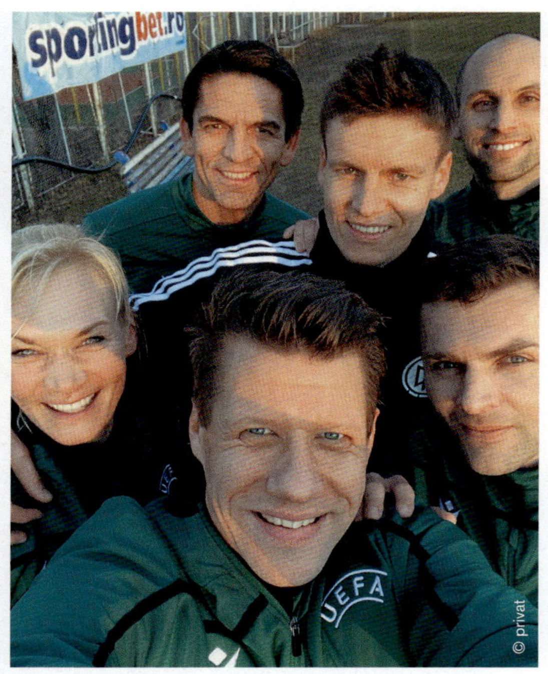

Die Reisegruppe Cluj. Europaleague in Rumänien, Deniz Aytekin pfeift, Eduard Beitinger und Dominik Schaal helfen an den Seitenlinien, ich als Vierter Offizieller. Videoassistenen sind Daniel Siebert und Bibiana Steinhaus.

Hochgefühl Einlaufen! Vorfreude pur auf das Spiel Dortmund gegen Stuttgart.

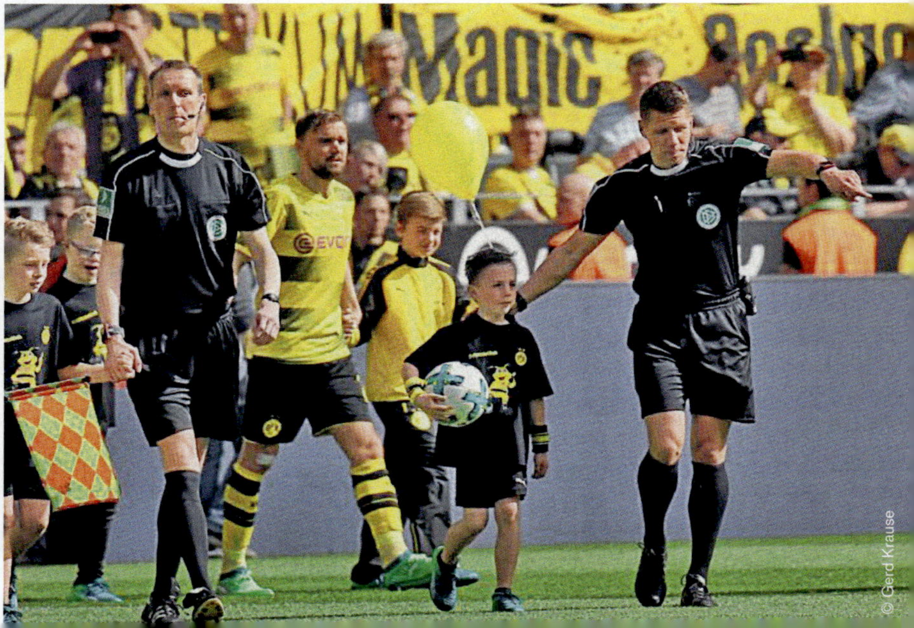

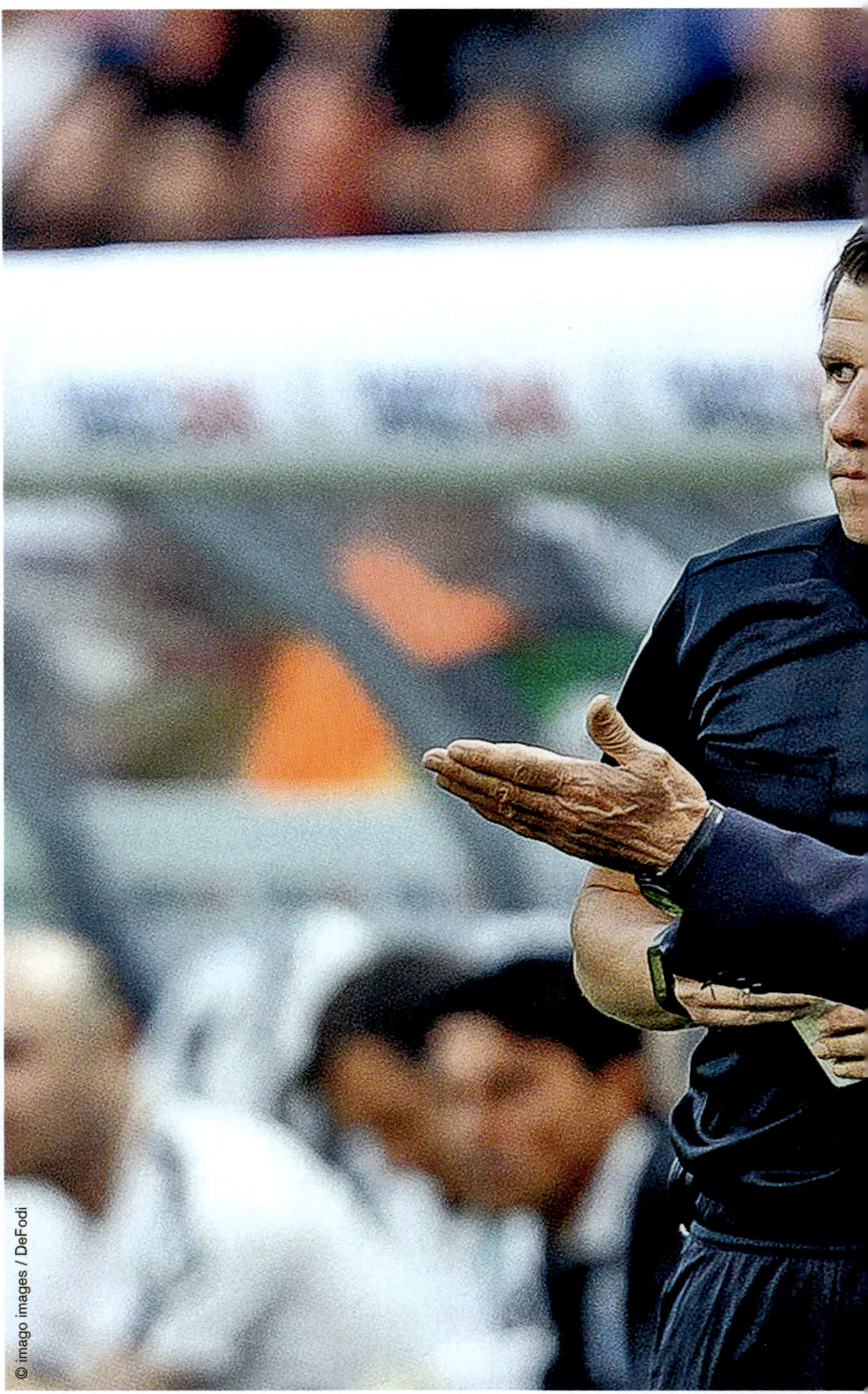

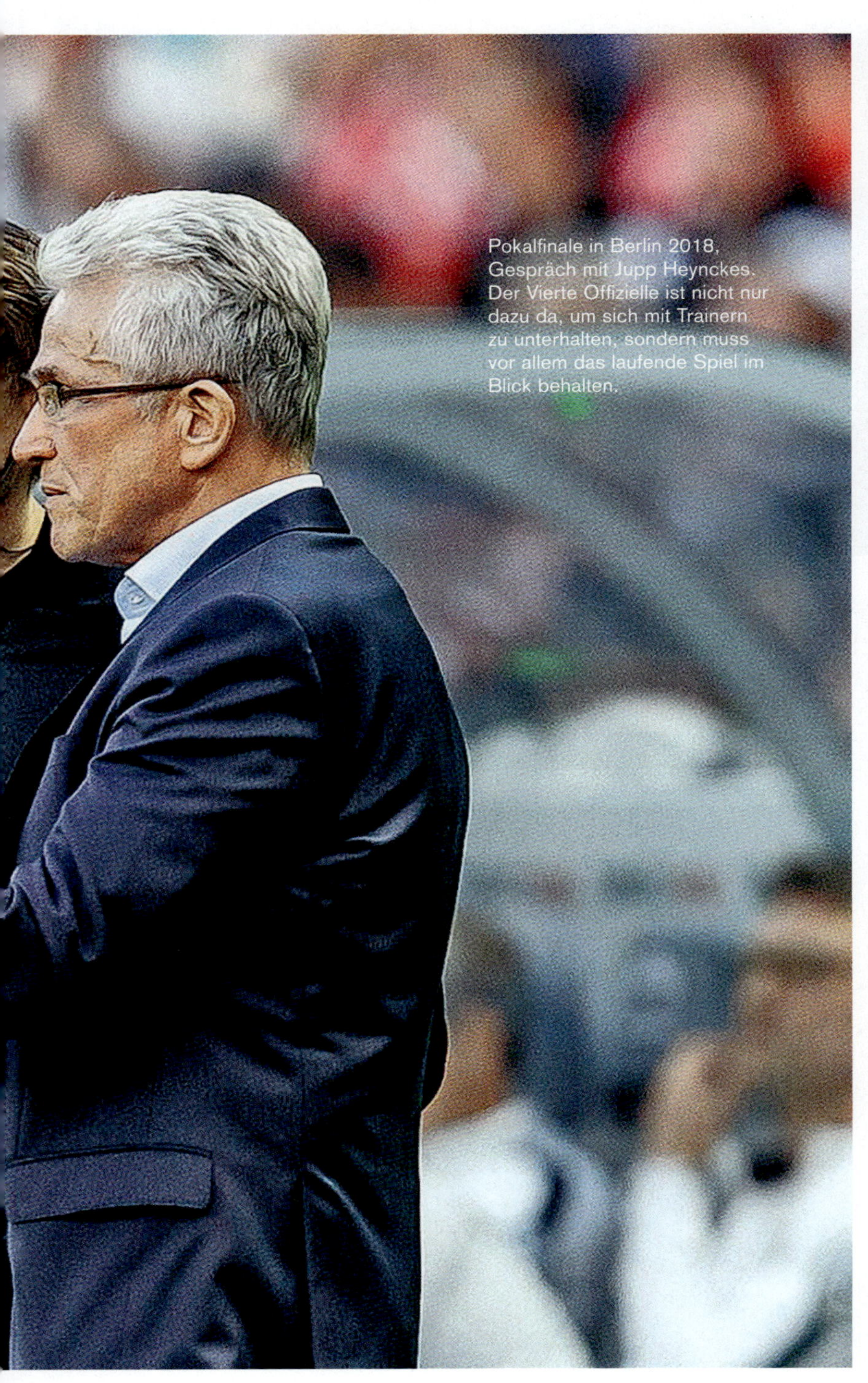

Pokalfinale in Berlin 2018, Gespräch mit Jupp Heynckes. Der Vierte Offizielle ist nicht nur dazu da, um sich mit Trainern zu unterhalten, sondern muss vor allem das laufende Spiel im Blick behalten.

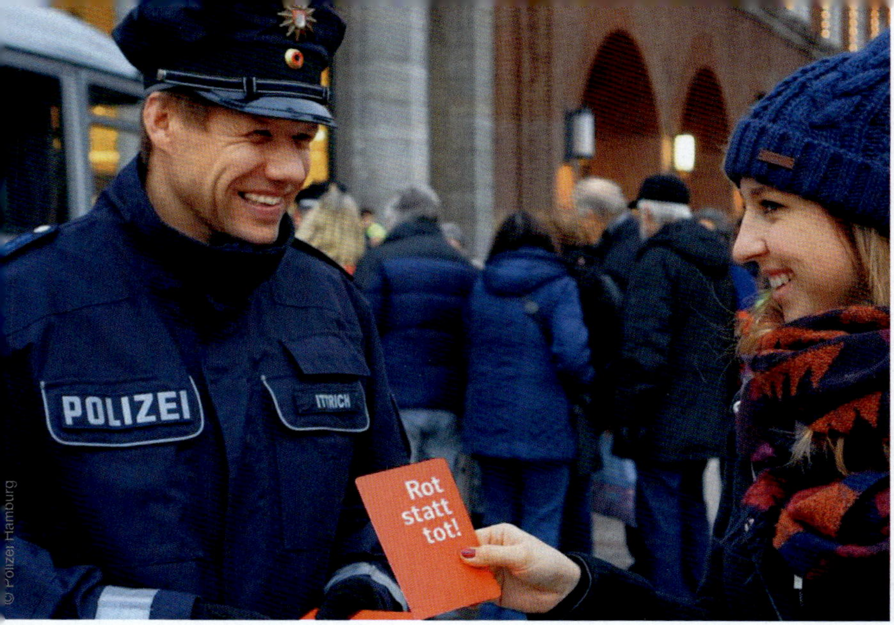

»Rot statt tot!« Aktion der Polizei Hamburg. Prävention ist für uns Verkehrslehrer die Hauptaufgabe.

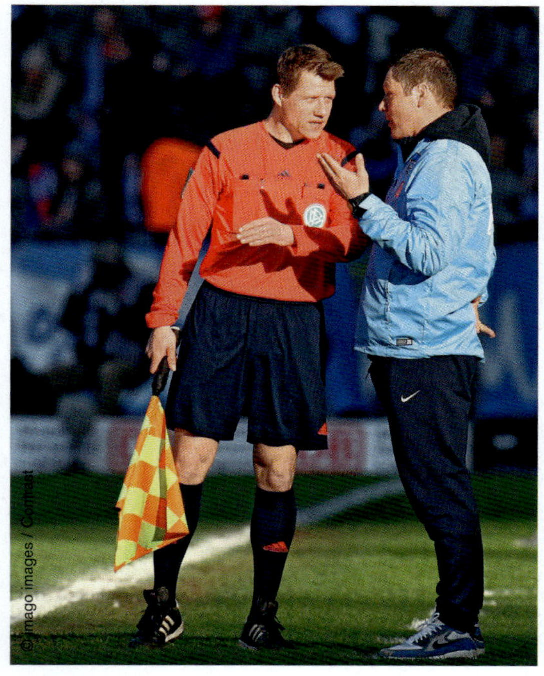

Eigentlich ist ja der Vierte Offizielle Ansprechpartner für Trainer … Acht Jahre lang bin ich in der Bundesliga als Assistent die Seitenlinie rauf und runter gelaufen, hier in Berlin bei einem kurzen Gespräch mit Trainer Pal Dardai.

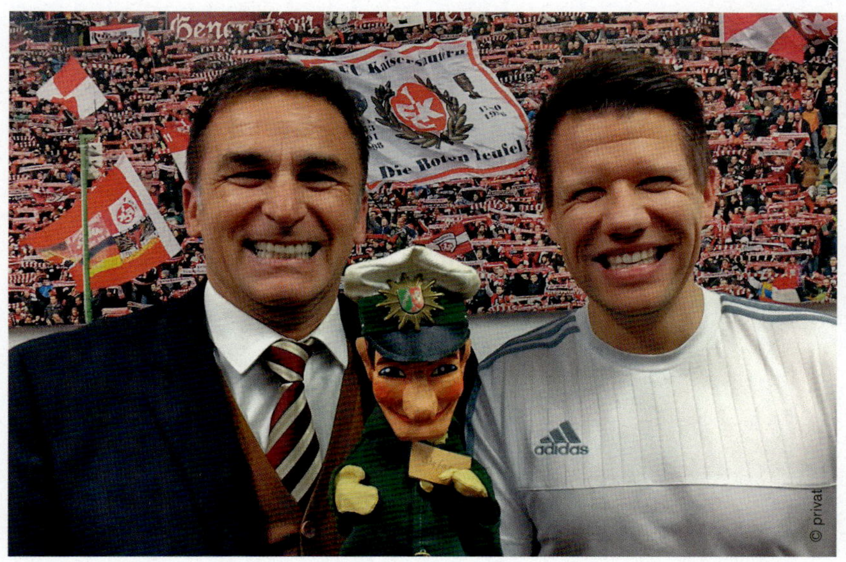

© privat

Ich bin nicht der einzige Handpuppenspieler im deutschen Profifußball. U21-Nationaltrainer und Kaiserslauternlegende Stefan Kuntz ist ebenfalls Polizist und Verkehrslehrer.

Teamwork in Köln: Sascha und ich im Einsatz als Video-Assistenten. Ohne unsere beiden Operatoren ginge nichts, sie suchen schnell die richtigen Bilder raus.

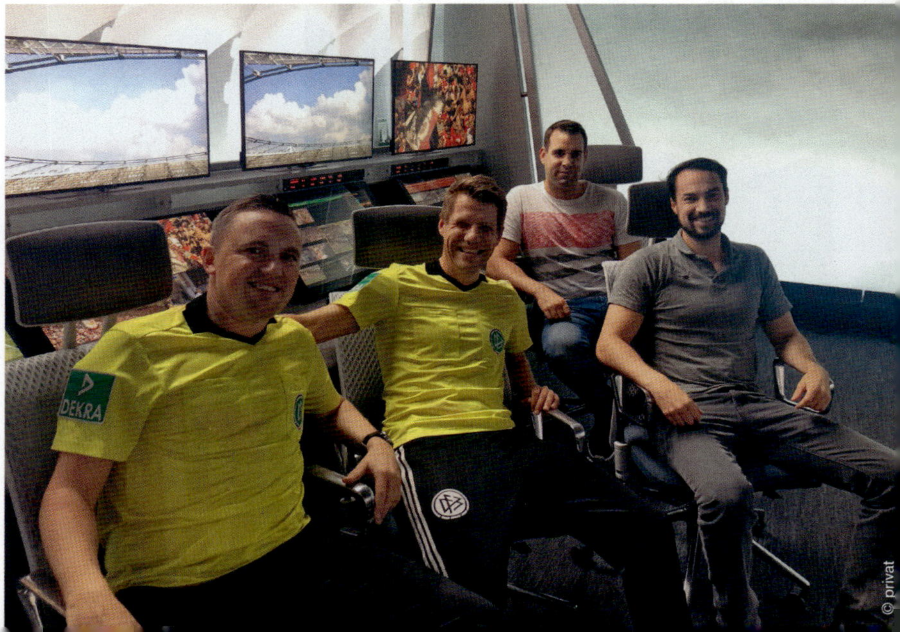

© privat

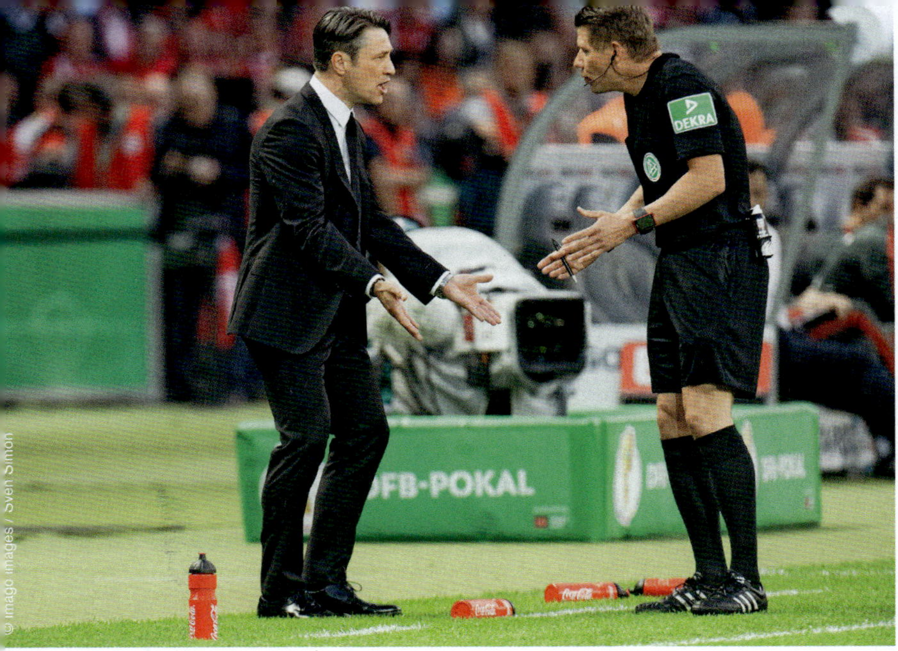

Emotionen! Aber wenn nicht im Pokalfinale, wo dann? 2018 in Berlin mit Niko Kovac.

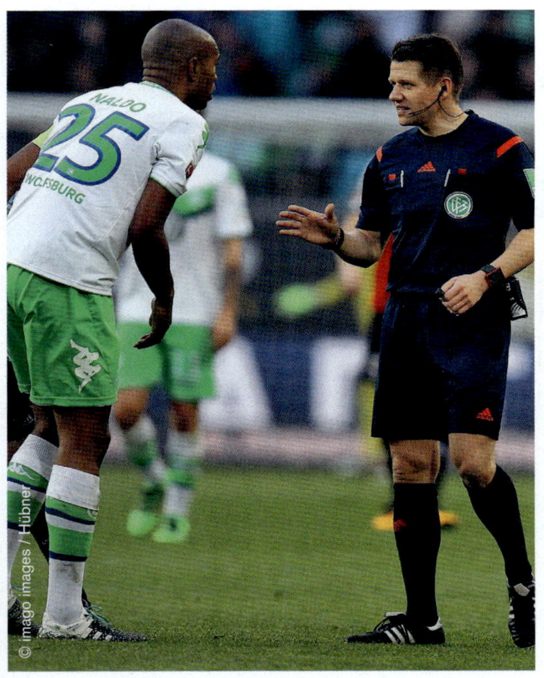

Was für ein Tag! Wolfsburg – Ingolstadt, mein erstes Bundesligaspiel als Schiedsrichter im Februar 2016. Gelbe Karten brauchte ich an diesem Tag nicht.

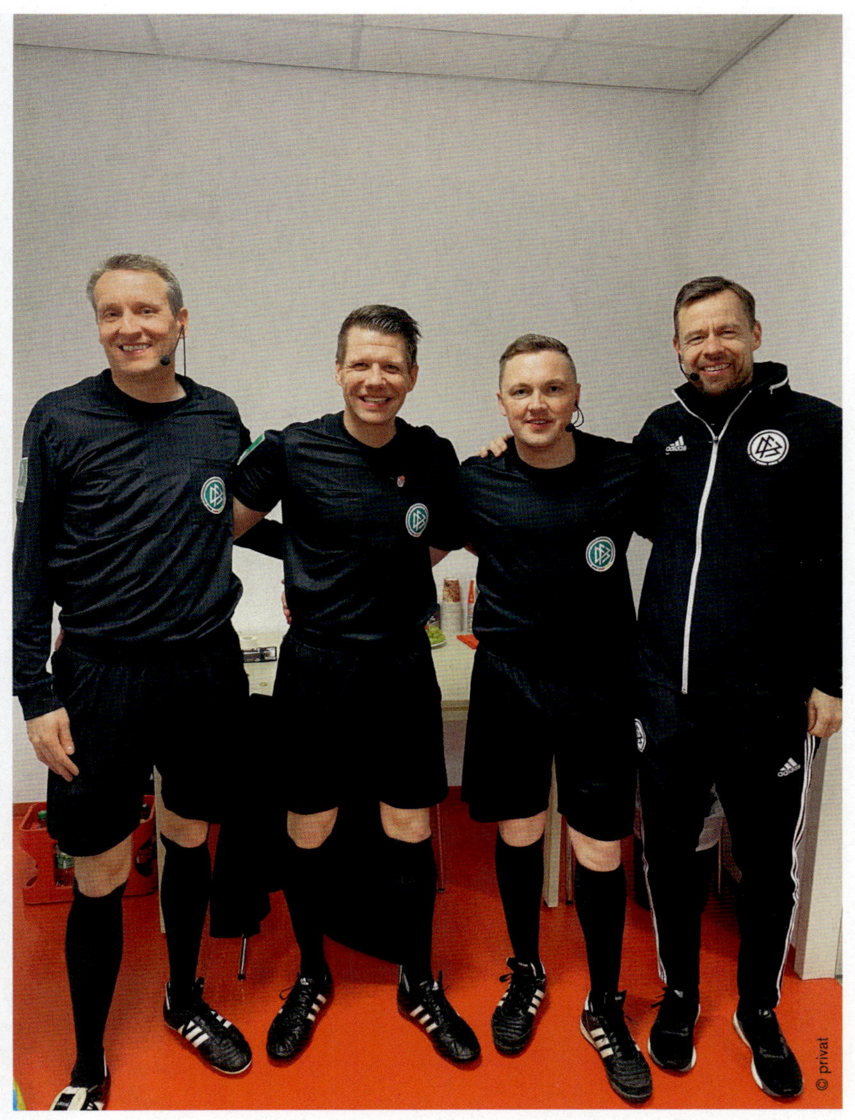

Die Schiedsrichterkabine: unser »Arbeitszimmer« im Stadion. Mit Norbert, Sascha und Markus Schmidt in Augsburg.

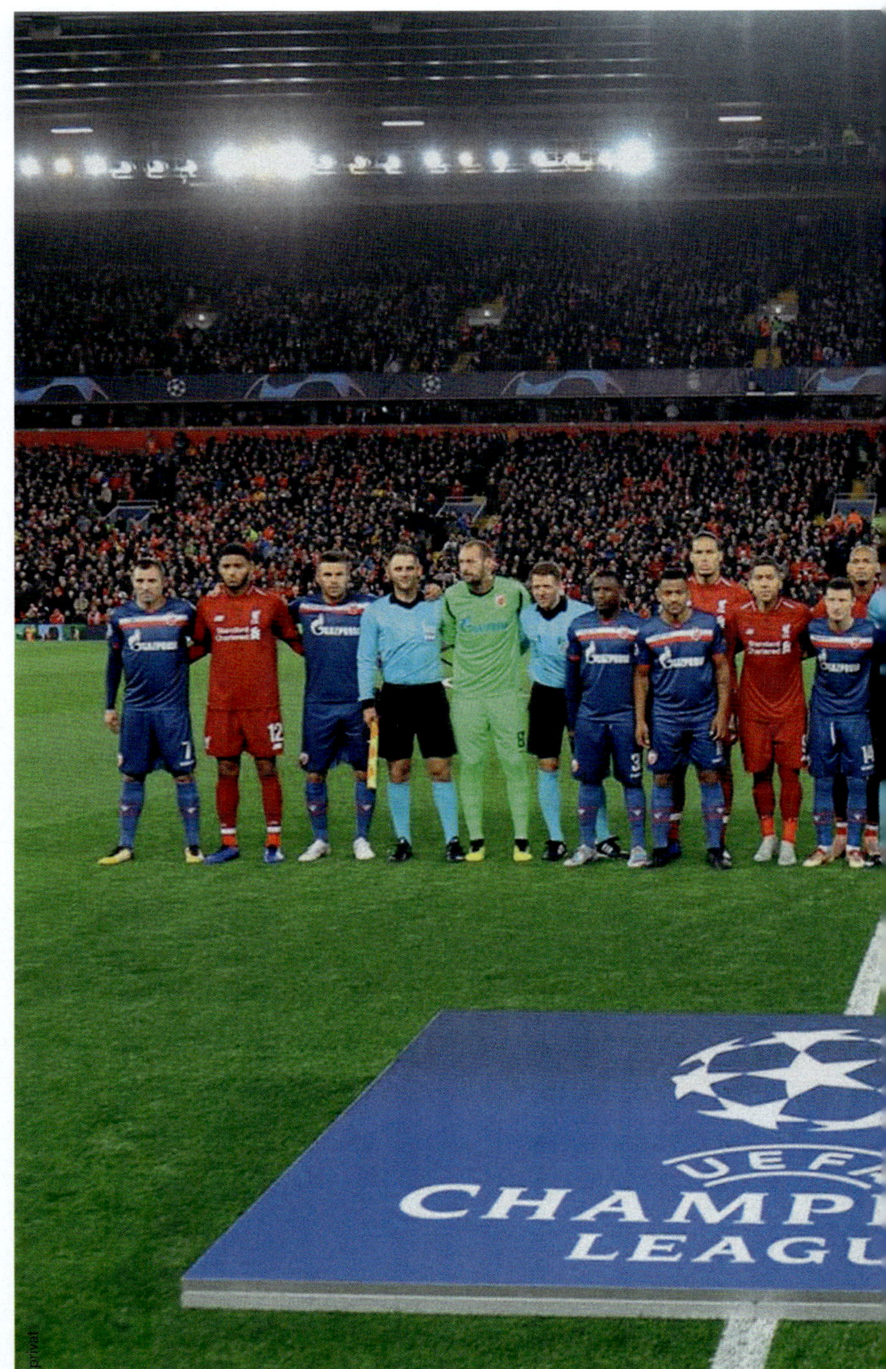
UEFA
CHAMP
LEAGU

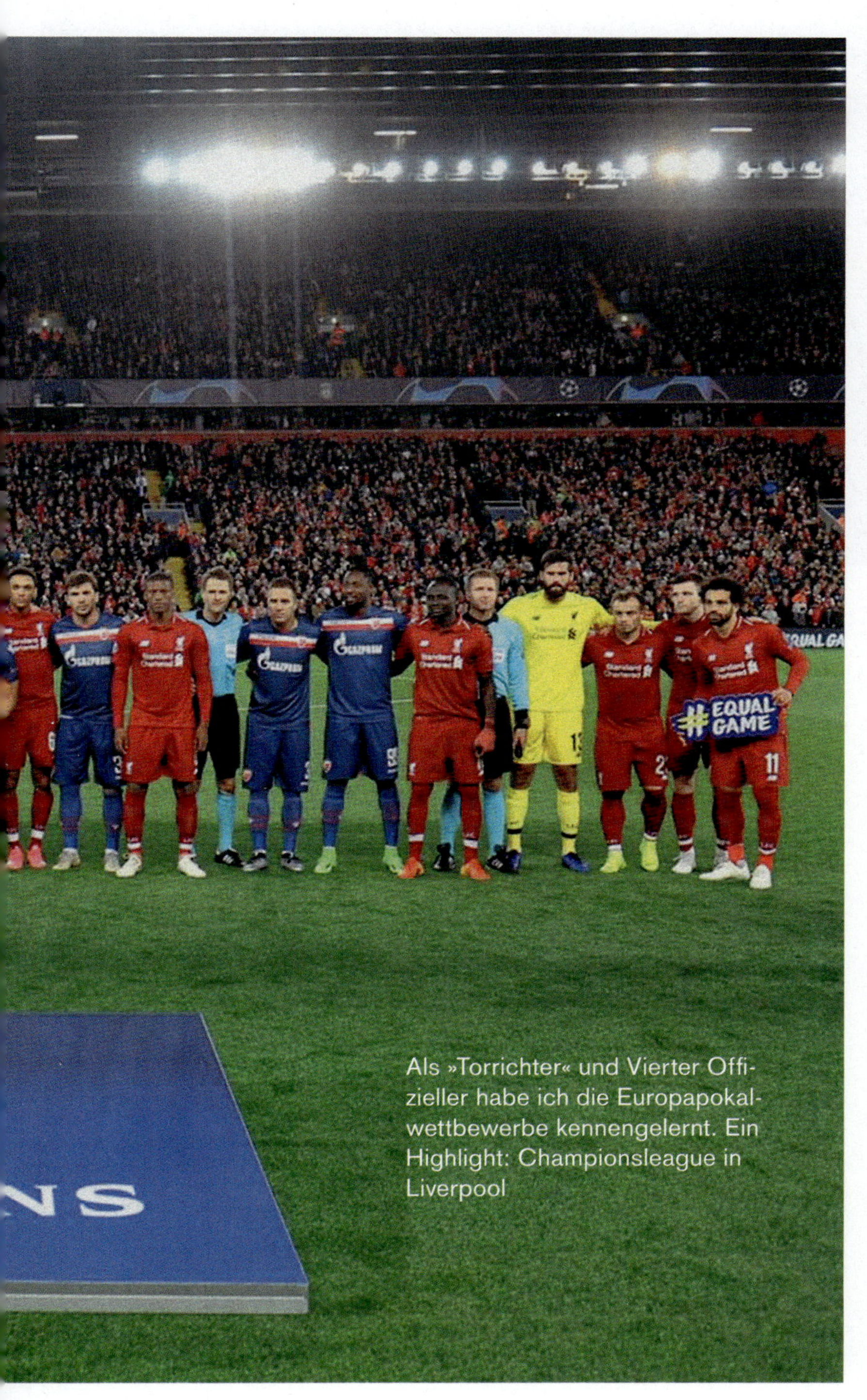

Als »Torrichter« und Vierter Offizieller habe ich die Europapokalwettbewerbe kennengelernt. Ein Highlight: Championsleague in Liverpool

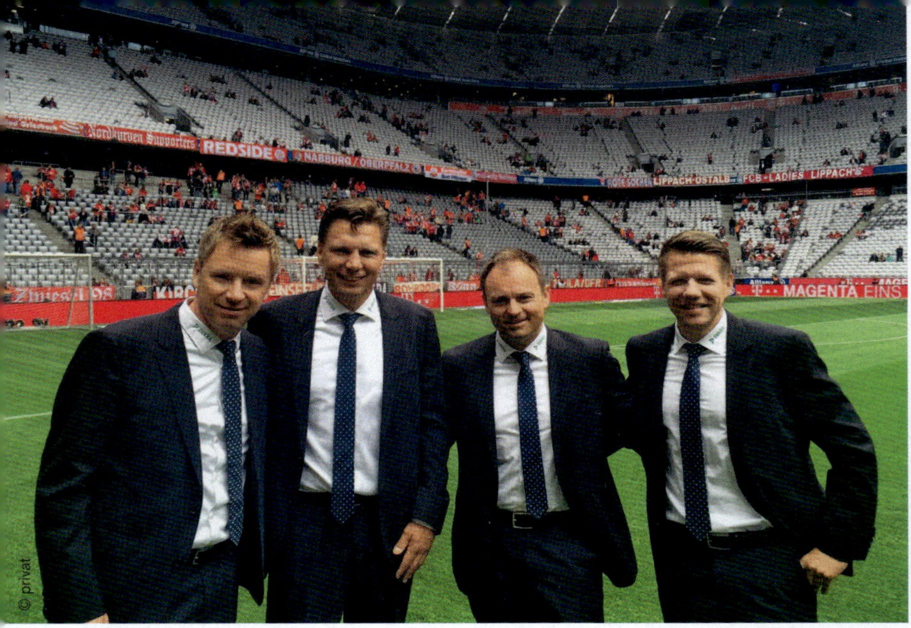

Schluss nach 213 Bundesligaspielen. Thorsten Kinhöfer beendet im Mai 2015 in München seine aktive Schiedsrichterkarriere. Toll, in seinem letzten Gespann dabei zu sein!

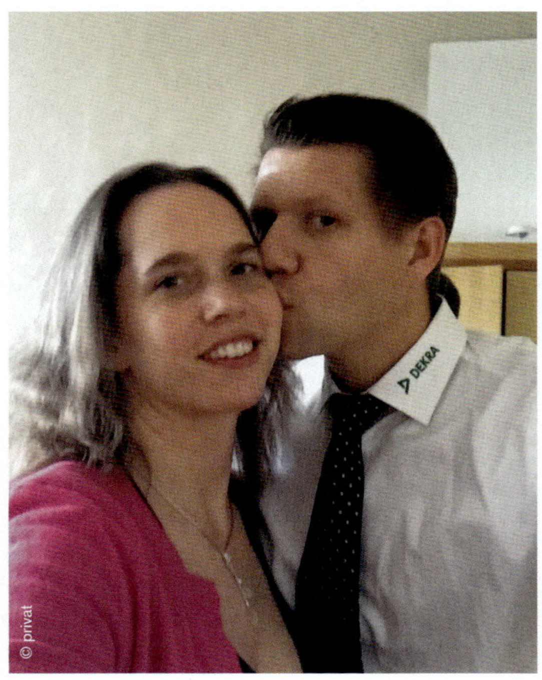

Eine der seltenen Gelegenheiten, meine Frau Sahra mit ins Stadion zu nehmen. Vor Thorsten Kinhöfers letztem Bundesligaspiel.

KAPITEL 11

FUSSBALLERSPRACHE – KOMMUNIKATION AUF DEM PLATZ

In der Einleitung habe ich von den vielen Fragen berichtet, die Menschen mir stellen. Eine, die wirklich sehr oft kommt, lautet: Wie reden Schiedsrichter und Spieler in der Bundesliga eigentlich miteinander?

Ich glaube, die Erwartungshaltung ist ein bisschen zu hoch. Klar, Fußballprofis stehen in der Öffentlichkeit, verdienen Millionen, für viele sind sie Idole, die unerreichbar auf einem eigenen Planeten zu leben scheinen. Ich erlebe sie allerdings als ganz normale Menschen – auf und neben dem Platz.

Vor einem Spiel ist immer alles sehr entspannt. Weder ignorieren mich die Spieler, noch sind sie übertrieben freundlich, um mich auf ihre Seite zu ziehen. Wir reden ganz normal miteinander, wie Kollegen im Büro, in der Kneipe oder auf dem Weihnachtsmarkt – nur halt ohne den Glühwein. Uns verbindet trotz unterschiedlicher Rollen eines sehr fest: Wir wollen raus auf den Platz, unser Bestes geben. Und jeder weiß, wie schwer es ist, wenn das nicht geht. Deshalb sind Verletzungen zum Beispiel häufiges Smalltalk-Thema vor einem Spiel. „Schön, dass du wieder fit bist!“, „Wie geht’s dem Knie?“ oder „Was macht die Schulter?“ Gespräche unter Sportlern eben. Im Kabinentrakt oder beim Aufwärmen bleibt Zeit für ein paar Worte, je näher der Anpfiff rückt, desto konzentrierter ist jeder auf seine Aufgabe.

Ein Fußballplatz ist kein geeigneter Ort für ein Rhetorikseminar. In diesem Punkt unterscheidet sich die Bundesliga erfrischend wenig von der Kreisklasse. Fußballer sprechen klar und deutlich miteinander. Es muss schnell gehen. „Könnten Sie mir bitte sagen, was ich da gerade falsch gemacht habe, Herr Ittrich? Ich verstehe das nicht“ – ein Satz, den ich jedenfalls eher selten gehört habe auf dem Platz. Genauer gesagt, eigentlich noch nie.

Ich mag das sehr und kenne es von klein auf. Schließlich habe ich selbst gespielt und sehe mich immer noch als Fußballer. Ich bin kein Außenstehender, sondern Teil des Spiels, mitten auf dem Platz. Fußballer duzen sich. Meistens jedenfalls. Ganz selten kommt es vor, dass Spieler mich „Herr Schiedsrichter“ oder „Herr Ittrich“ nennen, und wenn, dann sieze ich selbstverständlich zurück. Ein einziges Mal habe ich erlebt, dass ich einen Spieler duzte, und er mir entgegnete: „Entschuldigung, kennen wir uns?“ Das war in einer Drittligapartie und ist schon einige Jahre her. Vielleicht wollte er mich nur auflaufen lassen. Selbst wenn, damit muss ich leben. Ich antwortete: „Entschuldigung, ich dachte du wäre okay. Kein Problem, dann siezen wir uns.“

Mit den Jahren im Profifußball steigt die Akzeptanz, man sieht sich ja regelmäßig. Viele Spieler sprechen mich schlicht mit „Patrick“ an. Manchmal einfach auch nur mit „Digga!“ oder „Ey!“.

Das finde ich super, denn das gibt mir die Möglichkeit, Situationen aufzulockern. Es geht nicht um mich, sondern um das Spiel. Deswegen mag ich ja den Begriff Spielleiter so gern. Ich soll dafür sorgen, dass das Spiel bestmöglich über die Bühne geht. Das versuche ich auf meine Art und Weise. Und ich mag es halt, mit

Leuten zu sprechen. Jeder braucht eine andere Ansprache. Auf dem Fußballplatz treffen sich ganz verschiedene Menschen aus allen Nationen, auch in diesem Punkt unterscheidet sich die erste Liga erfreulicherweise nicht von der Kreisklasse. Das macht die Kommunikation so reizvoll. Es gibt kein Handbuch für Schiedsrichter, in dem steht, wie man mit Spielern redet.

Gelegentlich pfeife ich in der Hamburger Oberliga. Einmal regte sich ein Spieler mächtig über eine Entscheidung von mir auf: „Glaubst du, nur weil du Bundesliga pfeifst, kannst du hier machen, was du willst?“ Ich antwortete kurz und knapp: „Ja!“ War natürlich nicht ernst gemeint. Manchmal muss man aber auch kontern. Mich ärgerte die Frage. Niemand zwingt mich, in der Oberliga zu pfeifen. Ich mache das, weil es mir Spaß macht, ganz einfach. Und dann gehe ich mit derselben Einstellung an die Sache wie in der Bundesliga und möchte mir nicht nachsagen lassen, dass ich die Oberliga nicht ernst nehmen würde.

Mein Ziel ist es, den Spielern zu vermitteln, dass ich Spaß an meiner Aufgabe habe. Aus Spaß darf aber niemals Kumpanei werden. Ich bin der Spielleiter – das muss allen klar sein.

Bei entscheidenden Situationen wie einem Strafstoß oder einer Roten Karte will niemand einen Spruch von mir hören. Das wäre einfach unangebracht und würde nicht gerade zur Deeskalation beitragen. Manchmal bietet sich aber die Gelegenheit, mit einem Spruch Druck aus der Situation zu nehmen. Beispiel: Ein Foul in einem Zweitligaspiel direkt vor der Trainerbank, der Gefoulte landet auf dem harten Boden neben dem Feld. Trainer und Ersatzspieler springen auf und fordern die Rote Karte. Das Foul kam aber von der Seite, der Sturz auf den harten Boden war zudem unglücklich, kurz: Es sah alles viel schlimmer aus als es war. Gelbe Karte und weiter. Ich nehme den Trainer zur Seite: „Ganz ehrlich, das ist doch keine Rote Karte, und wenn ihr neben eure Bank noch ein Stück Rasen legt, tut's auch nicht so weh, wenn da einer hinfällt."

Schnell hatten sich alle beruhigt. Dieses Stilmittel funktioniert aber nicht immer, siehe mein Spiel zwischen Wolfsburg und Schalke, als ich mit dem damaligen Schalketrainer Tedesco aneinandergeriet, laut wurde und meine Hände auf seine Oberarme legte, um ihn zu beruhigen. Das war in der Situation genau die falsche Entscheidung, die gerade nicht zur Deeskalation beitrug.

In der Kommunikation geht es darum, ein Feingefühl für die Spieler zu entwickeln. Ein lockerer Spruch kommt nicht bei jedem an. Wenn ein großer, kräftiger Profi mit Schmerzen am Boden liegt, ein Kollege kommt und sich über das vermeintlich harte Foul beschwert, kann man lächelnd fragen: „Der ist doch eine richtige Maschine, wie kann der Schmerzen haben?" Wenn mein Gegenüber grinst, passt die Ansprache, frisst er mich mit seinem Blick auf, eher nicht. Viele Spieler kenne ich lange – und sie mich, wir wissen wie wir miteinander reden können. Manchmal entstehen nette Gespräche einfach so. Oft in Spielunterbrechungen, wenn beispielsweise jemand auf dem Platz behandelt werden muss. Eine der wenigen Gelegenheiten für alle Beteiligten durchzuatmen. In einer Zweitligapartie stand ich während einer solchen Unterbrechung neben Kölns Stürmer Simon Terodde. Der hatte in den Wochen zuvor Tore am Fließband geschossen. „Heute triffst du doch eh nicht mehr", sagte ich zu ihm. Seine Antwort: „Ich mach gleich noch einen!" Fünf Minuten später: Tor Köln – Terodde. Als er beim Jubeln an mir vorbeikam, grinste er mich kurz an: „Siehst du!"

Es gibt auch Spieler, die gerne reden. Spielertypen, die einen Schiedsrichter mit ihren Sprüchen über die ganze Partie richtig kaputt machen können, die immer wild gestikulieren, schreien und mit denselben Floskeln kommen – Klassikern wie „Immer wird unser Stürmer gehalten!“ oder „Schon wieder, Schiri! Alle Fünfzig-Fünfzig-Entscheidungen gegen uns heute!“ – das kann richtig nerven. Mit diesen Spielertypen hatte ich früher Probleme. Ich ließ mich zu oft emotionalisieren und vergaß, meine Linie durchzuziehen. Für einen Spruch aus dieser Kategorie gibt kein Schiedsrichter Gelb, das wissen die Profis natürlich. Es ist ein Balanceakt. Die Summe macht es. Nach wiederholten Beschwerden ermahne ich: „Nächstes Mal gibt es Gelb!“, dazu die gekreuzten Arme als deutliches Zeichen – manche Spieler brauchen diese Ansage. Bei manchen hören die Beschwerden erst nach der Gelben Karte auf.

Es gibt noch eine gemeine Art der Schiedsrichterbeeinflussung – sie wird allerdings immer seltener eingesetzt. Leise im Vorbeigehen, fast geflüstert: „Du weißt, letztes Wochenende hast du schon nicht gut gepfiffen … Heute läuft es schon wieder nicht gut für dich.“

Da hast du nur eine Möglichkeit – weghören. Karten scheiden hier als Option aus. Der Spieler schreit und gestikuliert nicht, eine Beleidigung ist es erst recht nicht.

Beleidigungen kommen im Profifußball übrigens selten vor. Ich kann mich nicht erinnern, mal einem Profi die Rote Karte gezeigt zu haben, weil er mich beleidigt hat. Eine genaue, wörtliche Definition gibt es nicht, es kommt auf die Situation an.

Wenn jemand frustriert „Ey, alles Sch …!“ ruft, ist das keine Beleidigung. Ruft er mir zu: „Du pfeifst richtig schei …“, zeige ich ihm Gelb. Er meint damit meine Art und Weise, das Spiel zu leiten. Ich habe einen Ermessensspielraum, im Gegensatz zu: „Du bist echt sch …!“ Damit werde ich persönlich angegriffen, also Rot. Kommt wie gesagt selten vor. Eher taucht der „Vogel“ auf, also das Tippen mit dem Zeigefinger gegen die eigene Stirn. Auch dafür gibt es Rot.

In Deutschland spielen Profis aus der ganzen Welt, neben Deutsch braucht man also auch ein bisschen Englisch. „Enough.

Don't talk all the time, play football!" versteht jeder. Meine Eltern kamen aus Polen nach Hamburg, bei uns zu Hause wurden zwei Sprachen gesprochen, mit polnischen Spielern kann ich also auch in deren Landessprache sprechen. Auch das kann manchmal helfen, eine Diskussion zu beruhigen. Ab und zu bietet sich auch die Gelegenheit, einer Diskussion elegant aus dem Weg zu gehen. Wenn ich auf Abstoß entscheide und der Torwart diesen schnell ausführt zum Beispiel. Einem Spieler, der statt Abstoß den Eckball wollte und nun auf mich zuläuft, um zu diskutieren, kann ich einfach ausweichen. Das Spiel läuft schließlich bereits weiter. Keine Zeit für Gespräche.

Was mich immer gestört hat, sind die „Gruppenbeschwerden". Alle auf den Schiedsrichter, im Regeltext als „mobbing the referee" bezeichnet. Vier, fünf Spieler stehen mit ausgebreiteten Armen vor einem, schreien und bedrängen einen. Wenn sich einer beschwert, der aus kurzer Distanz gesehen hat, wie sein Teamkollege böse gefoult wurde, kann ich die Aufregung noch nachvollziehen. Aber in den letzten Jahren ist das „Mobbing" ausgeufert. Inzwischen kommen immer öfter Spieler quer über den Platz angerannt, die überhaupt nichts gesehen haben. Trotzdem belagern sie mit ihren Teamkollegen den Schiedsrichter. Längst geht es nicht mehr nur um spielentscheidende Situationen. Überall auf dem Platz können vermeintlich harmlose Fouls große Emotionen auslösen. Die Entwicklung in den vergangenen Jahren ist definitiv in die falsche Richtung gegangen. Das gilt auch für Trainer, Betreuer und Ersatzspieler. Sie springen teilweise bei Einwurfentscheidungen auf, als wäre gerade das Championsleaguefinale durch einen Strafstoßpfiff in der letzten Minute entschieden worden. Das nervt mich.

Seit dem Rückrundenbeginn der Saison 2019/2020 gibt es für Unsportlichkeiten dieser Art schneller Gelbe Karten, was ich richtig gut finde. Wir Schiedsrichter haben im Wintertrainingslager gemeinsam mit der sportlichen Leitung besprochen, die Regel strenger auszulegen als bisher – Bedrängen des Schiedsrichters war schon immer unsportlich, wir haben aber jahrelang zu viel durchgehen lassen. Die schlechten Verhaltensweisen wurden geduldet, weil sie zum Fußball vermeintlich dazugehörten.

Nun haben wir eine Riesenchance, den Umgang miteinander zu verbessern. Und das geht natürlich nur, wenn alle Schiedsrichter an einem Strang ziehen und Fehlverhalten konsequent ahnden und nicht ein einzelner anfängt, das Regelwerk strenger anzuwenden. Die ersten Karten nach der neuen Auslegung sorgten für große Diskussionen. Ich habe relativ schnell bemerkt, dass die Spieler sich nun mehr zusammenreißen. Es bleibt ihnen nichts anderes übrig. Wir reden hier über einen Kulturwandel, völlig klar, dass nicht alle jubeln, wenn jahrelang akzeptiertes Verhalten plötzlich strenger bestraft wird. Je mehr Zeit vergeht, desto normaler wird die neue Direktive, davon bin ich überzeugt. „Aber das geht doch auf Kosten der Emotionen!“, hört man oft als Gegenargument. Lasse ich so nicht gelten. Emotionen sind doch kein Freifahrtschein für Fehlverhalten!

Es ist eine echte Herausforderung, ruhig zu bleiben, wenn man bedrängt wird. Zurückschreien ist keine Lösung, wenn auch menschlich. Manchmal muss es einfach raus: „Ich hab die Schnauze voll von eurer Schreierei!“ Besonders interessant ist es, wenn die Spieler dann verdutzt reagieren: „Warum schreist du mich an?“ Emotionale Fußballer dürfen das, Schiedsrichter nicht? Aber klar, die Situation lässt sich souveräner lösen.

Das Wichtigste: stehen bleiben, sich von der aufgebrachten Menge nicht über den Platz treiben lassen. Klingt einfach, ist sehr schwer. Vor allem im Amateurbereich. In der Bundesliga ist es leichter, stehen zu bleiben, die Situation fühlt sich nicht so bedrohlich an. Die Wahrscheinlichkeit ist sehr gering, von einem Spieler umgerannt – oder im schlimmsten Fall geschlagen – zu werden. Klar, theoretisch können auch einem Profi vor einem Millionenpublikum die Sicherungen durchbrennen, aber ein tätlicher Angriff auf den Schiedsrichter ist in der Bundesliga sehr schwer vorstellbar.

Also, stehen bleiben – entweder frontal vor den Spielern, mit ausgestreckten Armen, um Distanz aufzubauen, dazu die Ansage: „Alle weg! Entscheidung steht!“, oder umdrehen, den Rücken zeigen als klares Signal: Ich will mit niemandem reden.

Bei wilden Rufen von allen Seiten ist es das Beste, das erste Gewitter abzuwarten. Einmal tief durchatmen. Die Situation beruhigt sich meistens schnell, dann bleiben noch ein, zwei Spieler übrig, die die Entscheidung genau erklärt haben wollen. Was ich meistens tue und mir gerne mal das Kommando „Nicht labern!“ von meinen Assistenten ins Headset einhandelt. Mitunter zu Recht. Manchmal müssen Fußballer Entscheidungen eben einfach hinnehmen. Das ist leicht gesagt. Ich bin ein kommunikativer Typ, das ist einfach meine Art. Zudem kam ich als Fußballspieler früher am besten mit Schiedsrichtern zurecht, die klar zu ihren Entscheidungen standen, aber trotzdem ein Lächeln und einen Spruch parat hatten. Denen habe ich abgenommen, was sie taten. Sie waren mir lieber als die Unparteiischen, die alles abgebügelt haben und nicht mit sich reden ließen.

Manchmal will ich zu viel erklären. Bei Freistößen in Nähe zu den Trainerbänken zum Beispiel. Ein Coach ruft mir etwas zu, will über die Szene reden. Oft denke ich, es wäre gut für meine Spielleitung, rauszugehen und mit dem Trainer zu sprechen. Das kann die Situation beruhigen, Verständnis und Akzeptanz schaffen – hält aber auch auf. Ein guter Moment für den Vierten Offiziellen sich in die Kommunikation einzuschalten: „Patrick, konzentrier dich auf das Spiel, ich mach das hier draußen schon.“

Ich überprüfe mein Verhalten permanent. Vor allem das Feedback meiner Assistenten ist mir wichtig, auch von denen, die nicht so oft mit mir unterwegs sind (in der zweiten und dritten Liga habe ich ja wechselnde Teams). Ich bitte um Rückmeldungen, in Maßen während des laufenden Spiels, ausführlicher dann in der Halbzeit. Am längsten kennen mich natürlich Norbert und Sascha, meine Bundesligaassistenten. Sie können am besten einordnen, was zu meiner Art passt und wann es zu viel wird. Das gilt auch für die nonverbale Kommunikation auf dem Platz. Die Körpersprache ist ein ganz wichtiges Thema, sie verändert sich über die Jahre. Im Idealfall verbessert sie sich, zunehmende Erfahrung führt zu mehr Souveränität. Grundsätzlich gilt: weniger ist mehr. Ich bin zwar ein gestenreicher Schiedsrichter, habe mir aber gewisse Dinge abgewöhnt. Früher habe ich gelegentlich mit dem ausgestreckten Zeigefinger auf einzelne Spieler gedeutet, um zu unterstreichen: Du warst es, ich habe es genau gesehen! Diese Geste finde ich nicht mehr souverän, da von oben herab. Mit anderen Gesten kann man sich das Leben sogar selbst schwer machen. Wenn ich bei einem kniffligen Zweikampf der Meinung bin, dass der Ball gespielt wurde, es also kein Foul war, kann ich mit beiden Händen den Ball nachzeichnen. Als Symbol für alle auf dem Platz, im Stadion und am TV: Der Schiedsrichter sagt, der Ball wurde gespielt. Wenn die Zeitlupe aber das Gegenteil beweist, ist meine Fehleinschätzung offensichtlich. Besser ist, einfach nicht zu pfeifen, ohne Geste. Selbst wenn der Ball nicht gespielt wurde, muss es ja noch lange kein klares Foul sein. Schwierig ist es auch, einen Spieler herbeizuzitieren. Er steht zehn, fünfzehn Meter entfernt, ich will ihm aber noch was sagen und winke ihn heran. Was aber, wenn er nicht kommt? Jeder kann sehen, dass er meiner Aufforderung nicht folgt, und das sieht einfach schlecht aus. Andererseits darf ich dem Spieler keinesfalls hinterherlaufen, das wäre ein Autoritätsverlust. Hier muss man einen Mittelweg finden und im Idealfall aufeinander zugehen. Noch ein Beispiel für die nonverbale Kommunikation: die letzte Ermahnung. Wenn ich einem Spieler signalisieren möchte, dass er beim nächsten Foul die Gelb-Rote Karte sieht, kann ich das mit dem ausgestreckten Daumen tun, für alle sichtbar. Einmal noch, dann ist Schluss. Eine Geste, die ich mir gut überlegen muss, denn daran werde ich gemessen. Ich schränke meinen eigenen Ermessensspielraum ein, weil beim nächsten Foul alle erwarten, dass ich den Spieler vom Platz schicke.

Das Wichtigste für mich ist der gegenseitige Respekt. Bei der Begrüßung der Trainer und Manager kurz vor dem Spiel zum Beispiel. Einige von ihnen kenne ich seit vielen Jahren. Denen gebe ich nicht förmlich die Hand, sondern wir klatschen ab, wie es gute Bekannte tun. Andere Trainer sind ganz neu in der Bundesliga, ich habe sie nie zuvor persönlich getroffen. Also Handschlag: „Guten Tag, Patrick Ittrich mein Name. Wie geht's?" Wichtig ist es, authentisch zu bleiben. Es gibt junge Bundesligamanager, die habe ich etliche Male auf dem Platz getroffen in ihrer aktiven Karriere. Und jemandem, mit dem ich jahrelang klar und deutlich gesprochen habe, soll ich nun förmlich die Hand geben, nur weil er inzwischen Manager geworden ist? Funktioniert nicht. Mein Gegenüber würde sich denken: „Was soll das? Wieso verstellt der sich jetzt?"

Die Kommunikation über das Headset wird mitgeschnitten. Warum wird das nicht einfach veröffentlicht, wäre doch total interessant? Ich habe nichts zu verbergen, bin aber trotzdem dagegen. Die Fans bekämen zwar einen interessanten Einblick, der wäre allerdings sehr einseitig. Man würde nur mich hören, ich habe schließlich das Mikro vor dem Mund. Die Rufe der Spieler sind nur in Ausnahmefällen zu verstehen, wenn einer aus nächster

Nähe schreit zum Beispiel. Ansonsten hört man da vor allem abgehackte Wortfetzen. Was bringt den Fans eine Konversation, in der man nur eine Seite zu hören bekommt? Nicht viel, finde ich.

Ich habe das Ohrstück des Headsets übrigens im linken Ohr, wenn also jemand von links schreit, verstehe ich die Worte meistens gar nicht. Auch so eine Situation, die sich gelegentlich für einen deeskalierenden Spruch anbietet: „Besser ins andere Ohr schreien, hier höre ich nichts."

Noch mal: Das Spiel steht im Vordergrund, es geht nicht darum, einen Spruch nach dem anderen abzufeuern. Ich will mit meiner Art dazu beitragen, dass das Spiel bestmöglich über die Bühne geht. „Mit dem kannst du reden, er weiß aber wann Schluss ist" – das wäre aus Spielersicht das größte Lob für mich.

Ich rede halt gerne mit Menschen, das war immer so und das wird auch so bleiben.

REGELFRAGEN

11

Kurz vor Schluss erzielt der Stürmer ein Tor und klettert euphorisch auf den Zaun, um mit den Fans zu jubeln. Dafür bekommt er die Gelbe Karte. Der Video-Assistent greift ein, der Stürmer stand vor dem Tor im Abseits, der Schiedsrichter nimmt den Treffer zurück. Bleibt die Gelbe Karte bestehen?

KAPITEL 12

BEWERTUNG – UMGANG MIT KRITIK

Ich werde an jedem Wochenende bewertet. Von Spielern, Trainern, Managern und Fans im Stadion, von Journalisten, von anonymen Menschen im Internet und von meinen Beobachtern und Coaches im Schiedsrichterwesen. Ich habe also mit völlig verschiedenen Arten des Feedbacks zu tun. Von unsachlichen Pöbeleien bis hin zu fundierten Verbesserungsvorschlägen ist alles dabei. Das sauber voneinander zu trennen, ohne dabei unnötige Energie zu verschwenden, ist gar nicht so einfach.

Die lauteste Form der Beurteilung ist die pfeifende Menschenmenge im Stadion. Im schlimmsten Fall kommen nach Abpfiff die Ordner, spannen Regenschirme über mir und den Assistenten auf – zum Schutz vor Wurfgeschossen – und wir verschwinden so schnell wie möglich in der Kabine. Kommt zwar zum Glück selten vor, aber erlebt hat das jeder schon mal, der regelmäßig in stimmungsvollen Stadien Spiele leitet.

Ich habe mit den Jahren gelernt, eine pfeifende Menschenmenge im Stadion auszublenden. Das ist gar nicht so schwer, wie man vielleicht glauben mag. Viel schwerer fällt es, einzelne Pöbler zu ignorieren.

Die folgende Szene hätte sich in jedem Stadion abspielen können. Ich nenne den Spielort bewusst nicht, ich will nicht den Eindruck vermitteln, es handele sich um ein ortsspezifisches Phänomen.

Nach dem Abpfiff einer Bundesligapartie strömen Endorphine durch meinen Körper, zumal, wenn alles ideal gelaufen ist. In diesem Fall war dies mein Eindruck. Ich ging zufrieden vom Platz, als ich kurz vor dem Tunnel zu den Kabinen einen älteren Mann wahrnahm. Er stand ganz vorne auf der Haupttribüne und schrie mich an. „So eine schlechte Leistung hab ich hier noch nie gesehen von einem Schiedsrichter! Du hast vielleicht eine Sch … gepfiffen, unmöglich! Wie kannst du nur!"

Ich blieb direkt vor ihm stehen. „Entschuldigen Sie, ich habe mal eine Frage." Mein Gegenüber guckte mich völlig perplex an, damit hatte er überhaupt nicht gerechnet. „Können Sie mir eine Szene nennen, in der ich heute voll daneben lag oder Ihren Verein benachteiligt habe?" Stille. Dann fuhr er wieder hoch, schrie weiter: „Das kann man ja so nicht genau sagen, das war grundsätzlich Mist!" „Und was war jetzt grundsätzlich so?" Mein Assistent Sascha zog mich schon am Trikotärmel, er wusste, dass dies hier kein konstruktives Analysegespräch mehr werden würde. Manche Menschen erwerben mit der Eintrittskarte das Recht, im Stadion zu pöbeln, ihren Frust abzubauen. Das ist übrigens keinesfalls nur in den Fankurven hinter dem Tor so, Beschimpfungen kommen genauso auch von den teuren Plätzen.

Ich weiß, dass im Fußballstadion gepöbelt wird. Ich weiß, dass es emotional zugeht. Ich weiß, dass ich daran nichts ändern werde. Aber ich habe einfach keine Lust, mir alles gefallen zu lassen. Der Herr auf der Haupttribüne und ich fanden an dem Tag jedenfalls nicht mehr zueinander.

Bei einem anderen Spiel stand ich als Vierter Offizieller vor der Haupttribüne, als ich laut und deutlich „Mach mal die Augen auf!“ hörte. Ich drehte mich kurz um, sah den Mann, der gerufen hatte. Nach dem Abpfiff ging ich hin: „Was war denn das eben?“ „Das war aus der Emotion heraus, ich bin halt Fan. Ich wollte das eigentlich gar nicht“, sagte er total nett. Völlig in Ordnung. Ich will auch gar nicht alles auf die Goldwaage legen. Ein Fußballstadion wird immer ein emotionaler Ort bleiben. Aber wer mir etwas zuruft oder pöbelt, muss damit rechnen, dass ich zumindest mal interessiert nachfrage. Und das meine ich gar nicht sarkastisch, mich interessiert wirklich, wie andere Menschen ticken. Wieso schreit der mich an? Das will ich in dem Moment verstehen, auch wenn es leichter wäre, einfach wortlos in der Kabine zu verschwinden.

Leicht fällt es mir, mit medialer Kritik umzugehen. Niemals würde ich einen Zeitungsjournalisten oder Kommentator anrufen, wenn ich mich falsch bewertet fühle. Wenn jemand meint, ich war schlecht, dann soll er das schreiben oder sagen. Das gehört einfach dazu. Ich habe relativ früh gemerkt, dass mich so etwas kalt lässt. Ich war eher stolz, wenn in der Zeitung über mich berichtet wurde. In Hamburg gab es das Magazin *Sportmikrofon*, Pflichtlektüre für alle Amateurfußballer. Und natürlich das *Hamburger Abendblatt*. Ich habe etliche Artikel ausgeschnitten, in denen ich erwähnt wurde – auch die negativen.

Und klar, als ich neu im Profifußball war und Noten im *Kicker* und in der *Bild* bekam, habe ich mir die Zensuren angeguckt. Waren sie schlechter als erwartet, habe ich mich nicht geärgert. Es weckte eher mein Interesse. Ich fragte mich, wie die Note wohl zustande kam. Bei der fachlichen Beurteilung meiner Schiedsrichterbeobachter wusste ich ziemlich genau, worauf sie achten. Bei den Journalisten nicht.

Grundsätzlich habe ich überhaupt kein Problem damit, in der Öffentlichkeit zu stehen, mir macht es sogar Spaß. Sonst würde ich dieses Buch nicht schreiben.

Nach einem hitzigen Spiel erkläre ich gerne strittige Szenen vor den Mikrofonen, wenn es der Sache dient. Ich würde mich allerdings niemals öffentlich für einen Fehler entschuldigen. Ich habe nie verstanden, warum diese Erwartungshaltung bei Teilen der Fans und Medien existiert. Ein Schiedsrichter, der vor einem Pulk Mikrofonen steht und sagt: „Es tut mir leid, da lag ich falsch", bekommt Anerkennung. Nach dem Motto: Respekt, er hat sich gestellt und entschuldigt.

Ich finde aber nicht, dass ich mich entschuldigen muss. Ich habe doch niemandem Leid zugefügt, keinen verletzt, sondern lediglich eine Fehlentscheidung auf dem Fußballplatz getroffen. Wenn ich gefragt werde, erkläre ich die Spielszene, damit die Menschen verstehen, warum ich falsch lag. Ich habe das ganz sicher nicht absichtlich getan. Und deswegen muss ich mich auch nicht entschuldigen.

Meine Einstellung zur öffentlichen Kritik hat sich grundsätzlich nicht verändert. Sie lässt mich relativ kalt. Ich beschäftige mich so wenig wie möglich damit und konzentriere mich auf die fachliche Aufarbeitung. Dazu gehören die Analysen mit meinen Assistenten, meinen Coaches im Schiedsrichterwesen und meinem Sportpsychologen. Dafür hätte ich deutlich weniger Zeit, wenn ich mich mit all dem auseinandersetze, was über mich berichtet wird.

Wenn es ganz hart kommt, muss man dem Sturm sowieso aus dem Weg gehen. Heftig war es nach meinem Spiel zwischen Wolfsburg und Schalke, als ich einfach schlecht war. Das wusste ich selbst, dazu brauchte ich keine Berichte über mich zu lesen. Die Reporter hatten alle Zutaten für gute Geschichten. Emotionen pur, dazu die Eingriffe des in der Öffentlichkeit oft kontrovers diskutierten Video-Assistenten.

Am Tag danach klingelte mein Handy ständig. Kenne ich die Nummer nicht, gehe ich nicht ran. Ich lese keine Spielberichte, meide die Zusammenfassungen im Fernsehen – Selbstschutz.

Eigentlich hätte ich das Handy an jenem Tag nach dem Spiel ausschalten müssen, nach dem Motto: „Lasst mich in Ruhe“, aber ich konnte es nicht. Mein Problem war in diesem Moment nicht die öffentliche Berichterstattung, sondern meine schlechte Leistung auf dem Platz. Ich wollte verstehen, was passiert war. Hätte mir jemand angeboten, mich für ein paar Tage auf eine einsame Insel ins Paradies zu beamen, hätte ich abgelehnt. Bringt mich schließlich kein Stück weiter. Wenn ich ein Problem habe, brauche ich dafür Lösungen. So telefonierte ich selbst den ganzen Sonntag durch die Gegend, sprach mit meinen Assistenten, unserer sportlichen Leitung und meinem Sportpsychologen. Die meisten unbekannten Anrufer hörten also zunächst eh das Besetztzeichen.

Turbulent ging es auch nach dem Spiel zwischen Hertha BSC und dem FC Bayern zu, als die Bayern kurz vor Ablauf der 96. Minute noch den Ausgleich zum 1:1 erzielten. Wir hatten fünf Minuten angezeigt, es gab allerdings noch zwei Auswechslungen in der Nachspielzeit. Aus fünf wurden also sechs Minuten – alles regelkonform. Die Aufregung war trotzdem riesengroß, ich bekam unzählige Nachrichten, sogar mein Vater sagte scherzhaft: „Jetzt du auch noch …“ Damit spielte er auf den vermeintlichen „Bayernbonus“ an. Im Radio hörte ich zwei Tage nach dem Spiel eine Comedy-Reportage, in der Bayern gerade den Siegtreffer erzielte – am Montagmittag. Weil eben angeblich so lange gespielt wird, bis die Münchner gewinnen.

Alles von sich fernzuhalten, ist unmöglich, Stichwort – oder besser gesagt Hashtag – soziale Medien. Besonders bei Twitter geht es hoch her. Zwar kämpfen Alex Feuerherdt und Klaas Reese mit ihrem Account „Collinas Erben“ unermüdlich für eine Versachlichung der Diskussion, oft geht es aber eben emotional zur Sache. Ich habe keinen Twitteraccount, aber irgendwer schickt mir immer einen Screenshot aufs Handy: „Guck mal, was da über dich geschrieben steht" … Vieles ist unsachlich oder sogar komplett daneben, manches allerdings wirklich lustig. Ich will jetzt nicht zur großen Social-Media-Schelte ausholen, die neuen Medien haben schließlich auch positive Seiten – sie erreichen junge Menschen und damit auch potenzielle neue Schiedsrichter. Ich habe lange überlegt, ob und wenn ja, wie ich Social-Media nutzen soll. Inzwischen betreibe ich einen Instagram-Account, wo ich ab und zu Einblicke in mein Schiedsrichterleben gebe. Viele junge Amateurschiedsrichter schreiben mir, und wenn ich ihnen mit Tipps helfen kann, tue ich das gern – an dieser Stelle kann ich auch den Facebook-Account der DFB-Schiedsrichter empfehlen, mit Interviews und Bildern zu aktuellen Themen.

Anonyme Beleidigungen aus den Tiefen des Internets kommen vor, aber sie bilden die Ausnahme. Sie machen mir auch keine Angst, sonst müsste ich aufhören. Auf diese Kommentare gebe ich nichts. Sie sind für mich weit weg, es ist ein großer Unterschied, ob irgendwo irgendwer was über mich schreibt oder es mir direkt ins Gesicht sagt.

Ich habe im Laufe der Jahre eine Art Selbstschutz entwickelt. Die Pöbeleien beziehe ich auf meine Rolle als Schiedsrichter, nicht auf mich als Menschen. Wer mich nicht kennt, kann mich nicht beleidigen, ganz einfach. Den Tipp gebe ich Jungschiedsrichtern gern mit auf den Weg: Nehmt Beleidigungen nicht persönlich.

Ich würde den Blick auf die Rolle der Schiedsrichter indes gern verändern. Dabei geht es mir nicht darum, Menschen von meiner Meinung zu überzeugen, sondern schlicht darum, Verständnis zu schaffen. Deswegen fällt es mir so schwer, die Pöbler in der realen Welt links liegen zu lassen. Wenn mich einer anschreit, kann ich ihn nur schwer ignorieren. Übrigens ist es im Job genau das

Gleiche. Einmal stand ich auf einer Demo in der Polizeikette, als ein Demonstrant mir ins Helmvisier schrie. Er beleidigte mich aufs Übelste, wie ich mich für diesen Job bloß hergeben könne.

Ich schob das Visier hoch und schaute ihn an: „Weißt du eigentlich, was es heißt, Polizist zu sein? Menschen zu helfen, oder ihnen mitteilen zu müssen, dass ein geliebter Angehöriger gestorben ist …“ Einen kurzen Augenblick lang dachte ich, dass ich ihn damit erreiche, aber es klappte nicht, er schrie und beleidigte weiter. Ich wusste: Er meint nicht mich als Mensch, er sieht nur den Polizisten. Und so ist es auch in der Rolle des Schiedsrichters.

Die wichtigste Beurteilung ist sowieso die fachliche. Und damit meine ich nicht die Berichte in den Medien, sondern das Feedback aus dem Schiedsrichterwesen. Ich habe in meiner Laufbahn verschiedene Bewertungssysteme kennengelernt. Lange bekam ich Noten. Schwarz auf weiß nachzulesen, Zeugnisse wie in der Schule, und das nicht zweimal im Jahr, sondern ständig. In meinen Anfangsjahren nach manchen Partien, nach den ersten Aufstiegen dann nach jedem Spiel. Um im Bild zu bleiben: Nach jeder Klassenarbeit gab es ein ausführliches Zeugnis. Ich musste erst einmal lernen, damit umzugehen. Aus der Schule kennt man genormte Formulierungen wie „entspricht den Erwartungen in vollem Umfang“, nun bekam ich Woche für Woche eine Persönlichkeitsanalyse auf den Tisch.

Dafür schicken die Schiedsrichterausschüsse die sogenannten Beobachter auf die Sportplätze. In meiner Anfangszeit kamen vor allem ältere Kollegen, die aufgehört hatten, selber zu pfeifen oder es nur noch sehr selten selbst taten und mit ihrer Erfahrung nun Beobachtungen im Amateurbereich schrieben. Ehrenamtlich, versteht sich.

Die Erfahrung ist der Vorteil, sie haben alles erlebt. Ein Nachteil: Manch älterem Beobachter fällt es schwer, sich in den

Spielleiter auf dem Platz hineinzuversetzen, da er selbst schon lange nicht mehr aktiv ist und das Spiel sich verändert hat.

Inzwischen wird versucht, aktive Schiedsrichter zu gewinnen, die zum Beispiel in der Regionalliga pfeifen und nebenbei Kollegen in tieferen Ligen beobachten können. Gute Beobachter zu finden ist nicht leicht, auch hier fehlt der Nachwuchs.

Früher erinnerte der Bewertungsbogen an ein Formblatt, das man als Anhang mit der Steuererklärung einreichte. Ein grünlicher DIN-A-4-Zettel mit vorgegebenen Kategorien. Damals wurden die Bögen mit der Post verschickt. Viele ambitionierte Jungschiedsrichter liefen aufgeregt ihren Briefträgern entgegen, um ihnen den sehnlich erwarteten Umschlag aus der Hand zu reißen – ich jedenfalls habe es getan. Der Inhalt des Umschlags war schließlich von großer Bedeutung, Noten entschieden über Auf- und Abstiege. Wie fiel das Urteil aus? Stimmte das eigene Gefühl mit der Bewertung des Beobachters überein?

Von meiner ersten Bewertung habe ich ganz am Anfang des Buches schon berichtet, mein späterer Förderer Uwe Albert war mit dem grünen Zettel losgeschickt worden, um mich zu beobachten. Damals, im März 1996, gab es folgende Kategorien:

- Auftreten und Verhalten
- Laufvermögen und Stellungsspiel
- Einstellung zum Spiel, Auffassung vom Spielcharakter
- Auslegung und Anwendung der Spielregeln
- Ausführung der Pflichten, persönliche Strafen

Assistenten, oder Linienrichter (LR), wie es damals noch hieß, hatte ich in der Kreisklasse nicht, der Bewertungsbogen galt aber auch in höheren Ligen, für die beiden Helfer an den Seitenlinien blieb damals nur wenig Platz auf der DIN-A-4-Seite. „LR1“ und

„LR2“, dahinter drei Optionen zum Ankreuzen – ausgezeichnet, gut oder Mängel (falls ja, zwei Zeilen für Notizen).

Zu jeder Kategorie der Schiedsrichterbewertung gehörten bis zu 10 Kästchen, die angekreuzt werden sollten, beispielsweise „klare Linie“ oder „zu kleinlich“. Außerdem war Platz für kurze Texte – einige davon tauchen in diesem Buch an unterschiedlichen Stellen auf.

Manche Beobachter füllten den Bogen handschriftlich aus, andere ganz korrekt mit der Schreibmaschine. Ganz unten rechts stand die Note. Standard war eine 45, die Durchschnittspunktzahl für ein normal zu leitendes Spiel ohne große Auffälligkeiten. In einem schwer zu leitenden Spiel konnte man bis zu 48 Punkte bekommen, in einer außergewöhnlich schweren Partie die Höchstpunktzahl 50 – was aber so gut wie nie vorkam.

Wie schwer ein Spiel zu leiten war, entschied der Beobachter. Hatte der Schiedsrichter es mit emotionalen Spielern zu tun? Gab es außergewöhnlich viele Fouls? Beeinflussten aufgebrachte Zuschauer das Spiel? Wie waren die Platzverhältnisse?

Von der Ausgangsnote 45 konnten Punkte abgezogen werden. Ein Punkt für eine Gelbe Karte, die zwingend hätte gezeigt werden müssen, vier Punkte für eine klare Rote Karte. Was aber ist eine klare Rote Karte? Ansichtssache, wie so vieles im Fußball. Wenn in der Bewertung stand, dass ich in der 67. Minute den Spieler der Gastmannschaft mit der Rückennummer sechs zwingend vom Platz hätte stellen müssen, dann musste ich dieses Urteil so hinnehmen. Auf Hilfe von TV-Bildern konnte ich nicht setzen, die werden bei Amateurspielen bekanntlich nicht produziert. Das Urteil des Beobachters auf der Tribüne galt.

Absolute Gerechtigkeit wird es nie geben, das liegt in der Natur der Sache, wenn Menschen andere Menschen beurteilen. Manche können Feedback eben besser vermitteln als andere. Nicht jeder ehemalige Schiedsrichter ist ein guter Beobachter, es muss aber auch nicht jeder Beobachter zwingend auf allerhöchstem Niveau selbst gepfiffen haben, wie ich finde.

In der Bundesliga unterscheiden wir zwischen Beobachter und Coach. Der Beobachter – 27 verschiedene kommen in den ersten beiden Ligen zum Einsatz – schaut das Spiel im Stadion, meist von der Pressetribüne aus. Dort kann er die TV-Bilder der strittigen Szenen auf den Bildschirmen überprüfen, gleichzeitig erhält er einen Eindruck vom Stadion und der Atmosphäre, in der sich das Schiedsrichterteam bewähren muss. Ein erstes Feedbackgespräch findet gleich nach Abpfiff in der Schiedsrichterkabine statt und dauert maximal 20 Minuten – schließlich wollen wir auch irgendwann nach Hause und nicht nach einer stundenlangen Feedbackrunde im Stadion eingeschlossen werden. Der Job des Beobachters ist damit aber noch lange nicht erledigt. Er muss seine Eindrücke zwar nicht mehr auf einem grünen Stück Papier festhalten, aber online in einem Portal melden, dazu gleich mehr.

Am Spieltag ist der Schiedsrichterbeobachter zudem unser Berater, wenn es zum Beispiel um Verletzungen im Schiedsrichterteam geht oder um Spielunterbrechungen und Medienanfragen. Die Beobachter sind keine Gegner oder Kontrolleure, am ehesten lässt sich ihre Rolle als „kritischer Freund“ beschreiben.

Der Coach wiederum – insgesamt acht sind für die Bundesligaschiedsrichter zuständig – wertet die Partie im TV aus und meldet sich ein paar Tage später telefonisch zum ausführlichen Analysegespräch. Manchmal sind Beobachter und Coach auch ein und dieselbe Person. Die Aufgaben schließen sich ja nicht aus. Zuerst das schnelle Feedback im Stadion, dann die detaillierte Analyse nach Sichtung der TV-Bilder. Die Situation beim zweiten Gespräch ist eine komplett andere. Ich sitze nicht mehr ausgepowert in der Kabine im Stadion, habe zwei, drei Tage Abstand, wir können die Partie in aller Ruhe besprechen und einordnen. Wie ist mein aktueller Leistungsstand, was läuft gut, woran muss ich arbeiten?

Die Beobachter und Coaches wechseln von Spieltag zu Spieltag, fast alle haben selbst in der Bundesliga gepfiffen, wie beispielsweise Florian Meyer, Herbert Fandel, Knut Kircher oder Michael Weiner, dessen Assistent ich früher war. Sie sind also ehemalige Kollegen, wir kennen uns lange, und sie wissen genau, wie es sich anfühlt, ein Bundesligaspiel zu leiten.

Für mich ist wichtig, dass konkrete Verbesserungsvorschläge aus dem Gespräch hervorgehen, sodass ich sagen kann: Stimmt, da hat er recht. Es reicht nicht, lediglich aufzuzählen, was falsch gelaufen ist. Das weiß ich nämlich fast immer selbst. Viel wichtiger ist es, herauszufinden, warum ein Fehler passiert ist. Dazu ist das fachliche Feedback wichtig.

Zurück zu den Noten. Im Laufe der Jahre wurde das Notensystem umgestellt. Die 8,4 war die neue 45, also die Ausgangsnote für eine unauffällige Spielleitung. Für Fehler gab es weiter Abzüge, allerdings in Zehntelschritten. Man kann sich zwar einreden, dass Noten nicht alles sind, aber die 8,4 zu erreichen, ist natürlich der Mindestanspruch. Um noch mal den Vergleich zur Schule zu bemühen: Noten erzeugen Druck. Das ist einfach so. Auch ich bin Noten hinterhergelaufen, dazu mehr im nächsten Kapitel.

Zur Saison 2017/2018 wurden die Noten für die Schiedsrichter im Elitebereich schließlich abgeschafft – im Amateurbereich gibt es sie noch. Hinter der Abschaffung steckte folgender Gedanke: Wer es in die Bundesliga geschafft hat, braucht nicht jedes Wochenende eine Note, sondern Unterstützung bei der Leistungsentwicklung auf hohem Niveau, nach dem Motto: Stärken stärken, Schwächen schwächen. Und das ohne Notendruck. Ein Ansatz, den ich wirklich gut finde.

Seit Sommer 2017 gibt es das so genannte „Leistungsprofil“, abrufbar in unserem Schiedsrichterportal im Internet, für das jeder einen eigenen Zugang hat. Der Beobachter aus dem Stadion stellt bis Montagabend seine Bewertung aus dem Stadion ein. Los geht es mit einer kurzen Beschreibung des Spiels – Aspekte wie die Atmosphäre im Stadion, die Platzverhältnisse oder der Spielcharakter – danach folgen die Kategorien

- Spielmanagement und Regelauslegung/Zweikampfbewertung
- Disziplinarkontrolle/Anzahl der persönlichen Strafen
- Persönlichkeit – Verhaltensmerkmale und Körpersprache, Umgang mit Spielern und Offiziellen
- Laufverhalten und Positionierung zu den Spielvorgängen
- Zusammenarbeit im Schiedsrichterteam

Auch wenn heute niemand mehr einen grünlichen Bewertungsbogen mit der Schreibmaschine ausfüllt: Wie man sieht, haben sich die grundsätzlichen Kriterien im Vergleich zu meinem Kreisklassenspiel im März 1996 gar nicht so sehr verändert. Gelbe und Rote Karten gab es auch in den 90er-Jahren, auch damals sollte der Schiedsrichter das Spiel mit seiner Persönlichkeit leiten und dabei über den Platz laufen, ohne im Weg zu stehen.

Die Anforderungen in den einzelnen Punkten sind aber ohne Frage komplexer geworden, der Fußball hat sich nun mal weiterentwickelt. Und damit auch das Bewertungssystem.

Zum Urteil des Beobachters kommt die des Coaches, beides fließt ins Leistungsprofil ein. Für dieses Leistungsprofil der Bundesligaschiedsrichter wurden zu den genannten Kategorien 76 Unterpunkte eingeführt, die mittlerweile in 51 Rubriken zusammengefasst sind. Das System wird fortlaufend evaluiert und den aktuellen Anforderungen angepasst.

So eine Bewertung ist also nicht mal eben so nebenbei geschrieben. Da steckt ziemlich viel Arbeit dahinter. Zu den 51 Punkten für den Schiedsrichter kommen auch noch 17 Kriterien für die weiteren Teammitglieder – wie gesagt, vor allem die beiden Assistenten an den Seitenlinien kamen früher meistens zu kurz in den Bewertungen.

Alle Punkte einzeln aufzuzählen, würde an dieser Stelle zu weit führen. Aber mal ein Beispiel: Allein die Kategorie Regelauslegung/Zweikampfbewertung ist noch mal in zwölf Punkte unterteilt – unter anderem in Tackling mit dem Fuß, Beinstellen oder Treten.

In jeder einzelnen Kategorie gibt es Punkte – von 1 bis 6, wobei die 6 anders als in der Schule hier der Bestwert ist. Diese sehr detaillierte Bewertung der zahlreichen Unterpunkte erzeugt am Ende aber eben keine Gesamtnote, sondern einen farblich unterteilten Strahl, von Rot in Abstufungen bis Grün. So sieht jeder, in welchen Bereichen die eigenen Stärken und wo die Schwächen liegen – im letzten Spiel, im eigenen Saisondurchschnitt und im Vergleich zum Gesamtdurchschnitt aller 26 Bundesligaschiedsrichter.

REGELFRAGEN

12

Ein Spieler ärgert sich über den Schiedsrichterassistenten. Er verlässt während des laufenden Spiels das Feld und schlägt dem Assistenten die Fahne aus der Hand. Wie reagiert der Schiedsrichter? Wie und wo wird das Spiel fortgesetzt?

KAPITEL 13

DREI ANRUFE – AUF- UND ABSTIEG

Es gibt Telefonate, die vergisst man nicht. Wer, wann, warum – alles ist noch ganz genau im Gedächtnis. Entweder, weil der Anrufer eine freudige Nachricht verkündet, auf die man lange gewartet hat, oder im Gegenteil eine negative Botschaft bereithält. Und dann sind da noch die Anrufe, die nicht kommen, auf die man wartet, die man herbeisehnt, aber die einfach nicht stattfinden. Fußballmannschaften erleben Moment des Auf- und Abstiegs auf dem Platz – oder vor dem Fernseher, wenn das Ergebnis des Hauptkonkurrenten feststeht.

Bei mir klingelte das Telefon.

Den schönsten Anruf erhielt ich am 29. Dezember 2015, mitten in der Winterpause. Ich war mit meiner Familie in Südtirol, nicht zum Skifahren (davon habe ich mich schon lange verabschiedet, die Verletzungsgefahr ist einfach zu groß), aber Rodeln macht auch Spaß, vor allem mit Kindern. Ich fuhr mit einer meiner Töchter einen Berg im Passeiertal hinunter, als das Handy klingelte. Auf dem Display erschien der Name Herbert Fandel, damals DFB-Schiedsrichterchef. Warum rief er mich zwischen Weihnachten und Silvester an, mitten in der Winterpause? Um mir mitzuteilen, worauf ich die ganze Zeit gehofft hatte? Tatsächlich: „Wir wollen, dass du ab der Rückrunde in der Bundesliga pfeifst." Ich wusste im ersten Moment nicht, was ich erwidern sollte – und das passiert mir wirklich selten!

„Ihr wisst, auf was ihr euch einlasst?", fragte ich schließlich scherzhaft. Ja, das wussten sie, aber sie meinten es trotzdem ernst. Mein Traum von der Bundesliga würde in Erfüllung gehen! Nach dem Telefonat schmiss ich mich in den Schnee, schrie meine Freude raus, machte mit dem Arm die Jubelsäge, schlug die Hände über dem Kopf zusammen, umarmte Frau und Tochter, und dann kamen mir die Tränen …

Eine Kleinigkeit gab es leider noch zu beachten. Ich musste die schöne Nachricht vorerst für mich behalten. Das DFB-Präsidium musste dem Vorschlag der Schiedsrichterkommission erst noch zustimmen, ganz offiziell war mein Aufstieg noch nicht. Eine spontane Aufstiegsparty konnte ich also nicht schmeißen, das war wirklich schade. Die Feier wäre gut geworden!

In Südtirol kenne ich viele regionale Schiedsrichter, über die Jahre sind echte Freundschaften entstanden. Am 30. Dezember saßen wir alle abends zusammen, die Stimmung war großartig und ich durfte nichts sagen! Um das noch einmal zu verdeutlichen: Ich saß da im Urlaub, ohne Termine, hatte gerade erfahren, dass mein Bundesligatraum in Erfüllung gehen würde, ich war umgeben von Menschen, die wussten, was mir dieses Ziel bedeutete und mir den Aufstieg von ganzem Herzen gönnen würden, auf dem Tisch stand Südtiroler Schnaps, kurz: Eine bessere Ausgangslage für eine Spontanparty hätte es gar nicht geben können. Stattdessen wischte ich mir mit der Hand durchs Gesicht und biss mir auf die Zunge, als die Diskussion ins Rollen kam: „Patrick, jetzt wird's aber auch bei dir mal Zeit! Wie sieht's denn aus mit der Bundesliga? Klappt das noch?" Aber ich hielt dicht, auf gar keinen Fall wollte ich mich selbst in Schwierigkeiten bringen und Nachrichten ausplaudern, die einfach noch nicht offiziell sind. Auch im Trainingslager der

Schiedsrichter und Assistenten auf Mallorca Anfang Januar galt es dichtzuhalten, aber zwei, drei Kollegen hatten wohl schon so eine Ahnung. Sie wollten mich testen und fragten grinsend: „Na, Patrick. Alles klar? Und sonst so? Geht's dir gut? Wie stellst du dir die Rückrunde denn so vor?" „Was wollt ihr Vögel von mir?", entgegnete ich lachend. Außer meiner Familie wusste niemand Bescheid, mein Vater reagierte auf die Nachricht kurz und prägnant: „Endlich!" Dann flossen aber auch bei ihm die Freudentränen. Meine Mutter hat leider nicht mehr erlebt, wie ich mir meinen Traum erfüllte, was mir noch immer sehr wehtut. Sie hatte sich so sehr für mich gewünscht, dass es klappt.

Am 20. Januar 2016 wurde es dann offiziell. Der DFB veröffentlichte eine Pressemitteilung auf der Verbandshomepage: „Ittrich wird 23. Bundesligaschiedsrichter." Mir war völlig klar, dass sich nun vieles ändern würde. Der Trainings- und Organisationsaufwand und vor allem der öffentliche Fokus. Die Fußball-Bundesliga ist nun mal eine große Bühne, die Spiele werden auf der ganzen Welt übertragen. Ich war zwar als Assistent schon ein paar Jahre dabei, aber eben nicht als verantwortlicher Schiedsrichter, der vor die Kameras tritt, strittige Entscheidungen erklärt und im Zweifelsfall die volle Kritik abbekommt.

Nun gehörte ich also zum Kreis der 23 (heute sind es 26) Bundesligaschiedsrichter. Dazu kam: Seit 20 Jahren hatte es keinen Bundesligaschiedsrichter aus Hamburg mehr gegeben, eine lange Zeit, die am Selbstbewusstsein der Hamburger Schiedsrichter geknappst hatte. Es machte mich einfach nur stolz, dass ich meine Heimatstadt repräsentieren durfte. In den Tagen nach der Bekanntgabe explodierte mein Handy, von überall her kamen Glückwünsche. Dabei war ich ja nicht über Nacht Fußballschiedsrichter geworden, aber dieser letzte Schritt in die erste Liga ist eben in jeder Hinsicht etwas ganz Besonderes. Inzwischen standen auch Ort und Datum meines Premierenspiels fest: Wolfsburg, 13. Februar 2016.

26 881 Fußballfans wollten das Duell des VfL Wolfsburg gegen den FC Ingolstadt sehen. Eigentlich waren es „nur" 26 856 Zuschauer, die wegen des Spieles kamen. 25 Fans waren tatsächlich angereist, um mich zu unterstützen, nämlich die Schiedsrichter des Hamburger Bezirksschiedsrichterausschusses Ost. Es ist Tradition, einen Kollegen aus dem eigenen Bezirk zu begleiten, wenn er in die höchste Spielklasse aufsteigt. Sie hatten sich die Karten selbst besorgt und mich im Vorfeld des Spieles komplett in Ruhe gelassen. Beim Warmlaufen entdeckte ich die Truppe, die mir zujubelte, auf der Gegengerade. Ein sensationelles Gefühl.

Ob Trainer oder Reporter, wirklich jeder, der mir über den Weg lief, begrüßte mich herzlich und gab mir ein gutes Gefühl. Ich wurde irgendwie immer größer. Auf der einen Seite genoss ich als Neuling einen gewissen Welpenschutz, auf der anderen Seite war ich hier, weil ich gezeigt hatte, dass ich es konnte. Mit Mark Borsch und Sascha Thielert hatte ich zwei der besten Assistenten, die man als Schiedsrichter bekommen kann, an meiner Seite. Als Vierter Offizieller begleitete mich Tobias Stieler, dessen Assistent ich früher bekanntermaßen war. Ein super Team.

Nach dem Spiel überreichten sie mir einen Wimpel, auf dem sie unterschrieben hatten:

Zur Erinnerung an eine Sternstunde der Bundesligageschichte
Erstes BL-Spiel, 13. Februar 2016, VfL Wolfsburg – FC Ingolstadt (2:0)
Großartig und Glückwunsch, lieber Patrick,
dein Team

Den Wimpel halte ich in Ehren, er hängt in meinem Hobbyraum, wo ich ihn täglich sehe.

Im Bordbistro im Zug nach Hamburg stieß ich mit dem Team an. Die Hamburger *Morgenpost* machte daraus die Schlagzeile: „Schirinovize gönnt sich Bierchen nach Debut."

Im Clubhaus der Hamburger Turnerschaft folgte dann das ein oder andere weitere Getränk, bis ich irgendwann früh morgens müde und glücklich im Taxi nach Hause saß. Vor meinen Augen lief der Film der letzten Jahre ab. Die vielen Spiele, die Erlebnisse auf dem Platz, das Training, die Verletzungen und Rückschläge. Und die Anrufe. Da gab es nämlich nicht nur den schönen von Herbert Fandel im Dezember 2015, sondern auch noch zwei weitere, an die ich mich bis heute sehr gut erinnere. Zunächst „der Anruf, der nicht kam". Klingt nach einem mittelmäßigen Kitschroman, beschreibt aber doch ganz gut meine Situation im Sommer 2015.

Die Zweitligasaison 2014/2015 verlief super, ich war in Topform. Training, Ernährung, die Arbeit mit meinem Sportpsychologen Ole Benthien – an allen Stellschrauben hatte ich gedreht, um das Maximum herauszuholen. Denn der Aufstieg in die Bundesliga war mein erklärtes Ziel. Ich war 36 Jahre alt und damit älter als fast alle Aufsteiger der letzten Jahre. Mir lief also die Zeit ein bisschen weg, denn mit 47 ist Schluss als Schiri in der Bundesliga. Mein letztes Saisonspiel leitete ich in Karlsruhe, Gegner war die Spielvereinigung Greuther Fürth, und als Beobachter kam Herbert Fandel. Das hatte schon eine gewisse Aussagekraft, wenn der sportliche Leiter selbst als Beobachter vor Ort ist. Ich erhielt die Note 8,6 – eine Topnote.

Aber im Sommer 2015 war ich nicht der einzige Anwärter. Die Entscheidung musste zwischen Benjamin Brand und mir fallen. In den Tagen der entscheidenden Frankfurter DFB-Sitzung war ich mit meinen Polizeikollegen in Nordrhein-Westfalen, in der Nähe von Gummersbach. Im Schloss Gimborn trafen sich Verkehrserzieher aus ganz Deutschland zum Handpuppenbühnenfestival. Drei Tage lang waren wir in der prächtigen Schlossanlage aus dem 17. Jahrhundert untergebracht. Das einzige Problem: Der Handyempfang auf dem Schlossgelände war miserabel, das machte mich nervös, denn ich wollte den Anruf mit der frohen Botschaft auf keinen Fall verpassen.

Ich suchte in der Umgebung des Schlosses nach Empfang, und jetzt wird es wirklich ein bisschen kitschig. Vor der Kirche St. Johannes Baptist bekam ich einen Empfangsbalken aufs Handy. Ständig lief ich in den nächsten Tagen zwischen Schloss und Kirche hin und her, um zu checken, ob jemand angerufen hatte. Es hätte nur noch gefehlt, dass ich vor der Kirche Stoßgebete gen Himmel schickte.

Vielleicht hätte ich es mal tun sollen. Die Tage vergingen, niemand rief an. Auf der Rückfahrt versuchte ich mir die Lage schönzureden: Vielleicht war die Entscheidung noch nicht gefallen, möglicherweise hatte man die Kommissionssitzung verschoben. Dem war aber nicht so. Der Aufsteiger in die Bundesliga hieß Benjamin Brand. Ohne Frage hatte er sich das verdient, mit seinen erst 26 Jahren lieferte er überragende Leistungen ab. Aber natürlich war ich trotzdem enttäuscht. Ich beschloss, mir noch ein Jahr zu geben, ehe ich den Traum ein für alle Mal abhakte.

Ein halbes Jahr später klappte es dann zum Glück ja doch noch.

Nach dem Aufstiegsanruf und dem, der gar nicht kam, fehlt nun noch der dritte wichtige Anruf meiner Schiedsrichterlaufbahn. Der erreichte mich im Mai 2004 und tat richtig weh. Wilfred Diekert, Hamburgs Schiedsrichterchef, teilte mir mit, dass ich in die Oberliga absteige. Ich hatte es schon befürchtet. Meine erste Saison in der Regionalliga, damals die dritthöchste Spielklasse, war denkbar schlecht gelaufen. Ich war 23 Jahre jung, und mein Leben veränderte sich in drei wichtigen Bereichen. Ich hatte geheiratet und war gerade zum ersten Mal Vater geworden, mein Berufsleben bei der Polizei begann und ich war Schiedsrichterneuling in der Regionalliga. Alles zusammen war ein bisschen viel. Mir fehlte die Lockerheit. In der Regionalliga traf ich auf gestandene Spieler, viele hatten schon Erfahrung im Profifußball gesammelt. Und zu großen Traditionsvereinen kamen auch schon mal 10 000 Zuschauer in die Stadien, eine ganz andere Situation als in der Oberliga. Im Stadion eines solchen Traditionsvereins, nämlich bei Eintracht Braunschweig gegen Wattenscheid 09, begann mein Abstieg. Viele Erinnerungen an damals habe ich verdrängt, aber die alten Bewertungsbögen von früher habe ich nicht weggeworfen. Sie sind in Ordnern im Keller feinsäuberlich abgeheftet. Auf dem Bewertungsbogen vom 15. November 2003 notierte der Beobachter unter Punkt sechs, Persönlichkeit:

„Der Schiedsrichter wirkte zu Spielbeginn sehr verkrampft. Dies machte sich in einer hohen Körperspannung bemerkbar … der junge Schiedsrichter sollte in seiner nonverbalen Kommunikation mehr Gelassenheit an den Tag legen. Dazu gehört auch das Abstellen des wiederholten Nickens mit dem Kopf bei getroffenen und nicht immer akzeptierten Freistoßentscheidungen.“

Auch in anderen Bewertungskategorien kam ich nicht gut weg. Regelanwendung und Regelauslegung (*„insgesamt etwas unausgewogen“*), Spielkontrolle, taktisches Verhalten, Umgang mit Spielern und Offiziellen (*„Zwar hatte der Schiedsrichter das Spiel voll unter Kontrolle, der Spielfluss wurde aber mitunter unnötig gestört, obwohl dies keinesfalls in diesem Umfang nötig gewesen wäre“*) und zusammenfassende Bemerkung (*„Die zentrale Aussage zur Spielgestaltung kann leider nur lauten: Auch wenn der Schiedsrichter das Spiel kontrollierte, hat er heute das Spiel zu wenig geleitet“*).

Nicht mal mit meiner damals stärksten Eigenschaft konnte ich den Beobachter restlos überzeugen. Er notierte: *„Patrick Ittrich präsentierte sich in einer sehr guten körperlichen Verfassung. Er konnte dem Geschehen jederzeit folgen.“* Kling erst mal gut, er ließ aber noch eine kleine, feine Einschränkung folgen. *„Über das normale Maß hinausgehende Anforderungen wurden kaum gestellt, da das Spiel oft unterbrochen war.“* Und an den Unterbrechungen soll ich ja nicht ganz unschuldig gewesen sein, wie er mit seinen Ausführungen zum Spielfluss deutlich machte.

Am Ende bekam ich die Note 7,2. Ein Desaster. Alles unter 8,0 war katastrophal. 7,2 heißt übersetzt so viel wie: Der kann nicht pfeifen.

Diesem vernichtenden Urteil lief ich die ganze Saison lang hinterher. Es fühlte sich an wie in der Schule. Ich hatte eine Sechs kassiert, irgendwann gab es das Zeugnis und bis dahin musste ich unbedingt mal wieder eine Zwei schaffen, um die schlechte Note auszugleichen.

Die 7,2 war echt hart, schwer zu akzeptieren. Mit seinem Urteil über meine „Persönlichkeit" hatte der Schiedsrichterbeobachter allerdings recht. Ein Spiel begann für mich damals schon zu Hause beim Packen der Tasche. Spätestens im Hausflur war ich für niemanden mehr ansprechbar, in Gedanken nur noch bei der anstehenden Aufgabe auf dem Fußballplatz. Es war zwar nicht so, dass ich in der Regionalliga eine Partie nach der anderen in den Sand setzte, aber am Ende musste ich wieder runter in die Oberliga. Für mich stieg mein Kumpel und heutiger Assistent Sascha Thielert in die Regionalliga auf. Meine DFB-Karriere hing am berühmten seidenen Faden. Neben meinen Einsätzen als Hauptschiedsrichter in der dritten Liga war ich in dieser Saison als Assistent in der zweiten Liga unterwegs und auch da lief es nicht besonders gut. Für Assistenten galt ein etwas anderes Bewertungssystem, aber im Schnitt musste man die Note 8,0 halten, um dabei zu bleiben. Ich lag knapp darunter. Anfang März 2004 fuhr ich im Gespann von Thomas Frank nach Lübeck zur Zweitligapartie gegen Union Berlin, rückblickend eines der wichtigsten Spiele meiner gesamten Laufbahn, fast schon ein Finale, auch wenn mir das zu dem Zeitpunkt noch nicht so bewusst war. Ich bekam eine 8,5. Diese Note hob mich über den Schnitt und rettete mir den Job als Zweitligaassistent. Wenn ich in dieser Saison als

Schiedsrichter *und* als Assistent abgestiegen wäre, meine Karriere beim DFB wäre mit großer Wahrscheinlichkeit vorbei gewesen. Der DFB hätte mich von der Liste gestrichen, danach wiederzukommen, ist praktisch unmöglich. Normalerweise bedeutete das: Chance gehabt und nicht genutzt, der Nächste bitte.

So aber durfte ich bleiben und bei Zweitligaeinsätzen an der Seitenlinie weiterhin das DFB-Logo auf dem Assistententrikot tragen. Das war mein Anker.

Für dieses Logo hatte ich hart gekämpft. Ich wollte die weißen Striche auf grünem Grund unbedingt auf meinem Trikot tragen. Das durfte ich seit 2003, ein Jahr vor meinem Abstieg, als ich es auf die DFB-Liste schaffte. Auf der Liste werden alle Erst- und Zweitligaschiedsrichter plus Assistenten geführt. Wer dort steht, hat den Sprung vom Amateur- in den Profifußball geschafft. Im Amateurfußball musste ich mir meine Trikots selbst besorgen, nun bekam ich Post aus Frankfurt. Aufgeregt wartete ich auf das erste Paket. Vier Trikots waren darin, schwarz, rot, gelb und grün (grün gibt es inzwischen nicht mehr, stattdessen blau). Und sie alle waren mit dem DFB-Logo bedruckt. Nach dem Auspacken probierte ich die Shirts direkt an, wie ein Kind, das sein Weihnachtsgeschenk aus der Verpackung reißt und sofort damit spielen will. Zusätzlich erhielt ich einen schwarzen Anzug und eine aus heutiger Sicht modisch höchst fragwürdige Krawatte, bunt und quer gestreift. Wenn ich die Bilder heute betrachte, muss ich laut lachen. Mein erster Auftritt mit den neuen Klamotten führte mich nach Unterhaching zur Zweitligapartie gegen Arminia Bielefeld. Matthias Anklam sollte das Spiel leiten, in Anzug und den bunten Krawatten erschienen wir im Stadion und begutachteten den Platz.

Heute kommen wir immer noch im Anzug. Im Trainingsanzug. Die Kleidungsvorschriften sind gelockert worden. Wir sind Teil des Spiels, die Fußballer steigen schließlich auch nicht im feinen Zwirn aus dem Bus vorm Stadion.

Unterhaching gegen Bielefeld, das war wieder eine ganz neue Welt für mich. Gar nicht mal wegen der 5000 Zuschauer im Stadion, das kannte ich aus der Regionalliga. Das Zweitligaspiel war einfach unfassbar schnell. Ich wusste erst einmal nicht, wo vorn und hinten ist. In der 18. Minute schoss Unterhachings Copado das 1:0, auf meiner Seite, er stand knapp nicht im Abseits. Sagte mir jedenfalls mein Gefühl – und stellte sich hinterher zum Glück als richtige Entscheidung heraus. Sicher war ich mir keinesfalls.

Die zweite Liga ist auch medial eine ganz andere Welt als die Regionalliga. Die Spielzusammenfassungen wurden im TV gezeigt, während ich meistens noch auf der Rückreise war. Zum Glück gab es schon DVD-Recorder. Ich nahm alles auf. Stolz erzählte ich meinen Kollegen auf der Arbeit von meinen Fußballtrips quer durch die Republik und wartete sehnsüchtig auf meinen ersten Montagabendeinsatz. Damals zeigte das DSF als Krönung des Spieltags die Toppartie. Live im Fernsehen, Flutlicht, meistens pfiff ein gestandener Bundesligaschiedsrichter – da wollte ich dabei sein. In der Rückrunde in München sollte es soweit sein, 1860 gegen Dresden, das Spiel leitete mein heutiger Chef Lutz-Michael Fröhlich. Ich freute mich riesig. Und leistete mir in meiner Aufregung einen schönen Patzer – ich vergaß meine Schuhe zu Hause. Oh Gott, war mir das peinlich. Erst beim Auspacken der Tasche im Stadion bemerkte ich das Drama. Nun konnte mir nur noch einer helfen: Ludwig Lommer, damals Schiedsrichterbetreuer bei 1860 – ein ganz feiner Mensch, inzwischen leider verstorben. „Kein Problem“, sagte Ludwig, verschwand und tauchte kurz danach mit sechs Paar Schuhen in diversen Größen wieder auf – meine Rettung. Zwar waren die Schuhe vom falschen Ausrüster, aber wir klebten die Logos einfach ab.

Ein paar Wochen später endete meine erste Saison mit dem DFB-Logo auf der Brust. Klassenerhalt als Assistent in der zweiten Liga, Abstieg als Schiedsrichter aus der dritten. Aus heutiger

Sicht muss ich dieser Erfahrung dankbar sein. Der Abstieg hat mich letztlich gestärkt. Bis dahin war es immer nur bergauf gegangen. Nun musste ich die erste bittere Enttäuschung verarbeiten.

Ich liebte den Schiedsrichterjob auch in der Oberliga. Im Norden gab es heiße Duelle, Kickers Emden gegen den SV Meppen zum Beispiel. In keiner Sekunde dachte ich daran, aufzuhören.

2007 durfte ich zurück in die Regionalliga, ein Jahr später in die neu geschaffene dritte Liga. Erneut ein Jahr später wurde ich Assistent in der ersten Liga und betrat an der Seite von Michael Weiner in Karlsruhe zum ersten Mal ein Bundesligastadion. 2009, fünf Jahre nachdem Wilfred Diekert mich angerufen und mir mitgeteilt hatte, dass ich wegen schlechter Leistungen absteigen müsse, stieg ich als Schiedsrichter in die Zweite Liga auf, 2016 schließlich in die Bundesliga. Und dort möchte ich am liebsten bis zur Altersgrenze, bis ich 47 Jahre bin, bleiben.

REGELFRAGEN

13

Direkter Freistoß für das angreifende Team aus rund 18 Metern zentral vor dem Tor. Der Ball wird aufs Tor geschossen, ein Verteidiger läuft vorzeitig drei Meter aus der Mauer nach vorn und wehrt den Ball im Strafraum durch ein absichtliches Handspiel ab. Er leistet sich also zwei Vergehen. Wie entscheidet der Schiedsrichter?

KAPITEL 14

EMOTIONEN ODER FEHLVERHALTEN? GESPRÄCH MIT DIETER HECKING

Warum tust du dir das an? Diese Frage hören nicht nur wir Schiedsrichter oft, sondern wahrscheinlich auch die Fußballtrainer. Läuft es nicht rund im Verein, sind sie die Ersten, die in die Kritik geraten. Die Antwort auf die Frage fällt bei den Trainern vermutlich ähnlich wie bei uns Schiedsrichtern aus. *Weil es meine Leidenschaft ist!*

Die Trainer leiden an der Seitenlinie mit, geben alles für ihr Team. Sie schreien, gestikulieren, verzweifeln, jubeln. Und manchmal landen sie auf der Tribüne. Weil sie zu stark fluchen, uns Schiedsrichter wiederholt kritisieren oder vor Frust Trinkflaschen durch ihre Coachingzone feuern. Verhältnismäßig kommt ein solcher Innenraumverweis selten vor, im Schnitt vielleicht drei-, viermal pro Saison. Also nicht oft bei 306 Partien.

Das Verhältnis zwischen Trainern und Schiedsrichtern ist ein spezielles. Eines, für das sich nicht so einfach ein Regelwerk schreiben lässt. Wie könnte man auch bürokratisch exakt festlegen, wie zwei Menschen in einer hochemotionalen Situation miteinander reden sollten?

Früher kam das Gespann zu dritt ins Stadion. Ein Schiedsrichter, zwei Assistenten. Der erfahrenere der beiden Assistenten wurde meistens auf der Seite vor den Trainerbänken eingesetzt, dort hatte er einen schwierigen Zusatzjob. Anders als der Kollege auf der Gegenseite konnte er sich nicht ausschließlich auf das Spiel konzentrieren, sondern musste sich die Beschwerden der Trainer und Ersatzspieler anhören. Seit der Saison 2002/2003 gibt es den Vierten Offiziellen als weiteres Mitglied im Schiedsrichterteam. Er steht zwischen den Bänken und ist der erste Ansprechpartner für die Trainer. Ermahnen, erklären, beruhigen, vermitteln, zuhören – der Job zwischen den Bänken ist kein einfacher.

Die Saison 2019/2020 brachte eine weitere Veränderung im Verhältnis zwischen Schiedsrichtern und Trainern mit sich. Die Gelben und Roten Karten. Bisher konnten nur Spieler Karten bekommen, nun also auch Vereinsoffizielle auf der Bank, Sportdirektoren, Mannschaftsärzte und eben Trainer. Ich habe die Trainer nie als Gegner wahrgenommen. Einige kenne ich seit vielen Jahren. Dieter Hecking zum Beispiel. 2000 begann er seine Karriere in der Regionalliga beim SC Verl, heute ist er einer der erfahrensten Trainer im deutschen Profifußball und hat fast 600 Erst- und Zweitligaspiele gecoacht. 2015 gewann Hecking mit dem VfL Wolfsburg den DFB-Pokal, nach einem 3:1-Sieg im Finale gegen Borussia Dortmund. Dieter Hecking ist ein emotionaler Coach, immer voll bei der Sache – er stand übrigens auch bei meinem ersten Bundesligaspiel im Februar 2016 in Wolfsburg an der Seitenlinie. Ich schätze ihn sehr. Wir waren sicher oft verschiedener Meinung, hatten aber nie richtigen Ärger miteinander. In der Saison 2019/2020 sind wir im Stadion nicht aufeinandergetroffen, Spiele des Hamburger SV darf ich als Hamburger Schiedsrichter schließlich nicht leiten. Getroffen haben wir uns aber trotzdem – Ende 2019 zum entspannten Gespräch im Hamburger Volkspark.

Ittrich: Dieter, wie bewertest du das aktuelle Verhältnis zwischen euch Trainern und uns Schiedsrichtern?

Hecking: Als befriedigend. Was gut ist: Ich bin jetzt seit 20 Jahren Trainer im Profifußball und stelle fest, dass es von Seiten der Schiedsrichter eine Öffnung gegeben hat. Die Führung der Schiedsrichter legt mehr Wert auf Kommunikation mit den Trainern. Früher kam man ja meistens gar nicht an die Unparteiischen ran.

Ittrich: Was mich manchmal stört: Ihr begründet Fehlverhalten auf der Bank mit „Emotionalität". Das ist mir zu einfach.

Hecking: Ich glaube, Druck trifft es besser als Emotionalität. Der Druck des Gewinnenmüssens. Das hat sich für Trainer enorm verändert. Du gewinnst ein Heimspiel nicht, verlierst dann auswärts und schon gehen die öffentlichen Diskussionen los, ob du noch der richtige Trainer bist. Der Druck macht uns das Leben schwer, das ist einfach so.

Ittrich: Siehst du später beim Betrachten der TV-Bilder ein, dass manche Ermahnung doch berechtigt war?

Hecking: Zugegeben, wenn man meinen Gesichtsausdruck sieht, wirkt das manchmal schon etwas aggressiv. Aber es ist gar nicht aggressiv gemeint. Ich lebe in dem Moment nur das aus, was raus muss. Wenn ich das nicht mehr darf, dann würd's mich irgendwann zerreißen.

Ittrich: Wir wissen um den Druck der Trainer, und ich finde, wir sind großzügiger, als wir könnten.

Hecking: Es geht grundsätzlich immer um Kommunikation und Verständnis füreinander. Ich bin zum Beispiel dafür, dass sich vor der Saison alle Schiedsrichter und Trainer treffen. Ich war ja mal zu Gast bei euch im Trainingslager am Chiemsee. Ich fände es sinnvoll, in Workshops gemeinsam Szenen anzuschauen und zu diskutieren – ohne Druck und Emotionen. Warum denn nicht? Generell sollten wir mehr miteinander als übereinander reden. Wir hatten mal Besuch von Bundesligaschiedsrichter Robert Hartmann. Der war im Sommer einen Tag lang bei uns im Trainingslager, hat ein Trainingsspiel gepfiffen, war abends beim Essen dabei und dann gab's die Regelschulung. Meine Spieler fanden das gut.

Ittrich: Bereitest du die Spieler vor der Partie auf den Schiedsrichter vor?

Hecking: Klar gucken wir, wer da kommt. Ich notiere mir auch nach jedem unserer Spiele ein paar Sätze zum Schiedsrichter. Ist die Spielleitung sehr strikt oder großzügig? Wie bewertet er die Zweikämpfe? Darauf kann ich meine Mannschaft dann beim nächsten Mal einstellen. Seit meinem Besuch im Trainingslager bei euch weiß ich ja, dass ihr euch auch Spielszenen der Mannschaften anschaut.

Ittrich: Nutzt ihr Diskussionen mit den Schiedsrichtern manchmal als taktisches Mittel – um Emotionalität auf die Mannschaft zu übertragen, wenn es gerade nicht läuft?

Hecking: Wenn du merkst, dass deine Mannschaft sehr schläfrig ist, schließe ich das nicht aus. Aber mal ein anderes Beispiel: unser Pokalfinale 2015 mit Wolfsburg gegen Dortmund, mein erstes Endspiel. Die Dortmunder Bank war sehr aktiv, sprang schon nach einer Minute auf und forderte eine Gelbe Karte für unseren Spieler Luiz Gustavo. Das ging in den Minuten danach so weiter, und ich sagte zu meinem Co-Trainer Dirk Bremser: *„Wenn wir jetzt hier nicht auch aktiv werden, bekommen wir ein Problem! Wir müssen dagegenhalten."* Als dann einer von unseren Spielern abgeräumt wurde, ist Dirk aufgesprungen, legte sich mit den Dortmundern an, ich ging dazwischen.

Ittrich: Also habt ihr es mit Absicht gemacht, um Emotionen zu erzeugen.

Hecking: Ich sage, wir hätten das Finale verloren, wenn wir nur zugeguckt hätten.

Ittrich: Als Fußballer kann ich es sogar verstehen. Aber dafür hätte es inzwischen dann womöglich die Gelbe Karte gegeben.

Hecking: Für mich sind diese Karten sinnlos. Wir wollen doch Kommunikation. Die Symbolhaftigkeit einer Gelben Karte halte ich für unnötig.

Ittrich: Für uns war es eine neue Erfahrung, einem erfahrenen Trainer, also einer gestandenen Persönlichkeit die Gelbe Karte unter die Nase zu halten. Aber die Karten helfen zu visualisieren. Jeder im Stadion oder am TV sieht: Jetzt wird der Trainer verwarnt und muss sich beruhigen.

Hecking: Aber trotzdem wissen die Zuschauer und auch wir nicht immer, wofür genau es diese Karte nun gab. Da sind wir wieder beim Thema Kommunikation. Generell sind wir da auf einem guten Weg, aber noch nicht auf einem sehr guten. Was mir gefällt, ist, dass wir häufiger nach dem Spiel den Weg in die

Schiedsrichterkabine suchen und über Szenen sprechen können. Oder auch mal sagen können: „Danke, alles richtig gemacht.“

Ittrich: Das ist doch viel besser! Kommt aber eher selten vor.

Hecking: Stimmt. Oft ist es das größte Lob, wenn überhaupt gar nicht über euch geredet wird.

Ittrich: Ich finde übrigens, dass du ruhiger geworden bist. Früher warst du impulsiver. Ich erinnere mich an ein Spiel als Assistent in Gladbach. Du hast gefühlt nonstop gemeckert, das sieht man heute nicht mehr.

Hecking: Ich habe irgendwann gespürt, es bringt nichts, mich über Dinge aufzuregen, die ich nicht beeinflussen kann. Ich habe gemerkt, dass ich damit nicht weiterkomme. Es besteht die Gefahr, den Bezug zum Spiel zu verlieren. Da fällt ein Gegentor, und ich habe vielleicht nicht erkannt, wo der Fehler lag, weil ich in Gedanken noch mit einer Schiedsrichterentscheidung beschäftigt war. Das gelingt mir inzwischen immer besser – was auch mit der Lebenserfahrung zusammenhängt.

Ittrich: Dieter, wie sieht für dich der ideale Schiedsrichtertyp aus?

Hecking: Er muss ausstrahlen, dass er der Sache gewachsen ist. Man muss merken, dass das Schiedsrichterteam eine Einheit ist, dazu zähle ich also auch den Vierten Offiziellen. Ein Schiedsrichter sollte für sich eine Spielidee entwickeln. Er kann für klare Kommunikation stehen. Für eine sehr eng ausgelegte Spielleitung. Oder eben für eine großzügige Spielleitung. Will er der Zampano oder die unaufgeregte Autoritätsperson sein, die trotzdem Spaß am Job vermittelt? Die es schafft, alle 22 Spieler und die Bänke zu beruhigen? Es ist eine große Kunst, regelkonform zu pfeifen und trotzdem einen eigenen Weg zu finden. Der DFB gibt den Rahmen vor, aber Schiedsrichter müssen die Möglichkeit haben, auch ihre Persönlichkeit auf den Platz zu bringen.

REGELFRAGEN

14

Ein Spieler steht zum Strafstoß bereit. Er nimmt einen Pfiff wahr, der aber definitiv nicht vom Schiedsrichter kommt, sondern aus dem Publikum. Der Schütze lupft den Ball aufreizend lässig direkt in die Arme des Torhüters, der den Ball schnell abwirft, um einen Konter einzuleiten. Was muss der Schiedsrichter tun?

KAPITEL 15

FIT IM KOPF – MEIN WEG ZUR SPORTPSYCHOLOGIE

Ich wollte nur noch weg. Der Boulevardfotograf am Kölner Hauptbahnhof hielt mir seine Kamera vors Gesicht und drückte ab. Also griff ich danach und schrie ihn und den Reporter neben ihm an, dass ich diese Bilder auf keinen Fall irgendwo gedruckt oder im Internet sehen wollte. Der 19. November 2011 war einer der bittersten Tage meines Lebens. Die Top-Nachricht der Agenturen und Sender schockierte nicht nur die Fußballszene, sondern das ganze Land.

„Schiedsrichter Babak Rafati hat versucht, sich in seinem Hotelzimmer das Leben zu nehmen. Er wurde gerade noch rechtzeitig von seinen Kollegen gefunden und ist jetzt im Krankenhaus.“

Einer der Kollegen war ich. Um 13.30 Uhr, zwei Stunden vor dem Anpfiff der Partie zwischen dem 1. FC Köln und Mainz 05 wollten wir uns in der Hotellobby treffen. Babak sollte das Spiel leiten, Holger Henschel und ich an den Seitenlinien assistieren, Frank Willenborg den Job des Vierten Offiziellen erledigen. Babak erschien nicht in der Lobby. Normalerweise war er immer fünf Minuten vor dem verabredeten Termin da. Ich hatte sofort ein ungutes Gefühl – ein Herzinfarkt oder Schlaganfall vielleicht? Es war der Instinkt des Polizisten in mir. An einen Suizidversuch habe ich zu keiner Sekunde gedacht, Anzeichen gab es für mich nicht. Wir ließen vom Hotelpersonal die Zimmertür öffnen. Was genau im Zimmer passierte, werde ich an dieser Stelle nicht ausführen. Aus Respekt vor allen beteiligten Personen.

Babak kam ins Krankenhaus, in einem Raum im Hotel begann die polizeiliche Befragung. Wir waren schließlich Zeugen. Die folgenden Stunden liefen wie in Trance ab. Wir hätten eigentlich ein Bundesligaspiel leiten sollen, so wie wir es etliche Male getan hatten. Nun wurde dieses Spiel abgesagt. Babak lag im Krankenhaus, und wir saßen in diesem abgesperrten Raum im Hotel und mussten uns den Fragen der Polizisten stellen. Surreal.

Ich habe keine Ahnung mehr, was ich den Kölner Beamten erzählte. Irgendwann stieß der damalige DFB-Präsident Theo Zwanziger zu uns. An das Gespräch mit ihm kann ich mich auch nicht mehr erinnern. Einiges habe ich vergessen, verdrängt, manches ist verschwommen noch da, andere Momente dieses Tages sind dagegen noch sehr präsent.

Zwanziger verkündete später auf einer Pressekonferenz, dass Babak wohl außer Lebensgefahr sei, und wir daran entscheidenden Anteil hätten.

„Die drei Assistenten haben mit der Situation schwer zu schaffen, sie haben in den Gesprächen mit mir aber einen stabilen Eindruck hinterlassen und werden im Rahmen der polizeilichen Vernehmung seelsorgerisch betreut.“

Die Hilfe des Kriseninterventionsteams kam für mich noch viel zu früh. Ich konnte das alles noch gar nicht begreifen. Erst einmal galt es zu verstehen, was überhaupt passiert war. Ich telefonierte mit meiner Mutter. Sie weinte. „Alles wird gut", das sagte sie immer in schwierigen Situationen. Nach rund sechs Stunden durften wir das Hotel verlassen. Unser Taxi zum Bahnhof wurde von Reportern verfolgt. Eine Erfahrung, auf die ich gerne verzichtet hätte. Immerhin: Die Bilder von mir am Kölner Hauptbahnhof sind tatsächlich nie gedruckt worden. Wir fuhren mit dem Zug nach Hause, kaum jemand sprach ein Wort.

In Hamburg angekommen, zog ich den Netzstecker des Telefons aus der Wand und wurde eine Woche lang krankgeschrieben. In meinem Berufsleben als Polizist hatte ich viele schlimme Situationen gesehen, wobei es mir immer gelungen war, eine Art emotionalen Vorhang herunterzulassen. Das ging diesmal nicht. Zweieinhalb Jahre lang war ich als Assistent mit Babak in der Bundesliga unterwegs gewesen, wir kannten uns gut, waren Kumpels.

Bald suchte ich mir Unterstützung bei unserem Polizeipsychologen. Es war eine Vorsorgemaßnahme. Ich hatte gar nicht das Gefühl, sehr dringend Hilfe zu brauchen. Aber wer weiß, wofür es gut ist, sagte ich mir.

Ein Karriereende nach diesem Zwischenfall war für mich nie ein Thema. Es hätte mich kein bisschen weitergebracht. Ich wollte wieder raus und das tun, was mir so viel Spaß machte: Fußballspiele leiten. Zehn Tage nach dem schlimmen Tag in Köln pfiff ich das Freundschaftsspiel zwischen dem Hamburger SV und den Glasgow Rangers im Volkspark. Ich hatte richtig Lust darauf, der Zuspruch der Spieler tat mir einfach gut. Bis zum Saisonende leitete ich noch einige Partien in der zweiten Liga. Aber ich musste schnell feststellen, dass ich die Saison 2011/2012 abhaken konnte. Die Spielzeit lief schon vor dem 19. November nicht besonders gut für mich, nach dem Erlebnis von Köln konnte ich meine Leistung nicht mehr hundertprozentig abrufen. Mir fehlte die mentale Kraft, um alles auszuschöpfen. Mein Ziel Bundesligaaufstieg war ganz weit weg.

Bei einem so schrecklichen Ereignis steht selbstverständlich der Betroffene im Fokus. Dass es Babak Rafati wieder gut geht, ist das Wichtigste. Aber auch um die Helfer muss man sich kümmern.

Wir, Holger Henschel und Frank Willenborg, meine Kollegen des schicksalhaften Tages in Köln, haben in den Monaten danach viel miteinander geredet, das hat uns allen viel gebracht. Der Gedanke, der uns aufrichtete, war, dass wir Babak letztlich helfen konnten. Holger hat seine erfolgreiche Karriere inzwischen beendet – er ist an die Altersgrenze gestoßen. Er war einer der erfahrensten Assistenten in der Bundesliga. Frank und ich sind als Schiedsrichter in die Bundesliga aufgestiegen. Darauf bin ich stolz.

Zu Babak Rafati habe ich keinen Kontakt. Seit dem 19. November 2011 haben wir uns weder gesehen noch gesprochen. Ich hätte ihn gerne getroffen, mit ihm gesprochen, ihn in den Arm genommen. Aber er wollte nicht, und das muss ich akzeptieren.

Der Leistungsdruck, dem die Schiedsrichter ausgesetzt sind, war nach dem 19. November 2011 ein großes mediales Thema. Bis heute werde ich darauf angesprochen, etwa wenn ich Vorträge über den Job des Schiedsrichters halte. Immer wieder kommt die Frage: Wie kommt ihr mit dem Druck im Profifußball klar? Ich kann darauf keine grundsätzliche Antwort geben. Ich kann nur sagen, wie ich es empfinde. Menschen gehen mit Leistungsdruck völlig unterschiedlich um. Ich spürte 1997 erstmals Druck, ungefähr ein Jahr nachdem ich mein erstes Herrenspiel gepfiffen hatte. Die Verantwortlichen im Hamburger Schiedsrichterwesen erkannten mein Talent und setzen auf mich. Ich bekam das Gefühl vermittelt, dass ich es als Schiedsrichter zu etwas bringen kann. Mir war klar: Wenn ich gut pfeife, bekomme ich eine gute Note und kann in die nächsthöhere Klasse aufsteigen. Ich pfiff als junger Schiedsrichter das Spiel zwischen dem Horner TV und dem SC Europa, es ging um den ersten Platz in der Bezirksliga. Dieser Druck fühlte sich für mich aber positiv an. Ich bekomme ein tolles Spiel, weil auf mich gesetzt wird – super!

Ich freue mich auf jedes Spiel, das war immer so, egal ob in der Kreisklasse oder in der Bundesliga. So lange das so ist, ist eine ganz wichtige Voraussetzung im Umgang mit Druck gegeben. Ist die Vorfreude irgendwann weg, muss ich mir Gedanken machen.

Bei Rückschlägen, egal ob Fehlern oder Verletzungen, suche ich Lösungen. Ich brauche in solchen Situationen einen Plan. Das Wichtigste für mich ist, nicht in einen Negativsog zu geraten, ähnlich wie es Mannschaften im Abstiegskampf passieren kann. Das gilt es unbedingt zu verhindern. Bisher ist es mir glücklicherweise gelungen.

Nach dem Fall Rafati bot der DFB den Erstligaschiedsrichtern an, auf Kosten des Verbandes mit Sportpsychologen zusammenzuarbeiten. In der ersten Liga ist der Druck mit Abstand am größten. Niemand musste, jeder durfte. Ich war zu dem Zeitpunkt kein Erstligaschiedsrichter, das Angebot galt wegen meiner besonderen Situation aber auch für mich – später dann auch für alle Zweitligaschiedsrichter. Ich begann, darüber nachzudenken. Sportpsychologie, was ist das überhaupt? Was bringt mir das? Ich wusste, dass es bei manchen Menschen Vorbehalte gab, sie hatten Sorge, abgestempelt zu werden, nach dem Motto: Wer sich Unterstützung holt, ist labil und schwach.

Dieser Gedanke spielte bei mir keine Rolle. Ich wusste, dass vor allem Einzelsportler mit Psychologen zusammenarbeiten. Wie genau das aber ablief, und was sie da taten – davon hatte ich keine Ahnung. Der DFB vermittelte mir Dr. Ole Benthien von der Uni Potsdam. Raspelkurze Haare, sportlich gekleidet, Norddeutscher. „Lässiger Typ“, dachte ich, als er mir das erste Mal gegenübersaß. Ich wollte keinen Klugscheißer oder Dozenten, sondern jemanden, mit dem es menschlich passt und mit dem ich reden konnte. Ole war mir sofort sympathisch. Der lässige Typ hatte eine wichtige Frage mitgebracht: „Was möchtest du von mir?" „Das hier soll keine Traumatherapie für mich werden", antwortete ich. Mir ging es weniger darum, den Fall Rafati aufzuarbeiten, sondern darum, sportlich voranzukommen – zwei unterschiedliche Themen, auch wenn sie sich nicht komplett voneinander trennen ließen. Es brodelte nämlich doch mehr in mir, als ich mir zunächst eingestehen wollte. Mich komplett von dem Erlebnis in Köln zu lösen, dazu fehlte mir ein entscheidendes Puzzleteil: Das Gespräch mit Babak. Da das nun mal nicht ging, redete ich mit Ole. Den Fokus legten wir aber auf meine sportliche Situation.

Meine Leistungen stagnierten, ich hatte durch das Erlebnis von Köln einen Knacks bekommen, mein Gefühl war, nur noch so mitzuschwimmen. Ich fiel nicht auf, und die Gefahr bestand, in einer Schublade zu verschwinden. Das wollte ich unbedingt verhindern und zurück in einen Leistungsbereich kommen, in dem ich gesehen werde, positiv auffalle.

Nach dem Kennenlerntreffen mit Ole war ich erst einmal platt. Diese 90 Minuten fühlten sich an wie eine Sporteinheit, als müsste ich literweise Cola trinken, um das Depot wieder aufzufüllen. Die mentale Arbeit war ein völlig neues Erlebnis. Anstrengend, aber es machte etwas mit mir. Ich hatte ein positives Grundgefühl bei der Sache. Wir trafen uns danach einmal im Monat, zusätzlich unterhielten wir uns per Skype. Im Sommer 2012 ging es voran. Ich hatte eine gute sportliche Vorbereitung hinter mir, war heiß auf die neue Spielzeit, die Arbeit mit Ole schien zu fruchten. Und dann riss mein Kreuzband. Ein Schritt nach vorn, zwei zurück.

Während meiner Reha hielten wir aber regelmäßig Kontakt. Ich versuche, nie aufzugeben und immer positiv zu bleiben. Im Jahr 2013 war das besonders schwer. Im März fiel meine Mutter nach einem Herzinfarkt ins Koma. Die Ärzte eröffneten mir, dass sie ein dauerhafter Pflegefall werde, wenn sie überhaupt überlebte. Das zog mir den Boden unter den Füßen weg. Nicht nur sprichwörtlich, ich kippte im Krankenhaus um. Es machte mich fertig, meine Mutter da liegen zu sehen. Ein halbes Jahr später starb sie im Pflegeheim, ohne das Bewusstsein noch einmal wiederzuerlangen. Meinem Vater diese Nachricht zu überbringen, war ein fast ebenso schlimmes Erlebnis. Er konnte mit dem Tod meiner Mutter nicht umgehen, sah keinen Sinn mehr im Leben. Ich machte mir große Sorgen um ihn und wusste nicht, wie es weiter gehen sollte.

Ole ist Sportpsychologe. Sein Auftrag ist es, Sportler besser zu machen. Trotzdem half auch er mir in dieser Phase, indem er mir zuhörte. Manchmal reicht das schon. Mein Vater starb im Jahr 2018. Ich bin sehr glücklich, dass er meinen Bundesligaaufstieg noch miterlebt hat. Er fragte nämlich ständig, wann ich endlich aufsteigen würde. „Das, was die da pfeifen, kannst du doch auch“, sagte er immer, dabei hatte er keinen wirklichen Plan vom Schiedsrichtersystem.

Die Jahre 2011 bis 2013 waren schlimm. Der Fall Rafati, der Tod meiner Mutter, mein Kreuzbandriss. Dennoch sagte ich mir, jetzt kommt meine Zeit. Ich brauchte eine vernünftige Saison, in der ich auffalle, ohne aufzufallen. Klingt erst einmal paradox. Aber wenn ein Schiedsrichter auffällt, dann deswegen, weil er eine Fehlentscheidung getroffen hat. Ole half mir, ein klares Ziel zu formulieren, nämlich den Aufstieg in die Bundesliga (viel Zeit hatte ich nicht mehr, ich war schließlich schon 32), wobei eine absolut realistische Chance bestand, dass es nicht klappte. Wir beschäftigten uns mit dem Szenario des Scheiterns, ohne etwas zu beschönigen (Ergebnis: Dann bleibe ich halt Zweitligaschiedsrichter), und spielten mögliche Alternativen durch, falls es auf einen Schlag vorbei sein sollte mit der Schiedsrichterei (zur Erinnerung: meine Knie … Ergebnis: Mein Leben ist gut, es ist alles in Ordnung).

Diese Gespräche gaben mir ein gutes Gefühl. Das ist Typsache. Dem einen hilft es, über das „Worst-Case-Szenario" zu reden, den anderen setzt es unter zusätzlichen Stress. Ein guter Sportpsychologe erkennt, mit welchem Typ er es zu tun hat. Und Ole ist halt ein guter.

Es gab zwei Punkte, an denen wir ansetzten: Die richtige Ansprache, nicht zu aggressiv, aber auch nicht zu lasch, sowie die Qualität der Entscheidungen, also wie knifflige Situationen noch besser zu erkennen sind. Wie sehe ich den Strafstoß oder die Rote Karte? Beide Baustellen gingen wir mit Fragen an. Sehr vielen Fragen.

„Auf einer Skala von eins bis zehn – wie würdest du dein Laufverhalten im Moment bewerten?" „Boah, weiß ich nicht. Nach dem letzten Spiel vielleicht mit einer fünf." „Was musst du denn tun, um auf eine sechs zu kommen?" „Vielleicht noch mehr in die Tiefe gehen in der einen Situation, noch mehr in den Strafraum einrücken." „Was würden denn deine Assistenten sagen, wie du auf die sechs kommst?" Wir kamen vom Hundertsten ins Tausendste. Ständig zwang Ole mich, neue Perspektiven einzunehmen. Wie sehe ich mich? Wie sehen die anderen mich? „Wie würde deine Tochter, die in der Pubertät ist, dein Verhalten bewerten?" Ole gibt sich nicht mit einfachen Antworten zufrieden. „Was musst du verändern?" „Ich muss mich mehr konzentrieren." „Was heißt das denn?" „Ich muss mich mehr fokussieren." „Ja, worauf denn?" „Auf den Ball." „Wie kriegst du das hin?" „In dieser einen Szene mehr rückwärts laufen." Wir arbeiteten uns bis ins kleinste Detail vor. Ganz ehrlich: Das kann richtig nerven. „Boah, jetzt hör auf mit deinen Fragen!" Aber ich zog die Sache durch.

Zunächst stellten wir fest, dass aufgebrachte Spieler mich emotionalisierten und nervten. „Das müssen wir abstellen!", urteilte Ole. Ein klassisches Beispiel auf dem Fußballplatz ist die „Rudelbildung". Mehrere Spieler schubsen und schreien sich an.

Entweder war ich zu nah dran, schrie ebenfalls, oder ich schaute mir das Ganze aus zu großer Distanz an und wirkte gelangweilt. Was ich nicht war. Aber so wirkte es. Schnell am Ort des Geschehens sein, nicht lethargisch, sondern präsent sein, Ruhe bewahren. Das war unser Auftrag. Ole mimte den Spieler, ich hielt meine Ansprache. Als Polizeipuppenspieler kannte ich mich mit Aufführungen aus, aber am Anfang war es komisch, das Stadionfeeling fehlte. Keine Zuschauer, kein Adrenalin, ich musste lernen, mich auf diese Rollenspiele einzulassen. Wir feilten an Haltung, Gestik, Duktus und Distanz.

Ich lernte einen kleinen Trick: Bevor ich mich an einen emotionalisierten Spieler wende, drücke ich fest meine Pfeife, die ich ja eh in der Hand habe – als Signal an mich selbst, nicht in alte Muster zu fallen, um mich daran zu erinnern, wie ich es besser machen wollte. Zu Hause übte ich vor dem Spiegel, mit der Pfeife in der Hand. Ich drückte fest zu, in meinem Spiegelbild sah ich den Spieler. Dann versuchte ich die Übung auf den Alltag zu übertragen, zum Beispiel in Diskussionen mit meinen Töchtern. Nicht emotionalisieren lassen, ruhig bleiben. Heute schaffe ich es auf dem Platz: Ich drücke die Pfeife, und lege einen Schalter im Kopf um. Die Kommunikation auf dem Platz entwickelte sich zu meiner großen Stärke, damit fiel ich auf. Es klappt freilich nicht immer, siehe das Spiel in Wolfsburg, als ich mit Schalkes Trainer aneinandergeriet. Die Arbeit mit einem Sportpsychologen ist ein langwieriger, anstrengender Prozess, schnell mal was verändern funktioniert nicht. Als mein Bundesligaaufstieg feststand, sagte ich nicht: „Danke und Tschüss", sondern die Arbeit ging weiter. Das wird bis zum Ende meiner Karriere so bleiben.

Einige Male hatte ich in Bundesligaspielen Wadenprobleme. In mehreren Spielen machten um die 55. Minute herum meine Waden zu, wie auf Knopfdruck. Erst nach zehn, fünfzehn Minuten war die Blockade wieder rausgelaufen. Währenddessen änderte ich meine Laufwege, ließ auch mal einen Sprint aus. Für Außenstehende war das nicht zu erkennen. Kein Fan, kein Fernsehkommentator merkte, dass etwas nicht stimmte. Ich suchte nach den Ursachen: Sind die Schuhe schuld? Ist die Ernährung falsch? Oder ist es eher Kopfsache? Für Letzteres sprach, dass es immer dieselbe Minute war. „Jetzt fängt's gleich wieder an", dachte ich, wenn die 55. Minute näherrückte. Ein klassischer Fall sich selbst erfüllender Prophezeiung. Ich lernte, von außen auf die Situation zu schauen, sozusagen mein eigener Beobachter zu werden, tauchte immer wieder in das Szenario ein. Das, was an dem Szenario bedrohlich und hypnotisierend war, verlor nach und nach die Anziehungskraft, und irgendwann verschwanden die Wadenprobleme.

Wir haben die Schlagzahl inzwischen reduziert, sprechen im Schnitt alle zwei Monate. Ich sehe die Arbeit als Prophylaxe. Rückschläge können passieren. Am Tag nach dem Wolfsburgspiel habe ich lange mit ihm telefoniert. Und wenn meine Frau wieder zu mir sagt: „Du solltest mal wieder mit Ole sprechen", weiß ich, was die Stunde geschlagen hat.

Sportpsychologie ist sicher keine Wunderwaffe, nicht jeder ist der Typ dafür. Manche brauchen diese Unterstützung vielleicht nicht. Wäre ich ohne Oles Unterstützung in die Bundesliga aufgestiegen? Hypothetische Frage, aber ich sage, wahrscheinlich nicht.

Jetzt habe ich so viel über Ole erzählt, nun soll er selbst zu Wort kommen.

Über allem steht die psychische Gesundheit. Wir Sportpsychologen haben nicht die Aufgabe, Leistungsoptimierung um jeden Preis zu betreiben, das Letzte aus einem Sportler herauszuquetschen. Das körperliche Training muss maximal professionell laufen. Sportpsychologen können keine Defizite im körperlichen Bereich ausgleichen oder Wunderdinge vollbringen. Sportpsychologie ist ein zusätzliches Werkzeug im Training von Spitzenathleten.

Patrick kam mit dem klar formulierten Ziel, in die Bundesliga aufzusteigen.

Er hat eine maximal professionelle Einstellung und ist trotzdem ein lockerer Typ, der viel redet und lacht. Er braucht das, um Leistung abzurufen. Es wäre kontraproduktiv, ihn als Typen zu ändern, um ein bestimmtes Bild zu erfüllen. Zudem ist er durchsetzungsstark, seine Rückschläge wie die schwere Knieverletzung habe ich nie als karrieregefährdend wahrgenommen. Es war mir völlig klar, dass er immer weitermachen würde. Ganz wichtig: Die Arbeitsbeziehung muss stimmen. Ohne Vertrauensverhältnis funktioniert es nicht. Ganz zu Anfang sage ich immer: „Das hier ist keine Pflichtveranstaltung. Was du mir anvertraust, ist deine Sache. Ich stelle viele Fragen, weil ich glaube, dass sie klug sind. Muss aber nicht so sein. Wenn du das also anders wahrnimmst, sag mir das bitte."

Ich arbeite mit Sportlern aus verschiedenen olympischen Disziplinen zusammen, Leichtathleten, Handballern, Ruderern, Seglern und Boxern zum Beispiel. Schiedsrichter sind eine ganz spezielle Gruppe. Sie sind zwar Teil des sportlichen Betriebs, haben aber nicht den klassischen sportlichen Druck, sie müssen keine Tore schießen oder Ergebnisse liefern – hohen Leistungsdruck haben sie trotzdem. Schiedsrichter auf Spitzenniveau müssen eine bestimmte Persönlichkeitsstruktur aufweisen. Sie brauchen ein höheres Maß an Selbstvertrauen als andere Menschen und auch als andere Sportler. Sie werden nicht bejubelt. Sie können sich nicht wegducken, sich nicht auswechseln lassen, sie stehen voll im Fokus. Sie müssen es nicht nur aushalten, im Scheinwerferlicht zu stehen, sondern es sogar gut finden. Für mich ist es total spannend, mit Schiedsrichtern zusammenzuarbeiten.

Sie erinnern mich an Segler. Der Segelsport ist außergewöhnlich komplex, ganz verschiedene Aspekte beeinflussen einen Wettkampf. Die Aktiven haben ein relativ hohes Hochleistungsalter. Erfahrung spielt eine zentrale Rolle. Tausende Male mussten sie in ganz unterschiedlichen Situationen Entscheidungen treffen. Die Konsequenzen daraus sind unglaublich wichtige Erfahrungswerte. Aus diesen gesammelten Werten entsteht eine sehr stark ausgeprägte Antizipationsfähigkeit. Deswegen sind die Entscheidungen aus dem „Bauch heraus" oft richtig. Gleiches gilt für Schiedsrichter. Je mehr Erfahrung sie sammeln, desto besser können sie abschätzen, welche Konsequenz eine Entscheidung für die gesamten 90 Minuten haben kann.

Dr. Ole Benthien

REGELFRAGEN

15

Der Schiedsrichter hat wegen einer Unsportlichkeit auf indirekten Freistoß entschieden. Vor der Ausführung vergisst er, den Arm zu heben. Ein Spieler schießt den Ball direkt ins Tor. Und nun?

KAPITEL 16

REVOLUTION – DER VIDEO-ASSISTENT

Der Weg führt direkt am Rhein entlang. Unter der Hohenzollernbrücke hindurch, mit Blick auf den Kölner Dom auf der gegenüberliegenden Flussseite. Vom Hotel sind es nur wenige Gehminuten bis zum „Cologne Broadcast Center" im Stadtteil Deutz. Anmelden beim Pförtner, Tagesausweis abholen, mit dem Fahrstuhl eine Etage in die Tiefe. Ein kleiner Schwenk nach links, vorbei an der großen, weißen Wand mit den schwarzen Buchstaben „Video Assist" darauf, und schon ist man im wohl berühmtesten Souterrain Deutschlands, dem „Video Assist Center" (VAC).

Knapp 100 Quadratmeter groß, Fenster gibt es nicht, überall sind Monitore. Das Szenario erinnert ein bisschen an ein Kontrollzentrum für Fluglotsen. Das Herz des Centers bilden die beiden Arbeitsräume – mit insgesamt 10 Arbeitsstationen, die sowohl für die Bundesliga, als auch für die 2. Bundesliga genutzt werden können. Im ersten Raum gibt es vier, im zweiten Raum sechs Arbeitsplätze, die mit einem Sichtschutz voneinander getrennt sind. Von hier aus funken die Video-Assistenten in die Stadien.

Ich bin einer der Video-Assistenten, genauer gesagt „Video Assistant Referee", wie es offiziell heißt. Oder, um es kurz zu machen: VAR. Im Schnitt komme ich auf rund fünf bis sechs

Einsätze in Köln pro Saison. Es ist eine völlig andere Aufgabe, als ein Spiel auf dem Platz zu leiten.

Der Arbeitstag beginnt rund zwei Stunden vor dem Anpfiff. Ich telefoniere mit dem Schiedsrichter. Das Telefonat dient der Einstimmung auf die anstehende Aufgabe und dauert nur wenige Minuten. Über Art und Weise der Spielleitung brauchen wir in diesem Gespräch nicht zu philosophieren. Der Schiedsrichter ist der Chef auf dem Platz, die Eingriffe des Video-Assistenten erfolgen nach einem klaren Protokoll.

Der Video-Assistent ist fester Bestandteil des modernen Schiedsrichterteams, deswegen trägt er das gleiche Trikot wie die Kollegen im Stadion. Am Anfang fand ich das seltsam. Wieso soll ich ein Trikot anziehen, wenn ich nicht laufe? Aber es ergibt schon Sinn, nicht in Privatklamotten vor dem Monitor zu sitzen. Das Anlegen der Arbeitskleidung hat etwas mit innerer Haltung zu tun, ich bin sichtbarer Teil des Teams und fühle mich auch so. Ich habe also auch in Köln meine Sporttasche mit unseren verschiedenen Trikots dabei. Entscheiden sich die Kollegen im Stadion kurzfristig doch für blau statt gelb, ziehe auch ich mich um.

Rund zwei Stunden vor dem Spiel steht der erste Technikcheck an. Die Abseitslinien werden auf die Monitore gelegt, die Verbindung ins Stadion wird überprüft, dann erfolgt eine Absprache mit allen Beteiligten des VAR-Teams. Das VAC trägt die interne Funkkennung „Deutz 1". Dreißig Minuten vor Spielbeginn folgt der zweite, kurz vor dem Anpfiff der dritte und letzte Check. „Deutz 1 wünscht gutes Spiel!" Anstoß.

Ich gehöre zu der Generation Schiedsrichter, die mehrere technische Neuerungen miterlebt hat. Ich komme mir fast schon alt vor, wenn ich jetzt von „früher" oder „damals" erzähle, aber an dieser Stelle trotzdem kurz ein Sprung zurück ins Jahr 2003. Ich war 24 und betrat in Unterhaching zum ersten Mal den Rasen eines Zweitligastadions. Matthias Anklam leitete das Spiel, ich war einer seiner Assistenten. Über unsere modisch fragwürdigen Anzüge bei der Platzbegehung habe ich bereits an anderer Stelle berichtet, nun also zu den technischen Hilfsmitteln: Matthias hatte einen Empfänger am Oberarm, wir Assistenten konnten an unseren Fahnen einen Knopf drücken, um ihn so zusätzlich auf unser Fahnenzeichen aufmerksam zu machen. Das war es aber auch schon. Wollte er mit uns sprechen, musste er raus an die Linie laufen.

Das Headset feierte seine Premiere bei der Weltmeisterschaft 2006 und hob die Kommunikation im Schiedsrichterteam auf ein ganz neues Niveau. Vor allem die Rolle der Assistenten wurde aufgewertet.

Das nächste große Thema: die Torlinientechnologie. Es wurde heiß diskutiert, wie technisch der Fußball sein darf. Am Ende setzte sich die Neuerung durch – das umstrittene Wembleytor 1966 ist zwar eine schöne Anekdote der Fußballgeschichte, aber wenn sich die elementar wichtige Frage „Drin oder nicht drin?“ technisch beantworten lässt, warum sollte man dann auf diese Hilfe verzichten? Seit Sommer 2015 bekommt der Schiedsrichter in der Bundesliga ein Signal auf die Uhr, wenn der Ball die Torlinie überschritten hat. Wer erinnert sich heute noch an die hitzigen Diskussionen über die Einführung des Systems? Wohl kaum jemand, die Technologie ist akzeptierter Bestandteil des Profifußballs.

Übrigens, genau wie das Freistoßspray, keine klassische Technikneuheit, aber doch ein weiteres Hilfsmittel, um den Abstand zwischen Mauer und Schützen festzulegen. Die dazugehörige Diskussion wurde nicht hitzig, sondern eher belustigt geführt. Ich erinnere mich an einen Lehrgang, in dem wir das Spray zum ersten Mal testeten. Eine Gruppe erwachsener Menschen, die mit Spraydosen über den Platz läuft und Schaum auf den Rasen sprüht – ein herrliches Bild. Mein Kollege Robert Hartmann schrieb im Oktober 2014 in der Zweitligapartie zwischen Bochum und Darmstadt „Fußballgeschichte", denn er war der erste Schiedsrichter, der im deutschen Profifußball sprühen durfte. Wer redet heute noch über das Freistoßspray? Niemand. Es gehört einfach dazu.

Der Fortschritt macht auch vor dem Fußball nicht halt. Ich gebe zu: Die Einführung des Video-Assistenten ist mit den gerade beschriebenen Errungenschaften nur bedingt zu vergleichen. Keine technische Entwicklung hat den Fußball so verändert wie der Video-Assistent. Wir reden hier über ein hochkomplexes Großprojekt, das sicherlich noch Optimierungspotential hat. Es ist wie bei den Smartphones: Die erste Version war nicht so gut wie die zweite, die fünfte besser als als die vierte.

Ich kann jeden Fan verstehen, der den Video-Assistenten aus traditionellen Gründen ablehnt. Ich bin aber nun mal Schiedsrichter und sehe die Sache rational. Der Video-Assistent hilft mir.

Ich kann keine Jahrhundertfehlentscheidung treffen, also eine, die mich mein Leben lang verfolgt, wegen der mich Reporter zu den Jahrestagen noch anrufen: „Herr Ittrich, heute vor 25 Jahren haben Sie übersehen, wie einer den Ball ins Tor geworfen und sein Team damit vor dem Abstieg bewahrt hat. Wie war das damals genau? Schlafen Sie eigentlich immer noch schlecht?"

Darauf kann ich gut und gern verzichten. Mal ganz davon abgesehen, dass ich natürlich den Anspruch habe, selbst zu erkennen, wenn einer den Ball ins Tor wirft. Aber zur Not ist da eben noch diese Absicherung. Und das ist ein gutes Gefühl.

Jeder Winkel auf dem Spielfeld wird gefilmt. Die Bilder werden immer besser. Fehleinschätzungen lassen sich klar belegen. Warum also sollte der Schiedsrichter diese Möglichkeiten nicht nutzen dürfen? Eine Antwort darauf wäre: „Weil Fehlentscheidungen zur Tradition des Fußballs gehören."

Wie gesagt, mein Ansatz ist aber nun mal der rationale und nicht der emotionale. Die Profivereine haben die Thematik ähnlich bewertet, indem sie für die Einführung des Video-Assistenten in Deutschland stimmten, zunächst die Bundesligisten, später dann auch die Zweitligisten. Das sollte man bei der Debatte nicht vergessen. Das VAR-Projekt fiel nicht einfach so vom Himmel, es war gewollt.

In der Saison 2016/2017 startete die Offlinephase, wir übten in Köln. Alle Bundesligaschiedsrichter wurden zu Video-Assistenten ausgebildet. In der Testphase saßen pro Spiel zwei Menschen vor dem Monitor. Ein Video-Assistent und ein Operator. Der Operator ist dafür zuständig, schnell die richtigen Bilder aus den unterschiedlichen Kameraeinstellungen rauszusuchen. Ein guter Operator muss also ein fußballaffiner Techniker sein. Später mehr zu der Bilderflut aus den Stadien.

Wir übten in der Offlinephase noch ohne Kontakt zum Schiedsrichter im Stadion. Eingriffe und Funksprüche simulierten wir nur. Außerdem probten wir draußen auf dem Platz mit Jugendmannschaften. Für mich fühlten sich diese Simulationen ein bisschen surreal an. Eine Übung ist eben nur eine Übung. Trotzdem freute ich mich auf die neue Saison, ich fühlte mich gut vorbereitet und war wie eigentlich alle Kollegen optimistisch. Vielleicht zu optimistisch. Die Onlinephase ist eben doch etwas anderes. Emotionen und menschliche Fehler lassen sich nur schwer simulieren.

Auch Video-Assistenten machen Fehler. Die Erwartungshaltung in der Öffentlichkeit war aber eine andere: Es musste sofort perfekt funktionieren! Das war natürlich auch unser Anspruch, Fehler waren nicht einkalkuliert, denn schließlich sitzt der Video-Assistent ruhig vor dem Bildschirm, hat alle Zeitlupen aus allen Perspektiven vor Augen und soll Fehler des Schiedsrichterteams verhindern.

An dieser Stelle die Auszüge aus dem Protokoll. In welchen Situationen darf der VAR eingreifen?

1. Torerzielung (Foul, Handspiel, Abseits und andere Regelwidrigkeiten bei oder im Vorfeld der Torerzielung)
2. Strafstoß (nicht oder falsch geahndete Vergehen)
3. Rote Karte (nicht oder falsch geahndete Vergehen)
4. Verwechslung eines Spielers (bei Roter, Gelb-Roter oder Gelber Karte)

In der Hinrunde der Bundesligasaison 2019/2020 wurden pro Partie im Schnitt 5,5 Situationen überprüft. Die Mehrheit davon waren sogenannte „Silent Checks", die kein Fan, Spieler oder TV-Zuschauer mitbekommt. Es werden zum Beispiel alle erzielten Tore gecheckt, aber da glücklicherweise nicht jedes umstritten ist, ist in den meisten Fällen keine Kommunikation nötig.

Eine Überprüfung dauerte im Schnitt 79 Sekunden. Eine vorgeschriebene Maximaldauer gibt es nicht, am Ende soll die korrekte Entscheidung stehen. In der angesprochenen Hinrunde griff der Video-Assistent laut DFB-Statistik 61 Mal ein, 57 Eingriffen folgte die richtige Entscheidung. Acht Mal blieb der Eingriff aus, obwohl er aus fachlicher Sicht angebracht gewesen wäre. Die Anzahl der Fehler sank im Vergleich zu den Vorjahren, dafür dauerte eine Überprüfung im Schnitt länger.

Grundlage für einen Eingriff ist laut VAR-Protokoll eine „klare, offensichtliche Fehlentscheidung" auf dem Platz oder die „fehlende Wahrnehmung zu einem relevanten Vorgang".

Ein legendäres Beispiel aus der Fußballgeschichte: Diego Maradonas Tor mit der Hand im WM-Viertelfinale 1986 für Argentinien gegen England. Beim Betrachten der Bilder in der Originalgeschwindigkeit könnte es auch ein Kopfballtor gewesen sein, alles geht ganz schnell. Die Zeitlupe zeigt aber eindeutig, wie Maradona den Ball geschickt mit der linken Hand über den englischen Keeper lenkt. Jeder, der sich diese Zeitlupe ansieht, wird zu dem Schluss kommen, dass hier ein strafbares Handspiel übersehen wurde. Es kann keine andere Meinung geben. Für eine Verteidigung musste man sich schon auf höhere Mächte berufen. Maradona sprach bekanntlich von der „Hand Gottes".

Nun kommt ein solcher Fall nicht jedes Wochenende vor, vieles im Fußball – ich wiederhole mich an dieser Stelle gern – spielt sich im Graubereich ab. Die klare, offensichtliche Fehlentscheidung ist der Leitsatz für den VAR. Was aber klar und offensichtlich bedeutet, muss festgelegt werden. Wir diskutieren auf Lehrgängen und Feedbackrunden nach unseren Einsätzen in Köln ständig über aktuelle Szenen. Und ich kann an dieser Stelle sagen, dass wir uns nicht immer einig sind.

Der VAR muss die richtige Mischung aus Lockerheit und Anspannung finden, im Idealfall in einer hektischen Situation kurz innehalten und sich dann die Frage stellen: Was hat der Schiedsrichter auf dem Platz entschieden? Auf dieser Grundlage muss die Szene analysiert werden. Der VAR soll nicht die für sich beste Entscheidung suchen, sondern nur analysieren, ob die Entscheidung des Schiedsrichters klar und offensichtlich falsch ist. Ist dies nicht der Fall, wird die Entscheidung vom Video-Assistenten unterstützt und es erfolgt keine Überprüfungs-Empfehlung an den Schiedsrichter.

Beim Einsatz in Köln bin ich kein Spielleiter. Ich bin Assistent und habe trotzdem Druck. Die Drucksituation auf dem Platz kenne ich seit vielen Jahren, die vor dem Monitor ist neu. Auf ein Stück Papier schreibe ich mir: „Entscheidung des Schiedsrichters?" und „Klar falsch?". Ich halte mir diese Grundsätze stets vor Augen, obwohl ich sie kenne. Sie in der Drucksituation abzurufen, aus dieser Perspektive heraus Szenen zu bewerten, ist eben etwas anderes.

Der entspannte Blick auf den Fernseher zu Hause ist ein anderer als der auf die Monitore in Köln. Ich stehe total unter Strom. Jeder Fehler wird mir sofort nachgewiesen, und ich kann nicht auf Verständnis dafür hoffen. Fehler auf dem Platz sind ärgerlich, aber nachvollziehbar. Kein Schiedsrichter kann alles sehen. Als Video-Assistent habe ich aber Zugriff auf alle Bilder. Übersehe ich etwas, ist das schwer zu erklären. Ich muss den klaren Fehler erkennen. Nicht eine Stunde später, sondern sofort.

Ein Bundesligaspiel wird im Schnitt von 20 verschiedenen Kameras gefilmt, in der zweiten Liga sind es durchschnittlich 7. Eine Szene, die aus einem Winkel nach einer Schwalbe aussieht, kann im Extremfall aus der Perspektive einer anderen Kamera wie ein klares Foul erscheinen.

Als VAR habe ich den Kameraplan vor mir liegen, ich muss nicht jede Perspektive durchgehen. Will ich einen Zweikampf vor dem Tor checken, bringt mir die Kamera hinter dem gegenüberliegenden Strafraum herzlich wenig. Um sich im Bilderdschungel nicht zu verlaufen, braucht es Übung und ein funktionierendes Teamwork. Inzwischen sitzt deshalb auch nicht mehr nur ein Video-Assistent neben einem Operator, in der Bundesliga sind jetzt zwei Operatoren pro Spiel mit dem Video-Assistenten und dem AVA, dem Assistent-Video-Assistant, im Einsatz. In der Bundesliga sprechen sich nun vier Leute so ab, dass aus den 20 Kameraperspektiven schnell die richtige herausgesucht wird.

Der Video-Assistent und sein AVA teilen sich schon vor potenziellen Checks untereinander auf, vor einem Eckball beispielsweise. Der Video-Assistent sagt: „Ich gucke rechts im Sechzehner." Der AVA kann dann auf den linken Teil achten. Vier Augen sehen mehr als zwei. Und trotzdem können Fehler passieren. Menschliche Fehler.

Ich habe einmal einen klaren Strafstoß übersehen. Frankfurt spielte gegen Augsburg, im Strafraum kam es zu einem Zweikampf.

Ein Frankfurter Spieler fuhr den Ellenbogen in Richtung Oberkörper des Gegners aus. Mein Kollege auf dem Platz pfiff nicht und schilderte mir, wie er die Szene wahrgenommen hatte. Ich überprüfte, während der AVA das weiterlaufende Spiel im Blick behielt. Ich schaute die Szene aus mehreren Perspektiven an und kam zu dem Schluss, dass kein klarer Fehler vorlag. Weiterspielen. Kein Eingriff.

Nun war der Frankfurter seinem Gegenspieler aber in der Szene leider auch noch klar auf den Fuß gestiegen. Ich aber hatte nur Augen für den Ellenbogeneinsatz gehabt, hatte mich allein auf den Oberkörper konzentriert und das Foul weiter unten dadurch übersehen.

Ein Fehler, der verständlicherweise schwer nachzuvollziehen ist. Die Fernsehzuschauer, die den Fußkontakt bemerken, fragen sich, ob der Video-Assistent irgendeinen Krimi schaut, statt seinen Job zu machen. Nein, macht er nicht. Er hat sich in der Anspannung schlicht in der Situation verfangen.

Je komplexer die Situation, desto größer ist die Gefahr, den Überblick zu verlieren. In den ganz kniffligen Fällen geht es nicht um einen Check, sondern gleich um mehrere. Stellen wir uns folgenden Ablauf vor: Ein Verteidiger spielt den Ball vor dem eigenen Strafraum mit der Hand. Der Ball landet bei einem Teamkollegen, der den Konter einleitet. Er passt zu einem Mitspieler, der in der gegnerischen Hälfte startet und möglicherweise knapp im Abseits steht. Der Mitspieler leitet den Ball weiter zu seinem Stürmer, der ebenfalls an der Abseitslinie lauert. Der Stürmer läuft in den Strafraum und wird vom Torwart zu Fall gebracht. Das alles passiert innerhalb von nicht mal zehn Sekunden. Der Schiedsrichter pfeift nicht, das Spiel läuft weiter. Und jetzt?

Erstmal tief durchatmen. Die VAR-Crew muss als erstes den Überblick bewahren. Ist der Zweikampf zwischen Torwart und Stürmer sauber abgelaufen – der Schiedsrichter lag also nicht klar falsch – sind die drei Aktionen vorher nicht mehr relevant für den Video-Assistenten. Es ist ja kein Tor gefallen.

Kommt der VAR aber zu dem Schluss, dass es sich hier um einen klaren Strafstoß handelt, müssen auch die Abseitsentscheidungen und das Handspiel in der Entstehung gecheckt werden. Die Festlegung der Angriffsphase ist dabei eine zentrale Aufgabe. Die Kernfrage ist: Wo beginnt der Angriff?

Dieses Beispiel könnte man sogar noch weiter auseinandernehmen (und es damit noch komplizierter machen). Was ich damit sagen will: Manchmal passieren mehrere Dinge auf einmal.

Manche Szenen lassen sich auf dem Platz besser beurteilen als am Monitor. Vergehen wie ziehen, reißen oder stoßen sehen im TV-Bild oft harmloser aus, als sie in Wirklichkeit waren. In einem Laufduell mit Höchstgeschwindigkeit reicht manchmal ein winziger Kontakt, um den Gegenspieler zu Fall zu bringen. Eine Situation, die am Bildschirm sehr schwierig zu bewerten ist. Der Schiedsrichter kann dagegen die Dynamik der Situation sozusagen spüren und das Duell viel besser einschätzen – wenn er denn richtig positioniert ist und einen guten Blickwinkel hat. Deswegen ist es so wichtig, miteinander und nicht aneinander vorbeizureden. Der VAR muss wissen, was der Schiedsrichter gesehen und entschieden hat.

Bei der Bewertung von Abseitssituationen ist die Position in Köln die klar bessere als die im Stadion. Der VAR-Crew stehen kalibrierte Linien zur Verfügung, die Abseitsstellungen sichtbar machen. Auch wenn es um Millimeter geht. Abseits ist nun mal Abseits. Der Schiedsrichter wartet auf dem Platz auf das Kommando aus Köln, muss also nicht selbst zum Monitor gehen. Mit einer Ausnahme: der sogenannten „line of vision". Ein Spieler steht in der Sichtlinie des Torwarts im Abseits. Die Abseitsstellung ist klar nachzuweisen, muss in diesem Fall aber interpretiert werden. Behindert der Spieler die Sicht des Torwarts oder nicht? Das entscheidet der Schiedsrichter, also muss er sich die Szene noch mal angucken.

Jeder steht lieber selbst auf dem Platz, als Video-Assistent zu sein, das ist doch klar. Aber die Rolle ist extrem spannend. Der VAR soll den Fußball nicht gerecht, er soll ihn aber gerechter machen. Ich bin froh, dass es den Video-Assistenten gibt und ich als Schiedsrichter eine zusätzliche Absicherung habe. Was die nächsten Jahre bringen, kann ich schwer vorhersagen. Fest steht: Das Projekt soll weiterentwickelt und verbessert werden. Zuständig dafür ist Jochen Drees, der „Projektleiter Videoassistent“ beim DFB, also mein Vorgesetzter. Und da es komisch wäre, meinen eigenen Vorgesetzten zu interviewen, hat das mein Co-Autor Mats Nickelsen übernommen.

Herr Drees, ist jeder guter Schiedsrichter auch ein guter Video-Assistent?

Es wäre vermessen, das zu erwarten. Nicht jedem liegt die Rolle des Video-Assistenten, genau wie manche Schiedsrichter keine herausragenden Assistenten auf dem Feld waren oder Assistenten keine herausragenden Schiedsrichter.

Es mag Einzelne geben, die alle diese Aufgaben gleich gut beherrschen. Der Rollenwechsel ist schwierig. In der einen Woche soll jemand als Schiedsrichter auf dem Feld die beste Entscheidung treffen, in der anderen Woche als Video-Assistent nur bei klaren Fehlern eingreifen. Das geht nur über Training.

Heißt das im Umkehrschluss, dass in Zukunft verstärkt Spezialisten in Köln eingesetzt werden?

Nicht ausschließlich, aber in den kommenden fünf Jahren wird dies sicher zunehmen. Wir haben aktuell mit Günter Perl

(Anmerkung: Perl hat die Altersgrenze erreicht und ist nicht mehr auf dem Platz aktiv) einen spezialisierten Video-Assistenten für die erste Liga, in der zweiten Liga werden bereits spezialisierte AVAs, also Assistenten des VAR, eingesetzt.

Wo sehen Sie aktuell das größte Verbesserungspotential im Ablauf?

Die Zusammenarbeit der beiden Video-Assistenten mit den beiden Technikern ist ein großes Thema. Wir wollen Abläufe weiter vermehrt standardisieren.

Zudem ist die Eingriffsschwelle ein zentraler Punkt. Sie soll sehr hoch sein. Video-Assistenten müssen innere Konflikte aushalten. Wenn sie einen Strafstoß für eher nicht gerechtfertigt halten, der Schiedsrichter auf dem Platz diesen aber gegeben hat, sollen sie die Entscheidung unterstützen.

Also greifen die Video-Assistenten Ihrer Meinung nach noch zu oft ein?

Die Eingriffsschwelle liegt schon hoch. Wir können uns da, glaube ich, gut mit der Schwelle vergleichen, die die UEFA in ihren Wettbewerben, also zum Beispiel in der Championsleague, ansetzt. Sie könnte meiner Meinung nach aber noch höher liegen.

Viele Fans beklagen die fehlende Emotionalität. Sie wissen nicht mehr, ob sie nach dem Tor jubeln können oder nicht. Wie stehen Sie dieser Kritik gegenüber?

Ich kann die Argumentation verstehen. Aber es ist vielleicht der Preis, den wir zahlen müssen. Wir bewegen uns nun mal im modernen Fußball. Vereine sind große Wirtschaftsunternehmen. Wir fahren auch andere Autos als vor 50 Jahren, die Entwicklung geht voran. Ich bin mir sicher, dass die Akzeptanz über die Jahre steigen wird, irgendwann ist es ganz normal, dass es den Video-Assistenten gibt. Die Voraussetzung dafür ist, dass wir immer besser werden. Die Fragestellung sollte nicht sein: „Wann schaffen wir das wieder ab?“, sondern: „Wie setzen wir das am besten ein?“

Schnellere Checks würden die Akzeptanz sicher erhöhen. Wie kann das gelingen?

Wir haben im Wintertrainingslager in Portugal intensiv geübt und werden das auch weiter tun. Die Prozesse sollen schneller ablaufen. Genau deswegen wollen wir die Abläufe in der Zusammenarbeit weiter verstärkt standardisieren. Es ist keine schöne Situation, wenn die Teams zum Anstoß nach dem Tor bereitstehen, der Schiedsrichter aber noch in der Kommunikation mit Köln ist und man in ratlose Gesichter auf dem Platz schaut. Das wollen wir verhindern.

Sie arbeiten mit Piloten zusammen. Wie können Sie von denen profitieren?

Wir haben uns schon relativ früh Rat geholt, weil viele von uns einfach noch nie gefunkt haben. Es ging teilweise drunter und drüber. Die Schiedsrichter, die als Polizisten oder Krankenwagenfahrer arbeiten, kannten die „Funkdisziplin“, die anderen nicht. Wir haben ein Kommunikationsprotokoll als Richtlinie entworfen, mit dem der eine besser zurechtkommt, der andere weniger. Die Kommunikation ist aber grundsätzlich schon viel besser geworden. Wir sind regelmäßig in Kontakt mit zwei Piloten und überlegen, welches Übungstool wir als Nächstes auflegen können. Der Prozess ist noch lange nicht abgeschlossen.

Beim Abseits geht es um Millimeter, manchmal darum, ob der Stürmer mit der Nasenspitze einen Tick zu weit vorn ist oder nicht. Gibt es die Möglichkeit, bei Abseitsentscheidungen mehr Spielraum zu gewähren?

Der Regeltext räumt uns aktuell keinen Spielraum ein. Alle Körperteile, mit denen ein Tor erzielt werden kann, sind relevant. Also auch die Nasenspitze. Wir müssen uns aber immer wieder deutlich machen, dass wir die Abseitslinie manuell legen. Ein Klick nach links oder rechts variiert die Linie. Auch hier muss gelten: Der Video-Assistent greift nur ein, wenn sich belegen lässt, dass es wirklich anders ist, als auf dem Feld entschieden wurde.

Interessant wäre, nur noch den Fuß für eine Abseitsposition zu bewerten. Sicher würde es weiter Härtefälle geben, aber deutlich weniger. Die Situationen, in denen die Position von Schultern und Kopf überprüft werden müssen, würden schon mal wegfallen. Hier reden wir aber über eine Regeländerung und über die entscheiden nicht wir in Köln, sondern das IFAB.

Oft wird die Idee der „Challenge" diskutiert. Jeder Trainer könnte beispielsweise zweimal pro Spiel den Einsatz des Video-Assistenten fordern. Was halten Sie davon?

Man muss bei einem neuen Projekt für alle Ideen offen sein und sie vernünftig diskutieren. Bei diesem Vorschlag muss man sich fragen, ob er die jetzigen Abläufe ersetzen oder ergänzen soll. Trainer könnten zusätzliche „Challenges" als taktisches Mittel einsetzen, beispielsweise, um den Spielfluss zu stören, wenn das eigene Team unter Druck gerät. Das wäre der Gegensatz zu unserem Anspruch, möglichst wenig zu stören. Wir würden vermutlich mehr Unterbrechungen haben. Sollte die „Challenge" den jetzigen Ablauf komplett ersetzen, stellen wir uns folgende Situation vor: In der 90. Minute gibt es ein klares Handspiel auf der Torlinie, das der Schiedsrichter übersieht. Der Trainer hat den Video-Assistenten schon zweimal angefordert. Wir sehen nun diese klare spielentscheidende Fehlentscheidung, können aber nichts machen. Also, ich halte aktuell von der Idee nicht viel.

Sinnvoll wäre es aber doch, Bilder der Szenen auf den großen Videowänden in den Arenen zu zeigen. Die Fans im Stadion haben im Vergleich zum TV-Zuschauer einen Nachteil.

Ohne Frage, Bilder auf den Videowänden im Stadion sind absolut sinnvoll und werden bei der Europameisterschaft in den Arenen zu sehen sein. In der Bundesliga ist es noch eine Frage der organisatorischen Umsetzung und nicht, ob man es machen sollte oder nicht.

Beim American Football erklärt der Referee über ein Mikrofon allen Fans im Stadion seine Entscheidung. Wäre das auch im deutschen Fußball denkbar?

Grundsätzlich schon, allerdings würde das nicht das Problem lösen können, dass der Zuschauer im Stadion auch weiterhin nicht wüsste, was der Video-Assistent überprüft beziehungsweise der Schiedsrichter sich während eines Reviews ansieht. Eine öffentliche Verkündung könnte immer nur am Ende eines Überprüfungsprozesses stehen und würde voraussichtlich auch nur feste, vorgegebene Textblöcke wie „Strafstoß wegen Handspiel von Spieler Nr. 5 Mainz“ oder „Kein Tor, da Abseits Spieler Nr. 10 im Vorfeld“ vorsehen. Ob das zu mehr Transparenz führen würde, bezweifele ich. Zumal man nicht verkennen darf, dass sowohl die Fankultur wie auch das Spiel an sich im amerikanischen Sport anders geprägt ist als beispielsweise in Deutschland.

Sie waren zwölf Jahre lang Bundesligaschiedsrichter und parallel Allgemeinmediziner mit eigener Praxis. Diese haben Sie aufgegeben und sind als hauptamtlicher Projektleiter zuständig für die Entwicklung des Video-Assistenten. Was reizt Sie an dieser Aufgabe?

Es ist ein neues, frisches Projekt, das ich mitgestalten kann. Die Herausforderung macht es aus. Ich kann mit meinen Erfahrungswerten

Input geben, lenken, führen, aber auch korrigieren, was bei einem neuen Projekt nun mal wichtig ist. Es macht einfach unheimlich viel Spaß mit den Schiedsrichtern hier in Köln zu arbeiten.

REGELFRAGEN

16

Es regnet stark, der Platz ist nass. Der herausstürmende Torwart kann einen Steilpass im eigenen Strafraum abfangen, rutscht dann auf dem nassen Boden aber aus dem Strafraum heraus und kann den Ball erst außerhalb mit den Händen kontrollieren. Ein Gegenspieler ist nicht in der Nähe. Wie geht es weiter?

KAPITEL 17

EIN HOBBY MIT CHANCEN

In Deutschland gab es in der Saison 2018/2019 56 680 Fußballschiedsrichter. Für die allermeisten ist die Aufgabe ein Hobby. Sie fahren Wochenende für Wochenende zu den Fußballplätzen in Deutschland und sorgen dafür, dass der Spielbetrieb überhaupt möglich ist. Sie tun das nicht für Geld – mehr als eine Aufwandentschädigung ist im Amateurfußball nicht drin –, sie tun es, weil sie Lust darauf haben. Zwingen kann man schließlich niemanden.

Die Zahlen in Deutschland sind rückläufig, 2016 waren es noch knapp 3000 Unparteiische mehr als 2018. Die Nachwuchssorgen gab es eigentlich schon immer. Viele Karrieren begannen mit einem „Mach das mal bitte!" Das klingt irgendwie nach Strafaufgabe. Man könnte es auch positiver formulieren: „Probiere es doch mal aus!" Ein Fußballspiel zu leiten, kann Spaß machen. Das ist jedenfalls ein Grund, warum ich dieses Buch schreibe: Ich möchte vermitteln, welchen Spaß und welche Perspektiven unser Hobby bietet. Gleichzeitig werde ich aber auch nicht so tun, als ob auf deutschen Fußballplätzen alles in bester Ordnung wäre. Das ist es nämlich nicht.

Seit Jahrzehnten gibt es eine schöne Tradition in Hamburg: Das gemeinsame Training der Spitzenschiedsrichter am Donnerstag.

Dort bin ich immer gerne hingegangen, allein schon weil Hamburger Trainerlegenden wie Werner Thomsen oder Eugen Igel die Einheiten geleitet haben. Echte Typen, von denen ich viel gelernt habe. Beide sind inzwischen leider verstorben. Hamburger Spitzenschiedsrichter – das heißt in diesem Fall übrigens, dass sie Mitglied im Verbandsschiedsrichterausschuss (VSA) sind und Spiele ab der Bezirksliga leiten. Manche sind ambitioniert und wollen weiter aufsteigen, andere einfach nur ohne Druck Spaß an ihrem Hobby haben. Ich schaffe es zwar nicht regelmäßig dorthin, aber wenn es in meinen Wochenplan passt, bin ich froh, nicht allein trainieren zu müssen. Und außerdem bekomme ich mit, was im Amateurfußball so läuft. Die Älteren machen sich weniger Gedanken über gewalttätige Übergriffe. Von den Jüngeren höre ich dagegen immer öfter, dass sie mit einem mulmigen Gefühl auf den Platz gehen.

Im Oktober 2019 löste ein Angriff in der hessischen Kreisligapartie FSV Münster gegen TSV Semd eine bundesweite Debatte aus. Der 22-jährige Schiedsrichter Nils Czekala wurde von einem Spieler niedergeschlagen, nachdem er ihm die Gelb-Rote Karte gezeigt hatte. Nils hat mir Folgendes erzählt:

Ich weiß noch nicht, ob ich weitermachen werde. Ich weiß nicht, ob ich in einer brenzligen Situation Angst bekomme, eine Rote Karte zu zeigen. Auf keinen Fall möchte ich aus Angst Gelb statt Rot zeigen. Das ist unvorstellbar für mich.

Mein Hobby hat mir immer viel bedeutet. Ich habe Tausend schöne Erinnerungen an die Jahre als Schiedsrichter. Im Gespann loszufahren, das positive Feedback der Spieler nach der Partie. Ich habe selbst gespielt und war ehrlicherweise eine ziemliche Nervensäge für die Unparteiischen, fühlte mich oft benachteiligt. Dazu kam der Tunnelblick für Ball und Gegenspieler. Als Schiedsrichter hatte ich einen viel komplexeren Einblick, konnte das Spiel als großes Ganzes mit all den verschiedenen Persönlichkeiten sehen und selbst für Gerechtigkeit sorgen.

Die Stimmung in den unteren Ligen ist meiner Meinung nach ziemlich rau, auch im Jugendbereich sind die Spieler in den letzten Jahren frecher geworden. Es gibt Schiedsrichter, die auf Rote Karten verzichten, um Konflikte gar nicht erst aufkommen zu lassen. Wenn ich weiter pfeife, dann möchte ich der Spielleiter sein, der ich vorher war. Noch weiß ich nicht, ob ich das kann.

Nach dem Gespräch mit Nils war ich tief erschüttert. Niemand darf Angst beim Ausüben seines Hobbys haben. In der Saison 2018/2019 kam es in über 1,3 Millionen protokollierter Fußballspiele in Deutschland zu 2906 Angriffen auf Schiedsrichter, ein leichter Anstieg im Vergleich zum Vorjahr. Die Gründe dafür sind komplex, Fußball bildet die Gesellschaft ab – Übergriffe auf Rettungskräfte machen mich genauso fassungslos.

Profifußballer sind Vorbilder, so viel ist klar. Nachwuchskicker imitieren den Torjubel der Großen, schauen sich Tricks ab, aber auch deren schlechtes Benehmen wie Reklamieren, Meckern und Bedrängen. Mir ist es aber zu einfach, die Profis für Missstände auf den Amateurplätzen verantwortlich zu machen. Eine Vorbildfunktion haben alle Beteiligten, auch die Eltern der Jugendfußballer. Die Nachwuchsschiedsrichter leiden auch unter pöbelnden Müttern und Vätern am Spielfeldrand. Erwachsene Leute, die einen jungen Schiedsrichter beschimpfen – so etwas macht mich wirklich fassungslos. In manchen Kinderligen gibt es ein paar Meter vom Spielfeldrand entfernt die sogenannte „Elternzone", eine gute Sache – aber im Grunde traurig, dass so etwas überhaupt nötig ist.

Auch wir Bundesligaschiedsrichter haben eine Vorbildfunktion. Indem wir zum Beispiel den Maßnahmenkatalog zur verschärften Bestrafung der Unsportlichkeiten konsequent umsetzen und damit die Chance erhöhen, dass sich das Verhalten auch auf den Amateurplätzen ändert. Respekt vor dem Spiel, dem Gegner und dem Schiedsrichter sind die drei Säulen, auf denen der Fußball beruht, egal ob in Liga eins oder elf. Die Bundesliga lässt sich in diesen Punkten definitiv mit dem Amateurfußball vergleichen.

In Sachen Spielmanagement gibt es aber Unterschiede. Gelegentlich werde ich von Amateurschiedsrichtern auf unterschiedliche Maßstäbe hingewiesen. „Ihr lasst harte Zweikämpfe in der Bundesliga laufen, und dann erwarten die Spieler in der Kreisliga das von uns auch!"

Ein berechtigter Einwand, der Vergleich hinkt aber trotzdem – weil der Fußball jeweils ein ganz anderer ist. Überspitzt gesagt: Da, wo in der Kreisliga vielleicht das Bein brechen würde, passiert in der Bundesliga nichts. Die Spieler sind austrainiert, die Zweikämpfe dynamischer. Ein anderes Beispiel ist die Vorteilsauslegung, die ich bereits erwähnt habe. In der Bundesliga wollen die Spieler nach einem Foul den Vorteil nutzen, schnell weiterspielen. In der Kreisliga ist eher der Freistoß gefragt. Der Grund liegt auf der Hand: Im Profifußball ist die spielerische Qualität hoch genug, im Amateurbereich schlägt man lieber den ruhenden Ball nach vorn.

Respekt ist keine Einbahnstraße. Schiedsrichter sollten das Spielfeld nicht als Bühne nutzen, um sich wichtig zu machen, sondern das Spiel in den Vordergrund stellen. Umgekehrt sollten Spieler und Trainer die Unparteiischen als Teil des Spiels sehen. Für ein gutes Miteinander reichen kleine Gesten. „Guten Tag, schön, dass du da bist, da hinten ist die Kabine!", und wenn da noch eine Flasche Wasser steht, ist alles in Ordnung. Ich finde es respektlos, wenn Schiedsrichter sich am Platz durchfragen müssen, und ein Trainer antwortet: „Kannst dich beim Hausmeister umziehen." Die Spieler sind ein großes Team, keiner ist allein. Der Schiedsrichter ist das schwächste Glied in der Kette, er ist nämlich im Jugendfußball und in der Kreisklasse allein unterwegs.

Mich sprach einmal eine Mutter an, deren Sohn gerade den Schein gemacht, dann aber schnell wieder aufgehört hatte. Das kommt leider ziemlich oft vor. Schiedsrichter werden ist das eine, es zu bleiben, das andere. Die Mutter bemängelte, dass sich niemand um die Neuen kümmern würde, nach dem Motto: Prüfung bestanden, ab auf den Platz und viel Glück.

Ganz so ist es aber nicht. Einige Landesverbände haben beispielsweise ein Patensystem entwickelt. Anfänger werden in ihren ersten Spielen von älteren Schiedsrichtern begleitet. Eine super Idee, wie ich finde.

In den Bezirksschiedsrichterausschüssen gibt es zwar Obmänner, von einem Ehrenamtler kann man aber nicht erwarten, dass er Tag und Nacht für all seine Schiedsrichter erreichbar ist und sie zu Spielen begleitet. Das geht einfach nicht. Ich kann hier leider keine Ideallösung anbieten. Sinnvoll wäre es sicher, die sozialen Netzwerke stärker zu nutzen, Plattformen für den Nachwuchs zu schaffen, um sich auszutauschen und Rat zu holen.

Mir schreiben immer wieder junge Schiedsrichter und fragen nach Tipps. Ich versuche, jede Nachricht zu beantworten, auch wenn es manchmal ein bisschen dauert. Vielleicht kann ich an dieser Stelle ein bisschen helfen.

1. Habe Spaß! Es ist dein Hobby.
2. Bleib unparteiisch. Das ist dein höchstes Gut.
3. Fehler gehören dazu, davon nicht zurückwerfen lassen! Du wirst sehen: Es ist eine Lebensschule.
4. Lass dich von Pöblern nicht entmutigen.
5. Schau regelmäßig ins Regelheft – mache ich auch. Es ist unser Gesetzbuch.
6. Setz dir Ziele – und wenn es nur das nächste Spiel ist.
7. Hol dir Rat, wo es nur geht.
8. Mache bei völliger Ahnungslosigkeit ein kluges Gesicht.
9. Nimm sachliche Kritik an und versuche sie umzusetzen. Nur so wirst du besser.
10. Habe Spaß! Es ist dein Hobby.

Übrigens: Anfänger müssen nicht immer Jugendliche sein.

Es ist nie zu spät, Schiedsrichter zu werden – das beweist mein Kollege Wolfgang Hötte. Wolfgang ist 54 Jahre und arbeitet wie ich als Verkehrserzieher bei der Polizei Hamburg. Er pfeift in Schleswig-Holstein in der Kreisklasse C im Kreis Segeberg. Auch Wolfgang wurde mehr oder weniger zu seinem neuen Hobby überredet – aber nicht von mir. Am besten, er erzählt das selbst:

Ich bin seit mehr als 30 Jahren Fußballer, erst Spieler, dann Trainer – und nun auch noch Schiedsrichter. Zum Perspektivwechsel kam es, um meinem Verein TSV Nahe einen Gefallen zu tun. Es fehlten wie so oft Unparteiische, der Verein hätte ein Strafgeld an den Landesverband bezahlen müssen. Also machte ich mit 52 Jahren den Schein. Erst einmal war ich überrascht, wie viele Regeln ich nicht detailliert kannte – ich bin immerhin DFB-B-Lizenztrainer und darf bis zur Oberliga trainieren. Zunächst hatte ich vor, die Mindestanzahl der geforderten Spiele pro Saison zu leiten, also 12. Daraus wurden direkt mal 25. Und es macht mir richtig Spaß! „Hast du gut gemacht, danke!" – Es ist einfach schön, solches Feedback von Spielern zu bekommen. Als ich selbst noch aktiv war, hätte ich mir niemals vorstellen können, Schiedsrichter zu werden. Ich habe nie jemanden beleidigt und erst recht nicht angegriffen, aber ich beschwerte mich regelmäßig, reagierte sehr emotional. „Wie kannst du das pfeifen! Das musst du doch sehen!" Dieses Verhalten wurde mir vorgelebt, und so habe ich es als Trainer auch an meine Mannschaften weitergegeben. „Mensch, da müsst ihr auch mal den Mund aufmachen, um einen Vorteil rauszuholen!"

Erst aus der Schiedsrichterperspektive heraus merke ich, dass das Sich-Beschweren kontraproduktiv ist und überhaupt nichts bewirkt. In anderen Sportarten läuft es besser. Meine drei Töchter spielen Handball. Die Kinder lernen dort früh, die Unparteiischen und deren Entscheidungen zu respektieren. Sonst gibt es Zeitstrafen – das gilt im Handball auch für Profis. Ich glaube, Zeitstrafen wären nicht nur im Nachwuchsbereich, sondern auch im Männerfußball absolut sinnvoll, vor allem, um die

Beschwerden in den Griff zu bekommen. Ich selbst habe keine Ambitionen, in die Kreis- oder Verbandsliga aufzusteigen. Die Kreisklasse C reicht mir. Negative Erlebnisse hatte ich bisher zum Glück nicht, es macht Spaß und ich kann mir gut vorstellen, auch später im Ruhestand noch Fußballspiele zu leiten.

Junge Schiedsrichter können mit ihrem Hobby wichtige Erfahrungen sammeln, die im Berufsleben helfen. Andersrum können Menschen wie Wolfgang ihre Erfahrungen aus dem Berufsleben auf dem Fußballplatz einbringen – und dazu muss man ganz sicher kein Polizist sein. Verantwortung übernehmen, Entscheidungen treffen, kommunizieren – das ist überall wichtig. Also an dieser Stelle zur Sicherheit noch mal der Hinweis: Es ist nie zu spät für ein neues Hobby!

REGELFRAGEN

17

Der Schiedsrichter pfeift das Spiel an. Die anstoßende Mannschaft erkennt, dass der gegnerische Torwart noch nicht auf dem Feld ist und schießt den Ball ins Tor. Zählt der Treffer?

KAPITEL 18

NOCH ETWAS VERGESSEN? ZEHN FRAGEN, DIE ICH IMMER WIEDER HÖRE

Im Vorwort habe ich von den vielen Fragen berichtet, die mir immer wieder gestellt werden, von Fußballfans, Kollegen, Freunden, Bekannten oder Journalisten. Ich freue mich über jede einzelne Frage, weil es zeigt, dass sich die Fragesteller für die Schiedsrichterei interessieren. Gleichzeitig wird klar, dass selbst Menschen, die sich für Fußball begeistern, nicht wirklich wissen, was Schiedsrichter genau machen.

Wie trainierst du? Wie vereinbarst du den Beruf mit dem Schiedsrichterjob? Wie läuft das mit dem Video-Assistenten? Die Fragen waren sehr wertvoll beim Schreiben dieses Buches. Sie waren wie ein roter Faden für mich und halfen mir, den Text zu strukturieren. Ich habe mir anfangs eine Liste gemacht und versucht, alles bestmöglich zu beantworten. Da aber nicht alle Themen den passenden Platz gefunden haben, zum Schluss zehn Fragen, die es noch zu klären gilt.

Hast du schon mal deine Karten vergessen?

Ja! Im August 2003 vor der Partie zwischen Bergedorf 85 und dem Luruper SV. Oberliga Hamburg, 405 Zuschauer. Genauer gesagt war es nur eine Karte (die Gelbe). Und streng genommen habe ich sie nicht vergessen, sondern verloren. Auf dem Klo!

Tatsächlich, die Karte ist mir beim Toilettengang kurz vor Anpfiff aus der Hosentasche gefallen. Bei der ersten Verwarnung im Spiel dann der Griff in die Tasche – da war nur die Rote Karte. „Ach du Sch…“, dachte ich und lief raus zu meinem Assistenten Tarek Khemiri: „Tarek, ich brauch deine Gelbe Karte!“ Er gab sie mir, ich drehte wieder um, lief zum Spieler und zeigte ihm die Gelbe Karte. Immerhin bekam ich dafür Applaus von den Rängen.

Was war dein verrücktestes Spiel?

Arminia Bielefeld gegen den VfL Osnabrück. Ein Zweitligaspiel, das nicht angepfiffen wurde, obwohl ich schon fast im Stadion war. Eigentlich sollte die Partie wegen des Coronavirus ohne Zuschauer ausgetragen werden, rund zweieinhalb Stunden vor Anpfiff wurde sie schließlich ganz abgesagt. Norbert, Sascha und ich sowie der Vierte Offizielle Mitja Stegemann standen in der Hotellobby und anstatt zum Stadion zu fahren, packten wir unsere Sachen in die Autos und fuhren nach Hause. Wir hatten uns auf die fehlende Geräuschkulisse des „Geisterspiels“ eingestellt, uns klar gemacht, dass gesprochene Worte viel deutlicher wahrgenommen werden können in der TV-Übertragung. Ich hatte mit meinem Kollegen und Freund Deniz Aytekin telefoniert, der zwei Tage zuvor in Mönchengladbach ein Spiel ohne Zuschauer geleitet hatte. Er schilderte mir das seltsame, fast surreale Gefühl dieser Spielleitung. Am Ende hatte ich fast Glück, dass es nicht so weit kam, denn im Laufe des Abends wurde mir immer schlechter, allerdings nicht wegen eines Virus, sondern weil ich mittags was Falsches gegessen hatte. Wer weiß, ob ich es zur zweiten Halbzeit aus der Kabine geschafft hätte …

Kannst du ein Spielertrikot oder ein Autogramm für mich besorgen?

Nein. Der Gedanke liegt zwar nahe: „Der kennt die Spieler, die treffen sich doch im Stadion." Aber wie soll so etwas in der Realität aussehen? Man stelle sich vor, wie ich nach einem Spiel in die Mannschaftskabine marschiere und mir Autogramme hole, womöglich noch von einem Team, das mit Entscheidungen von mir nicht zufrieden war – unmöglich! Geht einfach nicht. Ich würde ein Stück meiner Unparteilichkeit aufgeben.

Wann pfeifst du mal bei der Weltmeisterschaft?

In diesem Leben nicht mehr. Gleiches gilt für die Europapokalwettbewerbe. Ich bin schlicht zu alt. Wer internationale Spiele leiten will, muss auf der FIFA-Liste stehen. Der nationale Verband – in meinem Fall also der DFB – meldet seine besten Schiedsrichter für diese Liste. Der DFB hat zehn Plätze. Voraussetzungen sind konstant gute Leistungen in der Bundesliga, zudem muss man auch zur richtigen Zeit am richtigen Ort sein, es muss ja erst einmal ein Platz auf der Liste frei werden. Und ganz wichtig: FIFA-Schiedsrichter brauchen eine Perspektive. International liegt die Altersgrenze bei 45 Jahren, es wäre also völlig utopisch, mit meinen 41 Jahren noch auf den Sprung ins internationale Geschäft zu hoffen. Der Aufstieg in die Bundesliga war für mich ein großes, aber realistisches Ziel, das ich im Alter von 36 Jahren erreichte.

Übrigens: Wer es auf die FIFA-Liste schafft, ist deswegen noch lange kein WM-Schiedsrichter. Es gibt verschiedene Kader, die höchste Kategorie ist die „Elite Group", deren Mitglieder jedes Spiel auf dieser Welt pfeifen dürfen, inklusive WM-Finale. Ich hatte die Möglichkeit, die Europa- und Championsleague als „Torrichter" und als Vierter Offizieller kennenzulernen, für diese Erfahrungen bin ich sehr dankbar.

Bekommst du Freikarten für deine Spiele?

Nein. Ähnlich wie bei Trikots und Autogrammen würde ich Vereinsvertreter auch nie fragen, ob ich für Freunde oder Familie Tickets bekommen könnte. Ich würde mich angreifbar machen. Auch für das DFB- Pokalfinale bekomme ich keine Karten vom Verband geschenkt, sondern muss sie ganz normal bezahlen.

Dürftest du mit Brille in der Bundesliga pfeifen?

Ja. Es gibt keine Vorschrift, die dem Schiedsrichter die Brille verbietet. Sie würde aber beim Laufen stören und wäre in der Außendarstellung sicher nicht unbedingt hilfreich im Profifußball. Im Gegenteil, sie wäre eine Steilvorlage für Sprüche. Wer also eine Sehschwäche ausgleichen muss, nimmt besser Kontaktlinsen. Vor jeder Saison steht in Lüdenscheid die sportmedizinische Untersuchung an. Und zu der gehört auch ein Sehtest, in dem das entfernte und räumliche Sehen sowie die Sehschärfe überprüft werden. Ich hatte noch nie Probleme mit den Augen und musste mich mit dem Thema Kontaktlinsen deshalb auch noch nicht auseinandersetzen.

Für Spieler gilt übrigens: Brillen sind laut Regelwerk nicht per se verboten, der Schiedsrichter muss im Einzelfall entscheiden, ob die Ausrüstung den Gegner gefährden könnte.

Bei dir liegen bestimmt oft böse Briefe von Fußballfans im Postkasten, oder?

Überhaupt nicht. Wenn Post kommt, ist sie fast immer positiv. Natürlich bekommen Schiedsrichter anders als Spieler nicht kistenweise Fanpost, aber ab und zu schon – auch in Zeiten von Social Media werden noch Briefe verschickt. Nachwuchsschiedsrichter berichten von ihren Erfahrungen oder fragen nach Tipps, Kinder malen Bilder. Darüber freue ich mich sehr und antworte auch.

Die Post landet beim DFB in Frankfurt, die Mitarbeiter dort leiten die persönlichen Briefe weiter an den jeweiligen Schiedsrichter. Die bösen Briefe werden also nicht aussortiert, das muss ich schon selbst übernehmen. Bei mir steckte aber bisher nur einer dieser Art im Postkasten. Der Schreiber teilte mir seine Analyse meiner Leistung mit: Ich sei völlig korrupt und hätte im Übrigen den größten Müll gepfiffen. Ich gebe gerne zu, dass ich darauf nicht geantwortet habe.

Warum pfeifst du nie das Stadtderby zwischen St. Pauli und dem HSV?

Theoretisch wäre das tatsächlich möglich. Normalerweise gilt, dass Schiedsrichter keine Profispiele mit Beteiligung eines Teams aus ihrem Landesverband leiten dürfen. Der Grund ist klar, es soll gar nicht erst der Verdacht aufkommen, dass man ein Team bevorzugen würde.

St. Pauli und der HSV kommen beide aus dem Landesverband, in dessen Zuständigkeitsgebiet auch mein Verein, der MSV Hamburg fällt.

Man versetze sich in die Rolle der sportlichen Leitung: Das Hamburger Stadtderby ist eine brisante Partie mit großer medialer Berichterstattung. Warum sollte man von all den Schiedsrichtern in Deutschland ausgerechnet den ranlassen, der in der Stadt lebt, der womöglich noch jahrelang auf eine strittige Entscheidung angesprochen wird? Außerdem würde ich schon vorab im Blickpunkt stehen – von meiner Dienststelle aus kann ich jeden Tag das Millerntorstadion sehen. Allein daraus könnte man schon eine Schlagzeile in der Vorberichterstattung machen, wenn man wollte.

Also, das Hamburger Stadtderby ist schon heiß genug, da sollte die Schiedsrichterbesetzung wirklich das kleinste aller Themen sein.

Hat schon mal jemand versucht, dich zu bestechen?

Noch nie. Weder im Amateur-, noch im Profifußball.

Wer ist der beste Fußballspieler unter den Schiedsrichtern?

Eigentlich natürlich ich. Die anderen haben einfach nur Glück, dass ich wegen meiner Knie nicht mehr selbst spiele. Nein, ich gebe zu: Da gibt es schon ein paar, die mehr draufhaben. Daniel Siebert, FIFA-Schiedsrichter aus Berlin, zum Beispiel, ist ein richtig guter Fußballspieler. Er ist einer der Gründer der „Spielvereinigung Otto Fleck“. Seit Sommer 2019 gibt es das Schiedsrichterteam des DFB – die Zentrale des Verbandes liegt in der Otto-Fleck-Schneise in Frankfurt, daher der Name. Die Mannschaft erwischte einen Traumstart, sie gewann direkt nach der Gründung die „19. inoffizielle Deutsche Schiedsrichtermeisterschaft“ in Hildesheim. Ohne Gegentor übrigens! Die Hildesheimer Veranstalter vermeldeten stolz, dass es im gesamten Turnier nicht eine Zeitstrafe oder eine Rote Karte gegeben habe. Vielleicht waren die Teilnehmer aber auch einfach zu müde zum Grätschen, die „Welcomeparty“ ging laut Turnierbericht jedenfalls bis in die „frühen Morgenstunden“.

Ein paar Wochen später folgte im Trainingslager in Grassau das Duell gegen eine regionale Schiedsrichtermannschaft, auch das ging mit 7:0 deutlich an die Spvgg Otto Fleck. Nur zugucken war mir dann aber doch zu langweilig, ich machte den Stadionsprecher und hinterher die Interviews fürs DFB TV. Ach, wo wir bei guten Fußballern sind, will ich natürlich auch meinen Freund und Assistenten Sascha Thielert nicht vergessen. Spitzname: Thielertinho – sehr schnell, ganz starker linker Fuß!

Habe ich noch Fragen vergessen? Ich hoffe nicht. Und falls doch: Ich beantworte auch weiter gern alle. Ich hoffe jedenfalls, dass die wichtigste geklärt wurde:

„Warum ich es liebe, Schiedsrichter zu sein.“

KAPITEL 19

TEST BESTANDEN? AUFLÖSUNG DER REGELFRAGEN

1

Frage: Nach einem Tor für sein Team jubelt der Torwart ausgiebig mit seinen Mitspielern auf Höhe des eigenen Strafraums. Ein Gegenspieler, der den Anstoß ausführt, erkennt dies und schießt den Ball nach Freigabe durch den Schiedsrichter direkt und ohne weitere Berührung ins gegnerische Tor. Zählt der Treffer?

Antwort: Ja, denn mittlerweile kann aus einem Anstoß direkt ein Tor erzielt werden

---

2

Frage: Direkter Freistoß für die verteidigende Mannschaft rund 20 Meter vor dem eigenen Tor. Der Abwehrspieler spielt den Ball zu seinem Torwart zurück. Dieser wird völlig überrascht, der Ball kullert unberührt ins Tor. Wie geht es weiter?

Antwort: Mit einem Eckstoß. Aus einem Freistoß kann kein Eigentor erzielt werden. Denn es gilt: aus einem Vorteil bei einer Spielfortsetzung darf unmittelbar kein Nachteil entstehen.

3

Frage: Es gibt einen Strafstoß. Der Schütze führt diesen indirekt aus, indem er den Ball schräg nach hinten spielt. Ein Mitspieler läuft in den Strafraum und schiebt den Ball ins Tor. Zählt der Treffer?

Antwort: Nein. Ein Strafstoß darf zwar indirekt ausgeführt werden, jedoch muss der Ball nach vorne gespielt werden. Wird er nach hinten gespielt, gilt der Strafstoß als verwirkt und der Gegner erhält einen indirekten Freistoß.

4

Frage: Nach einem Zweikampf rutscht der Verteidiger hinter dem eigenen Tor in die Bande und bleibt verletzt dort liegen. Das Spiel wird fortgesetzt, die angreifende Mannschaft bleibt im Ballbesitz. Nach drei Pässen kommt der Stürmer zum Abschluss und trifft ins Tor. Kann der Stürmer im Abseits stehen?

Antwort: Nein. Das Tor zählt. Der Abwehrspieler außerhalb des Spielfeldes zählt für die Abseitsbewertung als „auf der Torlinie“. Somit befindet sich der Stürmer nicht in einer Abseitsposition. Erst nachdem der Ball von der verteidigenden Mannschaft aus dem Strafraum gespielt wird, zählt der verletzte Abwehrspieler nicht mehr für die Abseitsbewertung mit.

5

Frage: Ein Physiotherapeut behandelt hinter dem gegnerischen Tor einen verletzten Spieler. Der Torwart ist genervt, er verlässt das Spielfeld und stößt den Physiotherapeuten heftig zu Boden. Zu diesem Zeitpunkt befindet sich seine Mannschaft in Ballbesitz im gegnerischen Strafraum auf der anderen Seite des Spielfeldes. Wie entscheidet der Schiedsrichter?

Antwort: Rote Karte für den Torwart, Strafstoß für das Team des verletzten Spielers. Mittlerweile werden auch Aktionen außerhalb des Spielfeldes so bestraft, als ob sie auf der Außenlinie stattfinden, in diesem Fall also auf der Torauslinie im Strafraum.

Der Torwart ist Teil des Spiels, auch wenn er kurz den Platz verlässt. Anders sieht es bei einem Ersatzspieler aus. Dieser kann hinter dem eigenen Tor keinen Strafstoß verursachen – aber natürlich eine Rote Karte bekommen.

6

Frage: Der Torwart rutscht bei der Ausführung eines Abstoßes aus. Er fällt mit dem Knie auf den Ball, der dann zwei Meter nach vorn rollt. Der Torwart steht auf und schießt den Ball lang in die gegnerische Hälfte. Was muss der Schiedsrichter tun?

Antwort: Er muss den Abstoß wiederholen lassen, da dieser nicht wie vorgeschrieben mit dem Fuß ins Spiel gebracht wurde. Hätte der Torwart den Ball beim Ausrutschen mit dem Fuß berührt und ihn anschließend nach vorn geschlagen, hätte es einen indirekten Freistoß für den Gegner gegeben: Zweimaliges Spielen des Balles bei der Ausführung ist nicht erlaubt.

7
Frage: Der Ball liegt zum Anstoß des Spiels bereit, der Schiedsrichter pfeift an. Der ausführende Spieler sagt zum Unparteiischen: „Hoffentlich pfeifst du Blinder diesmal besser als letztes Mal" und spielt dann den Ball. Was muss der Schiedsrichter tun?

Antwort: Es gibt die Rote Karte für den Spieler, denn es handelt sich um eine Beleidigung. Das Team darf allerdings durch einen Ersatzspieler ergänzt werden, also mit elf Akteuren antreten. Die Beleidigung erfolgte nämlich vor Spielbeginn. Die Partie beginnt offiziell erst mit dem korrekt ausgeführten Anstoß, der Pfiff startet nur die Zeitnahme. Der Anstoß wird also wiederholt.

8
Frage: Eine Mannschaft wechselt in der Halbzeit einen Spieler aus, ohne den Schiedsrichter zu informieren. Kurz nach der Pause verhindert der eingewechselte und nicht angemeldete Spieler kurz vor der Torlinie einen sicheren Treffer für den Gegner. Wie entscheidet der Schiedsrichter?

Antwort: Weiterspielen. Der Spielerwechsel ist vollzogen, keine Disziplinarmaßnahme. Der Vorgang wird im Spielbericht vermerkt.

9
Frage: Ein Ersatzspieler regt sich über eine Entscheidung auf und läuft auf den Platz. Er kritisiert den Schiedsrichter lautstark, der das Spiel daraufhin unterbricht. Wie geht es weiter?

Antwort: Mit einem indirekten Freistoß. Für das unerlaubte Betreten des Platzes ohne körperlichen Eingriff ins Spiel gibt es die Gelbe Karte. Für das lautstarke Kritisieren ebenfalls, also Gelb-Rot. Hier handelt es sich nicht um eine Aktion, sondern um zwei getrennte Vergehen – deswegen zweimal „Gelb".

10

Frage: Der Ball fliegt nach einem Freistoß hoch in den Strafraum. Ein Angreifer wird vom Verteidiger deutlich am Trikot festgehalten. Der Stürmer steht im Abseits, der Ball ist noch 15 Meter von den beiden Akteuren entfernt. Wie geht es weiter?

Antwort: Strafstoß, Gelbe Karte für den Verteidiger. Die Abseitsposition ist in diesem Fall nur strafbar, wenn ein Zweikampf mit dem Gegner um den Ball geführt wird. Der Ball ist in diesem Beispiel aber noch so weit von den beiden entfernt, dass die Voraussetzung dafür fehlt. Also ist zuerst das Halten zu ahnden.

11

Frage: Kurz vor Schluss erzielt der Stürmer ein Tor und klettert euphorisch auf den Zaun, um mit den Fans zu jubeln. Dafür bekommt er die Gelbe Karte. Der Video-Assistent greift ein, der Stürmer stand vor dem Tor im Abseits, der Schiedsrichter nimmt den Treffer zurück. Bleibt die Gelbe Karte bestehen?

Antwort: Ja. Unabhängig davon, ob ein Tor zählt oder nicht, wird übertriebener Torjubel (Klettern auf den Zaun, Trikotausziehen) mit „Gelb" bestraft.

12
Frage: Ein Spieler ärgert sich über den Schiedsrichterassistenten. Er verlässt während des laufenden Spiels das Feld und schlägt dem Assistenten die Fahne aus der Hand. Wie reagiert der Schiedsrichter? Wie und wo wird das Spiel fortgesetzt?

Antwort: Direkter Freistoß auf der Seitenlinie und Rote Karte für den Spieler. Da der Assistent nicht abbruchwürdig attackiert wurde, kann das Spiel fortgesetzt werden – anders sieht es bei einem körperlichen Angriff aus. Der direkte Freistoß wird von dem Punkt der Außenlinie ausgeführt, der dem Vergehen am nächsten ist.

13
Frage: Direkter Freistoß für das angreifende Team aus rund 18 Metern zentral vor dem Tor. Der Ball wird aufs Tor geschossen, ein Verteidiger läuft vorzeitig drei Meter aus der Mauer nach vorn und wehrt den Ball im Strafraum durch ein absichtliches Handspiel ab. Er leistet sich also zwei Vergehen. Wie entscheidet der Schiedsrichter?

Antwort: Strafstoß und Gelbe Karte für den Verteidiger. Für die Spielfortsetzung zählt das schwerere der beiden Vergehen – also Strafstoß und keine Wiederholung des Freistoßes wegen des zu frühen Rauslaufens. Für die persönliche Strafe gilt in diesem Fall: beide Vergehen finden zeitgleich statt, weil das Rauslaufen erst zum Zeitpunkt des Handspiels wirksam wird. Also nur einmal „Gelb“.

14
Frage: Ein Spieler steht zum Strafstoß bereit. Er nimmt einen Pfiff wahr, der aber definitiv nicht vom Schiedsrichter kommt, sondern aus dem Publikum. Der Schütze lupft den Ball aufreizend lässig direkt in die Arme des Torhüters, der den Ball schnell abwirft, um einen Konter einzuleiten. Was muss der Schiedsrichter tun?

Antwort: Der Strafstoß wird wiederholt. Der Schiedsrichter hatte schließlich nicht gepfiffen – dies ist bei der Ausführung des Strafstoßes aber zwingend vorgeschrieben.

15
Frage: Der Schiedsrichter hat wegen einer Unsportlichkeit auf indirekten Freistoß entschieden. Vor der Ausführung vergisst er, den Arm zu heben. Ein Spieler schießt den Ball direkt ins Tor. Und nun?

Antwort: Der indirekte Freistoß wird wiederholt. Hier liegt ein Fehler des Schiedsrichters vor, der direkt zum Tor führt.

16
Frage: Es regnet stark, der Platz ist nass. Der herausstürmende Torwart kann einen Steilpass im eigenen Strafraum abfangen, rutscht dann auf dem nassen Boden aber aus dem Strafraum heraus und kann den Ball erst außerhalb mit den Händen kontrollieren. Ein Gegenspieler ist nicht in der Nähe. Wie geht es weiter?

Antwort: Direkter Freistoß wegen des Handspiels. Der Torwart bekommt aber keine Gelbe Karte. Hier handelt es sich nicht um ein unsportliches Handspiel und es wird auch keine Torchance verhindert.

17

Frage: Der Schiedsrichter pfeift das Spiel an. Die anstoßende Mannschaft erkennt, dass der gegnerische Torwart noch gar nicht auf dem Feld ist und schießt den Ball ins Tor. Zählt der Treffer?

Antwort: Nein. Der Anstoß wurde zwar korrekt nach dem Pfiff ausgeführt, der Schiedsrichter muss die Partie aber unterbrechen und auf Schiedsrichterball entscheiden. Hier liegt nämlich ein Fehler des Spielleiters vor, er hätte nicht anpfeifen dürfen. Die Partie darf nur fortgesetzt werden, wenn beide Torhüter auf dem Feld stehen. Das gilt für alle Spielfortsetzungen, egal ob Strafstoß, Abstoß oder Anstoß.
